筑梦·腾飞

——庆祝中华人民共和国成立七十周年

《筑梦·腾飞》编委会 编

人民出版社

责任编辑:李琳娜
封面设计:源 源
责任校对:吕 飞

图书在版编目(CIP)数据

筑梦·腾飞:庆祝中华人民共和国成立七十周年/《筑梦·腾飞》编委会 编.
　—北京:人民出版社,2019.8(2019.9 重印)
ISBN 978-7-01-021072-8

Ⅰ.①筑… Ⅱ.①筑… Ⅲ.①社会主义建设成就-中国-文集
　Ⅳ.①D619-53

中国版本图书馆 CIP 数据核字(2019)第 149035 号

筑梦·腾飞

ZHUMENG TENGFEI

——庆祝中华人民共和国成立七十周年

《筑梦·腾飞》编委会 编

人民出版社 出版发行
(100706 北京市东城区隆福寺街 99 号)

北京佳未印刷科技有限公司印刷 新华书店经销

2019 年 8 月第 1 版 2019 年 9 月北京第 2 次印刷
开本:710 毫米×1000 毫米 1/16 印张:21 字数:305 千字

ISBN 978-7-01-021072-8 定价:58.00 元

邮购地址 100706 北京市东城区隆福寺街 99 号
人民东方图书销售中心 电话 (010)65250042 65289539

目　录

1

为新中国七十周年华诞唱一首心中的歌
（代　序）

詹国枢

前些日子，几位新闻界的朋友蓝河、管学军、施乾元、毛铁策划编辑出一本书，关于纪念新中国成立 70 周年的。书稿完成，需请人写序。

《经济日报》老朋友毛铁找到了我，我并未推辞。一来，小弟诚意相托，老哥岂能推脱！二来，这是为新中国成立 70 周年的一本书写序。而我，恰恰刚好，新中国同龄人，即将年届 70！冲着这么个巧劲儿，我也得写呀！

写什么呢？突然想起，前些日子，激情澎湃，写了篇纪念新中国成立 70 周年的散文《我为什么热爱我的祖国》，正好与此书主题完全吻合，用到这里，岂不正好！

我的文章，是如此写的：

岁末年初，一首《我和我的祖国》在街头巷尾唱响，在收音机里唱响，在电视荧屏唱响，在我的手机唱响……

不知怎的，只要熟悉的旋律响起，心灵深处，仿佛被无形的手指一触，浑身突然机灵，那血液便如通了电流一般，缓缓地、麻酥酥地向上涌，真涌到我的双颊、我的头胪……我……

有的时候，眼泪竟止不住湿了眼眶！

是人变老了，容易激动吗？或许是的。

然而，往深里探究，我终于明白，真正的答案是：我，像每一个中华儿女那样，是那么由衷地、发乎本能地热爱着自己的祖国，像孩子天然依恋和热爱着自己的母亲。无时无刻，不讲条件，不计后果，没有理由！

　　应该说，那是一种本性，人类的本性。

　　听，好熟悉的声音：

> 我和我的祖国
>
> 一刻也不能分割
>
> 无论我走到哪里
>
> 都流出一首赞歌
>
> 我歌唱每一座高山
>
> 我歌唱每一条河
>
> 袅袅炊烟
>
> 小小村落
>
> 路上一道辙……

　　作为新中国同龄人，每当"十一"即将来临，人们高高兴兴地张罗着庆祝国庆多少周年时，我会悄悄地对自己说，国枢呀，你，已经多少多少岁了呦！

　　依稀记得——

　　幼儿园时，耳畔响起庆祝农业合作化"咚锵咚锵"的锣鼓声……

　　上小学时，脸庞映射着全国大炼钢铁那红彤彤的熊熊炉火……

　　读初中时，学校食堂大锅里那清亮稀薄得照得见人影的稀粥……

　　高中毕业，背上行囊步行前往北京天安门广场等候接见的急迫……

　　上山下乡，脸朝黄土背朝天一颗汗珠摔八瓣的辛苦劳作……

　　恢复高考，撕开复旦大学录取通知书时那颤抖的双手……

　　大学四年，寒窗苦读不舍昼夜恨不得24小时不眠不休地发奋……

　　分配进京，编辑采访值夜班下农村去工厂浑身涌动着的热血与激情……

是的，仿佛只是一眨眼间，我已经从一个刚到北京30出头的年轻人，变为双鬓斑白的七旬老人！

时间，静静地，缓缓地，如潺潺流水般地，在与共和国共同成长的岁月中渐渐流逝，渐渐远去……

夜深人静时，我扪心自问，伴随着与人民共和国一起成长，从1949年至今这一年一年又一年，这70个严寒酷暑，春夏秋冬，我为什么越来越依恋我的祖国，越来越热爱我的祖国？

为什么会情不自禁地为我的祖国而骄傲、而自豪？

思前想后，我把自己对祖国的期盼以及祖国对我们的回报，概括为16个字：

经济发展，社会安宁，国家强盛，人民幸福。

是的，没错，回首往昔，只要祖国在这70年间总是朝着这16个字的方向前行，不间断地、义无反顾地努力着、前行着，我，一个共和国公民，就非常欣慰，相当满足了！

哪怕，中途我们曾经遇到曲折，走过弯路，甚至，跌跌撞撞，汗水掺着泪水！

经济发展——这是任何国家赖以生存的起码物质基础。说破大天，没有这一条，一切都是虚的，都是空中楼阁，一切都无从谈起。

还记得，曾经那么一穷二白的我们，不知不觉间，已经成为世界第二大经济体！粮食、棉花、钢铁、煤炭、化肥、水泥……这些人们日常赖以生存的主要农产品和工业品，产量已经多年雄踞世界第一！当然，还有外汇储备、高速公路、高速铁路、手机拥有、网民人数……那么多世界第一，那么清楚明白地呈现出我国经济发展的态势！

社会安宁——这是任何国家政府和人民不懈追求和企盼的生活常态。社会不宁，局势动荡，人心惶惶，惴惴不安，说不定什么时候你和你的亲人就将遭遇不测……试问，生活在这样的国度，即使温饱有余，衣着华服、吃美食，但是，你能说你是幸福的吗？

还记得，在《人民日报》海外版工作时，曾多次接待来自海外包括欧美发达国家的外国友人和华人华侨朋友，曾不止一次听他们感叹"你们比我们幸福"。一个重要依据便是，在人类五种基本需要的底部——安全需求上，他们难以得到充分满足而我们恰恰相反。具体点说，他们发现，在中国的每一座城市，即使夜半三更，你也完全可以一个人在街上行走而不感到胆颤心惊！

国家强盛——作为一个有着13亿人口的世界最大发展中国家，如果国力非常赢弱，国防形同虚设，在国际社会只能仰人鼻息，跟着别人指挥棒走，甚至，任人嘲笑、欺侮和宰割，那么请问，作为这个国家的公民，你心里会怎么想？当你行走在异国它乡时，你能昂首挺胸，底气十足吗？

还记得，当索马里枪炮声起，遭逢内乱而不可收拾时，是中国政府派出的船只，从容镇定地接走中华人民共和国公民！当美国执政当局公开下战书，要与中国打一场空前贸易大战时，我们非但没有被吓倒，没有认怂，而且，一年下来，我国GDP还是在相对高位运行，我们的人民币还是相当稳定，没有像一些国家那般受到大国威胁刁难，货币便应声贬值！

人民幸福——说千道万，人生在世，每一个人都有权利追求和拥有自己的幸福。而且，他们每天的忙忙碌碌，孜孜以求，也莫不是围绕着这两个美好字眼。一个国家，倘若不能给予它的民众追求幸福的权利和创造幸福的条件，那么，这个国家的政府就是不称职的，甭管它打出多么漂亮的旗号。

还记得，自行车、手表、缝纫机、收音机——曾经是人们结婚时津津乐道的"三转一响"；彩电、空调、冰箱、汽车——更是一般家庭想也不敢想的奢侈品。然而，时下中国，哪一个家庭会因为拥有这些物件而值得在邻居中炫耀一番？没错，幸福是比较而言的，但得看你是横向比还是纵向比。横向比，很多人觉得不幸福甚至很不幸福，那么，纵向比呢？自己同自己比，今天同昨天比，明天同今天比呢？国家是否已经给你创造了追求幸福的条件，而你，在分析客观原因的同时，是否也应该找一找主观原因呢？

我清楚地知道，当我写出以上文字时，有人看了会觉得不舒服、不满意甚至"切"地一声，从鼻孔里吐出几分不屑！但是且慢，请听我把话说完！我不否认，这篇文字，确实是应邀为庆祝新中国成立70周年华诞而撰写，确实是"应景之作"。不过请设身处地想一想，当某位朋友生日华诞，请你前往祝辞时，你将会说些什么？你会说他的脸色虽然红润但身体还患有某些疾病吗？你会说他性格虽然开朗但发起脾气来还是相当不理智甚至是很蛮横的吗？

其实，我和你同样明白，我们的国家还有不少毛病和不足，而且，有些还相当明显，非常让人无语！比如，官僚主义和官员腐败；比如，分配不公和贫富差距；比如，弄虚作假和形式主义；比如，教育、医疗领域的弊端和人民的种种不满……还可以再列举一些。但是，此时我想咱们是不是应该再考虑两点，其一，这些弊端是政府不承认甚至有意掩盖的呢，还是公开承认并在着手解决的呢？其二，这些弊端是在采取措施解决中越来越有所缓解呢，还是听之任之掩耳盗铃而愈加泛滥了呢？公平的结论，应该是前者而不是后者。

好了，已经说得够多了！让我们平静下来，再听听那打动心灵的《我和我的祖国》吧：

> 我的祖国和我
>
> 像海和浪花一朵
>
> 浪是那海的赤子
>
> 海是那浪的依托
>
> 每当大海在微笑
>
> 我就是笑的漩涡
>
> 我分担着海的忧愁

分享海的欢乐

我亲爱的祖国
你像大海永不干涸
永远给我碧浪清波
心中的歌
我最亲爱的祖国
你像大海永不干涸
永远给我碧浪清波
心中的歌

《我为什么热爱我的祖国》文章的内容，就这些了。但是，为《筑梦·腾飞》作序，还得再说几句。

据毛铁说，这本书，是一位不愿透露姓名的企业家策划的。内容主题，也是他定的，就是要请一批有水平的作者，好好写一写新中国70年的伟大成就。

企业家说，书成以后，他要分发给企业员工，作为爱国主义教育的基本教材；还要作为礼物，送给前来企业参观的客人。这位企业家默默地做这样一件很有意义的事情，让我非常感动。

我相信，正是千千万万这样的企业家，像一根根宁折不弯的脊梁，撑起了新中国的巍峨大厦，在新中国成立70周年之际，我们，也应该向这样的企业家致敬！

（作者系第十一届全国政协委员，《人民日报》海外版原总编辑）

"一带一路"建设：实现参与经济体的普惠发展

魏东升　冯　琳

2000 多年前，亚欧大陆上勤劳勇敢的人民，筚路蓝缕、穿越草原和沙漠，开辟出联通亚欧非的陆上丝绸之路；这些先辈们又扬帆远航、穿越惊涛骇浪，闯荡出连接东西方的海上丝绸之路。古丝绸之路见证了陆上"使者相望于道，商旅不绝于途"的盛况，也见证了海上"舶交海中，不知其数"的繁华。2000 多年后，这条绵亘万里、延续千年的辉煌丝路带着文明的记忆，从历史深处走来。

自 2013 年习近平主席先后提出共建"丝绸之路经济带"和"21 世纪海上丝绸之路"的重大倡议以来，"一带一路"倡议在亚欧非大陆及附近海洋地区成功构建了全方位、多层次、复合型的互联互通网络，有力地促进了沿线各国的经济繁荣与区域贸易合作，为沿线各国的人文交流与文明互鉴搭建了平台，并由此受到了国际社会的普遍认同和越来越多伙伴的高度赞誉。

合作框架不断扩大，共商共建共享成共识

"一带一路"倡议在启动阶段曾遭受过一些国家的质疑，随着"一带一路"建设的深入推进，其共商共建共享的合作理念已在国际社会逐渐凝聚成广泛共识，顶层合作框架不断扩大。

根据推进"一带一路"建设工作领导小组办公室 2019 年 4 月 22 日发表《共建"一带一路"倡议：进展、贡献与展望》报告（以下简称《报告》），截至 2019 年 3 月底，中国政府已与 125 个国家和 29 个国际组织签署 173 份合作文件。共建"一带一路"国家已由亚欧延伸至非洲、拉美、南太等区域。

此外，共建"一带一路"倡议及其核心理念还被纳入联合国、二十国集团、亚太经合组织、上合组织等重要国际机制成果文件。2016 年底，第 71 届联合国大会决议首次写入"一带一路"倡议，获得 193 个会员国一致赞同。2017 年 3 月，联合国安理会通过第 2344 号决议，呼吁通过"一带一路"建设等加强区域经济合作，并首次载入"构建人类命运共同体"的重要理念，体现了国际社会对"一带一路"的认同，彰显了中国理念和中国方案对全球治理的重要贡献。

经贸往来繁荣，金融合作持续深化

中国与"一带一路"沿线国家经贸交流愈发频繁，开放合作不断迈上新台阶。根据《报告》，2013—2018 年，中国与沿线国家货物贸易进出口总额超过 6 万亿美元，年均增长率高于同期中国对外贸易增速，占中国货物贸易总额的比重达到 27.4%；中国企业对沿线国家直接投资超过 900 亿美元，在沿线国家完成对外承包工程营业额超过 4000 亿美元。中国与东盟、新加坡、巴基斯坦、格鲁吉亚等多个国家和地区签署或升级了自由贸易协定，与欧亚经济联盟签署经贸合作协定，与沿线国家的自由贸易区网络体系逐步形成。

"一带一路"沿线国家金融服务领域合作持续深化，各政策性银行和商业银行支持"一带一路"建设的力度不断加大。根据《报告》，截至 2018 年底，丝路基金协议投资金额约 110 亿美元，实际出资金额约 77 亿美元，亚洲基础设施投资银行已从最初 57 个创始成员，发展到遍布各大洲的 93 个成员；累计批准贷款 75 亿美元，撬动其他投资近 400 亿美元，已批准的 35 个项目覆盖印度尼西亚、巴基斯坦、塔吉克斯坦、阿塞拜疆、阿曼、土耳其、埃及等 13 个国家。

根据《报告》，中国先后与 20 多个沿线国家建立了双边本币互换安排，与 7 个沿线国家建立了人民币清算安排，与 35 个沿线国家的金融监管当局签署了合作文件。人民币国际支付、投资、交易、储备功能稳步提高，人民币跨境支付系统（CIPS）业务范围已覆盖近 40 个沿线国家和地区。

重大项目落地生根，示范带动效应显著

"一带一路"互联互通不断取得突破，一大批重点项目开始落地生根。目前，以中巴、中蒙俄、新亚欧大陆桥等经济走廊为引领，以陆海空通道和信息高速路为骨架，以铁路、港口、管网等重大工程为依托，一个复合型的基础设施网络正在形成。

中国和"一带一路"相关国家一道共同加速推进雅万高铁、中老铁路、亚吉铁路、匈塞铁路等项目，建设瓜达尔港、比雷埃夫斯港等港口。根据《报告》，截至 2018 年底，中欧班列已经联通亚欧大陆 16 个国家的 108 个城市，累计开行 1.3 万列，运送货物超过 110 万标箱。

国家发改委网站数据显示，到 2019 年 4 月为止，中国已在 24 个沿线国家建设了 82 个境外经贸合作区，累计上缴东道国税收超过 20 亿美元，为当地创造近 30 万个就业岗位[1]，不仅有效地帮助丝路沿线国家发展经济、改善民生，也激发了越来越多国家对基础设施建设和扩大自由贸易的热情。

---

[1] 《推进"一带一路"建设工作领导小组办公室举办"一带一路"标志性项目案例报告会》，国家发改委网站，http://xbkfs.ndrc.gov.cn/gzdt/201904/t20190402_932569.html。

人文交流紧密，中国梦与世界梦深度融合

诚如习近平主席所言："国之交在于民相亲，民相亲在于心相通。"①当人民心与心的距离日益拉近，国家之间的交往自然也会随之更加亲密。

中国与"一带一路"建设参与国在科学、教育、文化、卫生、旅游、智库等各领域广泛开展合作，为"一带一路"建设夯实了良好的民意基础。与此同时，各类丝绸之路文化年、旅游年、艺术节、影视桥、研讨会、智库对话等人文合作项目百花齐放。这些文明的火花与碰撞，让世界进一步了解了中国梦的广泛内涵，"一带一路"令中国与世界深度融合。

"一带一路"倡议成功塑造了一种新型国际互动模式，同时激活了丝路沿线国家的有效需求和经济潜力，为世界经济复苏注入强劲动力。而"一带一路"建设之所以能在较短时间内就取得不俗的发展成就，是因为其中蕴含着的中国金融经验和智慧发挥了不可替代的重要作用。

首先，中国推进"一带一路"建设表面上看是以投资贸易为主要内容，如基础设施的互联互通、加强区域间经贸往来等，实质上关键因素在于金融的支持。没有高效的资金融通和金融服务一切都是空谈，可以说没有金融的"一带一路"，难以有投资和贸易的"一带一路"。

其次，"一带一路"金融合作不是单方面的资本输出，而是多元的国际共建。中国金融机构与国际金融机构加强合作，开辟了许多融资渠道，主动帮助沿线国家完善金融基础设施，优化金融发展环境，建立健全金融体系，从而为"一带一路"建设提供了坚实的资金支撑。

最后，产融结合为企业发挥"一带一路"建设主体作用创造了更加

---

① 《习近平谈治国理政》第二卷，外文出版社 2017 年版，第 510 页。

有利的条件。"一带一路"倡议的实施，为中国企业"走出去"创造了难得的历史机遇。产融合作是产业链内部产业和金融有机结合、深入融合的过程，有了金融支持，企业可以主动通过规划先行、信用建设走在国际产能合作前端，加快布局全球产业。

展翅的中国大飞机：国之重器 圆梦之翼

冯 琳

大飞机一般是指最大起飞重量超过100吨的运输类飞机，包括军用大型运输机和民用大型运输机，也包括一次航程达到3000公里的军用或乘坐达到100座以上的民用客机。

中华人民共和国成立以后，军事空运发展一度陷入低谷，民用航运客机更是被国外产品和技术所垄断。让中国自主研制的大飞机在蓝天翱翔是中国梦的一部分。研制大型客机、发展具有竞争力的民用飞机产业，是党中央、国务院站在历史和全局的高度，审时度势、高瞻远瞩做出的重大战略决策。

自20世纪70年代中国首次自行研制大型喷气式客机运－10，中国的大飞机时代随着改革开放进程一同开启。党的十八大后，中国大飞机"三剑客"——军用大型运输机运－20、民用大型客机C919、水陆两栖飞机AG600，相继首飞亮相并在国内外收获大量订单。

如今，它们已经成为飞向世界舞台的中国之翼。

运－20：中国提升战略运输能力的关键支撑

自军用运输机问世以来，在多次重大战争中都发挥了重要作用。由于现代战争重视高速、机动和深入敌后作战，运输机的发展也越来越受到重视。然而由于大型军用运输机研发技术高、研制周期长等特点，也令很多国家"望机却步"。

对于中国这样一个大国来说，随着国家战略利益的不断拓展，尤其是在海外，中国需要有大型运输机做基础的支撑，不能指望由国外的运输机充当未来中国军队战略空运力量的主力。

一支真正的战略空军，必须具备强大的战略投送能力，而这种战略投送的基础，也是最核心的平台，就是大飞机和远程的战略轰炸机。大型军用运输机的装备数量、技术水平和运载效能已成为衡量一个国家是否具备战略空军能力的重要标志。因此拥有自己的大飞机，意味着中国空军将向战略空军的层次迈出坚实的一步。

在此背景下，2007年6月20日，运-20军用大型运输机正式立项，代号072工程。大型军用运输机按用途划分可分为战略和战术两类，运-20大飞机正是属于战略类。它是中国依靠自己的力量研发制造的一种大型、多用途运输机，可在复杂气象条件下，执行各种物资和人员的长距离航空运输任务。

2013年1月26日下午2点，中国自主研制的运-20大型运输机首次试飞并取得圆满成功。这标志着中国成为继美国、俄罗斯、欧盟之后，少数几个可以生产大型飞机的国家和地区。

运-20参考了俄罗斯伊尔-76的气动外形和结构设计，并融合美国C-17的部分特点。它采用常规布局，悬臂式上单翼、前缘后掠、无翼梢小翼，最大起飞重量220吨，载重超过66吨，最大时速大于800千米，航程大于7800千米，实用升限13000米。

2016年6月15日，运-20正式服役中国空军，带领中国空军从战术空军向战略空军精彩转型。因其拥有高延伸性、高可靠性和安全性，运-20大飞机对于推进中国经济和国防自主研制的现代化建设，应对抢险救灾、人道主义援助等紧急情况具有重要意义，是中国提升战略运输能力的关键支撑。

C919：打造让全世界信赖的空中座驾

2017年5月5日15时19分，在上海浦东国际机场，一架白蓝绿三色涂装的大飞机稳稳地落在第四跑道上，现场爆发的掌声持续不已。此刻，中国首款完全拥有自主知识产权的大型商用干线飞机——C919首飞圆满成功。

从2007年2月正式立项，到2015年11月总装下线，再到2017年5月实现首飞，C919大型客机项目历经10年创新实践，终于破茧而出，托举起了中国大客机之旗。

C919客机总长38.90米，高11.95米，翼展35.80米，巡航速度0.785马赫，最大飞行高度12100米。标准航程4075千米，最大航程能达到5555千米。C919在减少发动机耗油率、节省航空公司的运营成本方面比竞争对手更有优势。在旅客体验方面，C919中间座位是特别加宽的，舒适度超过空客和波音的同型飞机。

作为世界大飞机界新起之秀，C919志存高远，它要加入全球大客机生产商的竞争行列，成为让全世界信赖的空中座驾。C919的"C"是"中国（China）"的首字母，第一个"9"意指经久耐用，"19"代表的是中国首型大型客机最大载客量为190座。C919载客量与波音－737和空客A－320匹敌，这两大客机生产商在全球客机市场中占据主导地位。C919的横空出世意味着波音和空客垄断多年的美欧大飞机市场将打开缺口。

C919身上一开始就带着国际化的标签，它走的是"中国设计、系统集成、全球招标，逐步提升国产化"的发展道路，坚持"自主研制、国际合作、国际标准"技术路线。中国商飞在选择各大跨国公司作为供应商的同时，也推动了国际供应商与国内企业开展合作。与跨国供应商合作，等同于站在巨人肩膀上参与世界竞争。通过技术转移、扩散的方式，提升了中国民机产业研发与制造的整体水平以及配套能力。

国产大飞机 C919 的核心知识产权在于总体集成。总体集成是大飞机制造的核心技术之一，集成技术的突破正是中国航空制造业的巨大进步。这也是继高铁、核电之后，国产大飞机 C919 向世界递上中国"智造"的新名片。通过 C919 的设计研制，中国掌握了民机产业 5 大类、20 个专业、6000 多项民用飞机技术，带动新技术、新材料、新工艺群体性突破。

未来，年轻的 C919 还要经受严峻的考验。它接下来的密集试飞，更是要"把危险全试遍"，才能获得全球航空市场的"登机牌"。总言之，C919 大飞机的成功研制标志着中国在高端装备制造业领域实现战略性突破，同时也将带动整个大飞机产业链的发展。

AG600：世界上最大的在研水陆两栖飞机

2017 年 12 月 24 日上午，一架停靠在广东珠海金湾机场的大飞机聚焦了全世界的目光。这架飞机有着白色机身，翼部线条嵌涂着蓝色条纹。其机体总长约 37 米、高约 12 米，翼展 38.8 米，整体尺寸比波音 737 客机略大一些。这就是目前世界上最大的在研水陆两栖飞机——AG600"鲲龙"。

9 时 39 分左右，在经过启动和滑行后，AG600 飞机腾空而起、直跃云霄。10 时 43 分左右，AG600 飞机安全返航、平稳着陆，惊艳完成首飞亮相。

仔细寻味 AG600 飞机的名号——"鲲龙"，"鲲"乃上古神兽，虽是水中鱼，却可云中飞；"龙"则是中华民族的象征，同样既会水中游，又能翱翔于空中。AG600 飞机则集"鲲""龙"于一身，是一架能游泳的飞机，也是一艘能飞起来的船。它的机身上半部分虽像常规的飞机气动布局，可机翼两侧下方却吊有两个浮筒，机身下半部分看起来更像是"船体"。因此，AG600飞机既可以在陆地起飞，也可以在水面起降，新奇地颠覆了大众以往对于飞机的认知。

AG600飞机是中国首次按照中国民航适航规章要求研制的大型特种用途飞机，是国家应急救援体系建设急需的重大航空装备。其水陆两栖优势最主要的功能为，空中灭火和海上救援。

AG600飞机的诞生机缘最早还要追溯到2008年的汶川地震，正是在那场重大灾难面前，中国的航空应急救援体系暴露出了不足。随后，十几位中科院院士建言，中国应当抓紧建造自己的大型特种用途飞机。于是，在2009年6月，AG600水陆两栖大飞机经国家正式批复立项。

AG600飞机全机共有5万多个结构及系统零部件，其中98%由国内供应商提供。包括4台WJ6涡桨发动机在内，全机机载成品的95%以上为国产。随着AG600飞机的成功首飞，中国已经形成具有自主知识产权的水陆两栖飞机设计研发技术体系，是"中国智造"的又一次重大项目落地。

一直以来，建设民航强国和建设海洋强国都是中国梦的重要组成部分。随着中国对海洋资源开发、海洋权益维护和海上安全保障的重视，AG600飞机将在更多领域扮演重要角色，比如海洋维权、岛礁补给、海洋资源探测等等。

大飞机引航中国成为全球航空制造重要力量

100年来，中国人一直怀揣着航空强国梦。早在1909年，冯如就成功地设计并驾驶了中国航空史上的第一架飞机"冯如一号"，首飞成功距美国人莱特兄弟发明世界上第一架飞机仅仅相隔6年。

中国从20世纪70年代才开始自主研制大飞机，因起步较晚，曾被嘲笑是"没有翅膀的雄鹰"。1970年，中国首次研制国产大型客机运－10，历经10年在上海首飞。由于当时种种复杂因素，运－10没能飞出国门，在研发 15 年之后就被停飞。这是中国民用飞机发展的起步，也是一段历史时期"飞机梦"的终曲。

改革开放后，随着国民经济的发展和综合国力的提升，自主研制大飞机再次被提上议程。2007 年，国务院批复大型飞机研制重大科技专项正式立项，中国大飞机再度起航。

航空工业是典型的高技术、高投资、高风险工业。据日本通产省分析，如果将船舶单位重量创造的价值计为 1，那么汽车是 9，喷气式客机是 800。但是由于航空工业产业链长、辐射面宽、连带效应强，大型飞机工业在国民经济发展和科学技术进步中发挥着重要的带动作用。大型飞机技术的突破，能带动上下游产业链的发展，形成"大飞机效应"。

"大飞机效应"将推动国内相关产业突破瓶颈，提升国内企业的竞争力。从上游看，可促使研制新材料、先进动力、现代制造等领域关键技术的群体突破，拉动众多高技术产业发展。从下游看，大型民用飞机的商业运营、对民航运输、航空金融等产业都将产生不可小觑的影响。"大飞机效应"除了能带动产业链发展，还能倒逼工业标准升级，从而带动中国工业制造能力和水平的全面提升。

根据《中国商飞公司 2017—2036 年民用飞机市场预测年报》预测，未来 20 年，全球新交付的大型客机数量达 43013 架，价值 57878 亿美元。其中，中国机队年平均增长率 5.2%，新机交付量 8575 架，价值 12104 亿美元。美国波音公司的研究指出，民机销售额每增长 1%，对国民经济增长的拉动为 0.714%；一个航空项目发展 10 年后给当地带来的效益产出比为 1∶80，技术转移比为 1∶16，就业带动比为 1∶12。

基于如此的大规模市场需求和产业潜力，中国大飞机的未来发展必须要走产业化、规模化之路。要打造"安全、经济、舒适、环保"具有国际竞争力的大飞机，才能满足市场的需求，才能带动中国制造业向高端转型升级、带领中国诸多领域的关键技术实现群体突破。

与欧美拥有的波音、空客飞机相比，中国才刚刚迈入大飞机时代，仍处于起步阶段。当前，中国正在努力从各个维度控制质量和提高产能，加速大飞机不断突破，跃上新的台阶。

总体来看，中国航空工业有基础，产业链相对比较健全；有需求，国内外市场空间很大；有规划，按照《民用航空工业中长期发展规划（2013—2020年)》的要求，民机事业正稳步发展。

看今朝、展未来，中国在不断展翅腾飞的大飞机引航下，正在成为全球航空制造的重要力量。

中国大飞机发展大事记

1909 年，冯如成功自行设计、研制、生产了中国第一架飞机——"冯如一号"，它的升空揭开了中国载人动力飞行史的第一页。

1970 年 8 月，国家正式下达文件，开始制造自己的大型喷气客机。这项工程被命名为运－10、代号 708，来自全国航空工业 300 多个单位的各路精英被调集参与研制任务。

1980 年 9 月 26 日，中国首次自行研制的大型喷气式客机——运－10 首飞上天。

2006 年 2 月 9 日，国务院发布《国家中长期科学和技术发展规划纲要（2006—2020 年）》。大型飞机重大专项被确定为 16 个重大科技专项之一。

2006 年 8 月 17 日，国务院成立大型飞机重大专项领导小组。

2007 年 2 月 26 日，国务院召开第 170 次常务会议，原则通过了《大型飞机方案论证报告》，原则批准大型飞机研制重大科技专项正式立项。

2007 年 6 月 20 日，大型运输机项目——运－20 正式立项，代号072 工程。

2007 年 8 月 30 日，中央政治局召开第 192 次常委会，听取并同意国务院大型飞机重大专项领导小组《关于大型飞机重大专项有关情况的汇报》，决定成立大型客机项目筹备组。

2008 年 5 月 11 日，中国商用飞机有限责任公司在中国上海成立，这是中国实施国家大型飞机重大专项中大型客机项目的主体，也是统筹干线飞机和支线飞机发展、实现中国民用飞机产业化的主要载体。

2009 年 1 月 6 日，中国商飞公司正式发布首个单通道常规布局 150座级大型客机机型代号"COMAC919"，简称 C919。

2009 年 9 月 5 日，中国航空工业集团公司正式对外宣布，启动大型灭火／水上救援水陆两栖飞机——AG600 研制项目。

2013 年 1 月 26 日，中国自主研制的运 - 20 大型运输机首次试飞并取得圆满成功。这标志着中国成为继美国、俄罗斯、欧盟之后，少数几个可以生产大型飞机的国家和地区。

2017 年 5 月 5 日，C919 大型客机在上海浦东机场圆满首飞。首飞时，C919 最大飞行高度 3000 米，飞行速度最高 170 节。

2017 年 12 月 24 日，AG600 水陆两栖大飞机在广东珠海金湾机场顺利完成首飞。

高铁：中国"领跑"世界的亮丽名片

冯　琳

"就感觉到快，就像推着我们跑一样！"1978 年 10 月 26 日，时任国务院副总理的邓小平赴日本京都访问，这是他对随行记者说起乘坐新干线列车的感觉。

"我们现在正合适坐这样的车！"邓小平的这句话，不仅激活了中国改革开放的"加速度"，也为中国完全自主设计制造高速铁路的征程揭开了序幕。

"高铁动车体现了中国装备制造业水平，是一张亮丽的名片。"①——习近平，2015 年 7 月 17 日。

40 年后，代表中国速度的中国高铁正在"领跑"世界……

高铁"后起之秀"表现令世界惊艳

高速铁路，指的是运行速度在既有线提速线上达到 200 公里 / 小时以上，在新建线路上可达 250 公里 / 小时以上的铁路。全天候、运能大、速度快、能耗低、污染轻、正点率高、安全系数高、土地利用率高、乘坐舒适方便，是高速铁路的特有优势，也令其成为世界交通业发

---

① 《习近平总书记在公司考察调研时指出：高铁已成中国装备亮丽名片　希望你们领先领跑勇攀高峰》，中国中车官网，http://www.crrcgc.cc/g5122/s14896/t267776.aspx。

展的重要趋势和地缘战略制点。

世界上首条高速铁路是 1964 年开通的日本东海岛新干线，而法国、美国、巴西、俄罗斯等也纷纷制订了规模空前的高铁发展计划。

1978 年，随着邓小平访问日本，高速铁路的概念第一次出现在中国人的认知中。时速 210 公里，搭配银色子弹头的绚丽外观，新干线列车对当时还在乘坐时速 40 公里蒸汽火车的中国人来说简直堪称魔幻。然而，也正是如此巨大的落差，才让中国人惊觉奋起、努力追赶高铁时代的步伐。

20 世纪 80 年代开始，中国就要不要建设高速铁路、如何建设高速铁路、以什么样的标准建设高速铁路等问题达成了初步共识。1990 年底，《京沪高速铁路线路方案构想报告》完成发布，这是中国首次正式提出兴建高速铁路。

此后，中国从零开始研究历史、研究原料、研究技术工艺，并派大批科技人员赴国外学习。在原铁道部的统筹下，通过两轮大规模引进，中国成功获得了日本、法国、德国的高铁技术，锻炼了设计能力，逐渐追上了世界先进水平。

2002 年，中国第一条真正意义上的高速铁路——秦沈客运专线建成开通，全线设计时速达到 200 至 250 公里。同年，"中华之星"电力动车组在秦沈客运专线创造了当时"中国铁路第一速"的 321.5 公里/小时，轰动一时。

2008 年北京奥运会召开前夕，中国首条有着完全自主知识产权的高速铁路——京津城际铁路通车运营，设计时速达 300 公里。自此，独立拥有了设计、研发和制造技术的中国高铁开始了大规模发展时代。"和谐号""复兴号"的相继亮相，不断刷新着世界对中国高铁的期待值。

高铁诞生至今已 50 多年了，中国高铁虽然较部分发达国家起步晚了 20 至 30 年，但这"后起之秀"的表现足以令整个世界惊艳。交通运

16

输部发布的《2018 年交通运输行业发展统计公报》显示，截至 2018 年底，中国高速铁路运营达 2.9 万公里以上，约占世界高铁运营总里程的 2/3，累计近 90 亿人次乘坐高铁出行。中国高铁正成为中国铁路旅客运输的主渠道，其安全可靠性和运输效率世界领先。

中国铁路总公司表示，如今，中国已经成为世界上高铁里程最长、运输密度最高、成网运营场景最复杂的国家。中国高铁凭借超乎想象的速度令世界惊叹，在一次又一次突破中展现着新时代大国崛起的成熟与自信。①

中国科创实力改变全球高铁产业格局

中国外文局此前发布的《中国国家形象全球调查报告》显示，海外认知度最高的中国科技成就中，高铁以 30% 至 40% 的认可度高居第一，成为科技创新的国家形象。有着高铁"首席推销员"之称的李克强总理曾说道："我每次出访都推销中国装备，推销中国高铁时心里特别有底气。"中国高铁的国际竞争力与日俱增，总理的"底气"绝不是凭空而来。

首先，为了打破外国的技术垄断，中国通过引进消化吸收再创新，已经实现了高铁列车自主设计、制造、调试的完整链条，在线路工程、列控系统、牵引供电等方面的技术水平也已达到世界领先，具备了多种标准体系的生产能力。

截至 2016 年 7 月，中国铁路投入运营的动车组已有 2395 组，居世界首位；列车覆盖时速 200 公里至 380 公里各个速度等级，种类最全。中国铁路总公司对高铁技术具有完全的自主知识产权，并已获得 900 多

---

① 《中国高铁营业里程达 2.9 万公里　超世界总数三分之二》，中国新闻网，http：//news.ifeng.com/a/20181224/60208747_0.shtml。

项国际专利。①

　　其次，中国就是世界的高铁博物馆，中国制造的高铁能够应对各种地质条件和气候条件，具有丰富的运营经验。在中国东西南北纵深5000公里的广袤大地上，高铁线跨越了各种地形、地貌和气候特征。中国高铁能适应高寒、高原、高热、高湿四个不同的场景。俄罗斯可以参考哈大高寒高铁，热带国家可以看海南高铁，阿拉伯国家可以视察兰新高铁，需要穿越山区的又有郑西高铁……总之想要什么样的高铁，中国"总有一款适合你"。

　　再次，与欧洲和日本的老牌高铁相比，中国高铁的优势不仅体现在技术和经验，而且胜在低成本和高效率。根据世界银行的统计，中国高铁每公里造价，包括设备和土建为0.87亿—1.29亿元人民币，约为欧美发达国家的2/3，且中国整个工期项目的推进速度仅为其他国家的3/4左右。

　　最后，由于高铁装备在技术等方面的外溢效应，带动了城市轨道交通、普铁等行业发展，使中国企业不仅在国内大规模城市轨道交通建设中占据绝对份额，更在国际市场有所斩获，提升了中国轨道交通装备行业的整体水平和竞争力。

　　世界轨道交通装备技术起源于欧洲，全球高端市场历来为欧美日等跨国公司所垄断。如今，中国高铁凭借着技术、质量、价格、工期等综合比较优势，从无到有、从低头追赶到赢得赞誉，不仅在"加速跑"中突破着前进的速度，也在悄然改变全球高铁产业格局。

---

① 《铁总：中国高铁动车组累计发送旅客突破50亿人次》，央视财经，http：//www.sohu.com/a/107034164_114960。

中国高铁造福国人亦惠及世界

作为传统陆上贸易强国，历史上的中国通过古丝绸之路创造了令世界叹为观止的经济繁荣和文化昌盛。改革开放以来，中国经济持续多年保持高速增长，国内生产总值（GDP）总量不断攀升。在此阶段，中国的经济重心已从内陆转向沿海地区，跨越海洋参与国际分工，依靠廉价劳动力比较优势实现了进出口贸易大跃进。

众所周知，人类的文明进步史也是一部工具进化史。马车踢踏、汽车嘀嘀、轮船呼呼、火车轰隆……2013年，习近平总书记提出"一带一路"倡议，意味着未来中国发展大格局的转变，也预示着以欧亚大陆为中心的陆权时代重新来临。高铁作为革命性的交通工具，是升级版的现代丝绸之路，是未来地缘空间的重要战略支点。

中国是陆权大国，铁路铺到哪里，国家的意志就到达哪里，国家的安全体系就建构在哪里。高铁"出海"维系着中国在欧亚地缘政治和全球格局中的地位，同时维系着边疆民族团结、社会稳定和国防安全。中国高铁直通中亚、南亚、中东、东欧甚至将来直至西欧，将为中国经济的持续发展打造向西的"桥头堡"，大大增强中国的国际话语权。

另一方面，中国高铁不仅是经济枢纽，更是一条友谊丝带。中华民族的发展始终以和为贵，倡导与世界各国实现互利共赢发展，一直秉持"独乐乐不如众乐乐"之教义。因此，中国高铁的飞速发展不仅受益国人，也同样造福世界。

中国高铁"出海"极大地方便了当地民众的出行及贸易往来，给他们的生活带来了新希望。比如，从土耳其伊斯坦布尔经高速公路开车去安卡拉需4个小时，"安伊高铁"通车后只需要1个小时40分钟。往返公交需要50里拉，高铁仅需40里拉，价格低廉。

中国高铁能为铁路沿线人民提供就业机会，尤其对于中亚和非洲等欠发达国家和地区来说，将极大地促进当地经济社会发展。以尼日利亚沿海铁路为例，可为当地提供近 5 万个直接就业机会、15 万个间接就业机会，铁路建成运营后还可提供 2 万至 3 万个固定就业岗位。①

中国高铁"走出去"已经是从单纯的货物贸易出口转化为产品、工程和技术标准的全方位输出，将同时带动当地技术水平的提升和产业升级。原中国北车与印度企业在新德里组建合资公司，代表中国一流水平的铁路牵引电机技术将在印度实现本地化生产。此外，中泰高铁联合研究中心已步入运行阶段，研究内容包括高铁技术研发、测试认证、实验和仿真能力、技术人员培训等。

为了实现海外民众的高铁梦，中国企业和施工人员卧雪眠霜艰苦作业，克服重重技术障碍和生活困难。正是中方人员严谨的工作态度和吃苦耐劳的精神，中国高铁让海外各国看到了中国的真诚与亲善，赢得了他们的肯定和褒奖。中国通过高铁与其他国家互联互通，同世界分享"红利"。

世界铁路的未来在中国

中国高铁起步晚、但追赶快，尤其党的十八大以来中国铁路事业实现全面进步发展。以习近平同志为核心的党中央做出铁路政企分开改革的重大决策，持续保持铁路工程投资强度，推进铁路供给侧结构性改革，给高铁发展注入加大动力和市场活力。

从 2013 年至 2017 年，全国铁路完成固定资产投资 3.9 万亿元，新增铁路营业里程 2.94 万公里。其中新增高铁 1.57 万公里，增量超过了全世界 50 多年建成高铁的总和，是历史上铁路投资最集中、强度最大的时期。

---

① 王莹：《国际版图打上"中国烙印"》，《中国铁路建筑报》2014 年 8 月 1 日。

如今，"四纵四横"高铁主骨架提前建成，并成网运营，中国已拥有世界上最现代化的铁路网和最发达的高铁网。高铁的快速发展，不仅显著改善了人们的出行条件，大大增强了人民群众的获得感，而且带动了沿线经济增长和相关产业结构优化升级，推动了区域、城乡协调发展和生态文明建设，产生巨大的溢出效应。

　　"中国铁路取得的这些成就，得益于以习近平同志为核心的党中央的坚强领导，得益于深化体制机制改革激发出的巨大活力，得益于重大技术创新和管理创新，得益于 200 多万铁路职工的拼搏奋斗。"中国铁路总公司董事长陆东福表示。

　　2017 年，党的十九大顺利召开。中国明确提出了"交通强国、铁路先行"的奋斗目标，为决胜全面建成小康社会，进而为全面建设社会主义现代化国家提供有力支撑。实现这一目标，要达到三个世界领先：铁路网规模和质量达到世界领先，铁路技术装备和创新能力达到世界领先，铁路运输安全和经营管理水平达到世界领先。

　　2018 年春运期间，运营时速 350 公里，最高时速可达 400 公里——完全由中国自主设计和制造的"复兴号"动车组跑出了全球最高商业运营速度。与此同时，在"复兴号"基础上，中国已确定了时速 400 公里高速动车组和时速 600 公里高速磁悬浮列车等智能高铁新研究任务……

　　中国智能高铁将采用云计算、物联网、大数据、北斗定位、5G 通信、人工智能等先进技术，通过新一代信息技术与高速铁路技术的集成融合，实现高铁智能建造、智能装备、智能运营技术水平全面提升，使铁路运营更加安全高效、更加绿色环保、更加便捷舒适。

　　未来几年，中国铁路建设投资仍将高位运行、有序安排。每年都会有数千公里铁路新线投产运营，2018 年铁路投资 7320 亿元，预计投产铁路新线 4000 多公里，其中高铁 3500 公里；2019 年、2020 年新线投产将达到 5000 公里左右。

　　据此，到 2020 年，中国将基本建成布局合理、覆盖广泛、高效便捷、功能完善、世界上最现代化的铁路网和高铁网，并与其他交通方式实现有机衔接和深度融合。全国铁路营业里程达到 15 万公里左右，基本覆盖 20 万人口以上城市，其中高铁 3 万公里左右，覆盖 80% 以上的大城市；力争到 2025 年，铁路网规模达到 17.5 万公里左右，其中高铁 3.8 万公里左右；到 2035 年，率先建成以"八纵八横"为骨架的发达完善的现代化铁路网，基本实现内外互联互通、区际多路畅通、省会高铁连通、地市快速通达、县域基本覆盖，为基本实现社会主义现代化提供强大运输保障，持续引领世界潮流。①

可以预见，中国还将持续担当全球高速铁路的"领跑者"；毋庸置疑，世界铁路的未来在中国。

---

① 齐中熙：《让中国铁路"领跑"世界——陆东福代表就铁路热点答记者问》，新华网，http://www.xinhuanet.com/politics/2018lh/2018-03/07/c_129824949.htm。

刘化龙：让中国高铁的发展成果与世界共享

冯　琳

2013年10月，中国和泰国签署"大米换高铁"① 合作备忘录，开启了中国的"高铁外交"时代。在"高铁外交"的带动下，积淀多年的中国铁路技术加快了"走出去"步伐。

2014年7月25日，中国在海外投资建设的第一条高铁——"安伊高铁"正式通车。这条铺出国门的中国高铁，不仅帮助当地民众实现了百年的高铁梦想，而且对中国高铁"走出去"的征途来说具有里程碑式意义。

同样在2014年，中国南车和中国北车正式重组合并成立"中国中车股份有限公司"。自此，以中国为圆心，以铁路线为半径，从东南亚直抵马六甲，向南到印度，向西经中亚诸国直达欧洲大陆，向北延伸到俄罗斯……作为全球最大的轨道交通装备供应商，中国中车带领中国高铁开始向海外不断扩张版图。对此，中国中车股份有限公司董事长刘化龙表示，一定要把中国高铁的发展成果与世界共享。

---

① "大米换高铁"，即是用中国的高铁技术换取东南亚国家的大米、橡胶等农副产品。2013年10月11日在曼谷发表的《中泰关系发展远景规划》中称，中方表示有意参与廊开至帕栖高速铁路系统项目建设，以泰国农产品抵偿部分项目费用。泰方表示欢迎中方意向，将适时在2013年10月11日签署的《中泰政府关于泰国铁路基础设施发展与泰国农产品交换的政府间合作项目的谅解备忘录》基础上，与中方探讨相关事宜。2014年12月，李克强与泰国总理巴育共同见证《中泰铁路合作谅解备忘录》和《中泰农产品贸易合作谅解备忘录》的签署。这意味着中泰两国"大米换高铁"的合作重新开启。

全球 83% 有铁路的国家都有中车产品

刘化龙首先介绍了中车近年来的发展成就和享誉世界的中车产品。他指出，目前"中车制造"已经遍及全球 102 个国家和地区，也就是说，全球 83% 拥有铁路的国家都运行中车的产品。

中车集团连续在美国波士顿、芝加哥、洛杉矶、费城及英国伦敦等地获得订单，并在波士顿和芝加哥建立了制造基地；中车积极参与印度尼西亚雅万高铁、中老铁路、中泰铁路、匈塞铁路项目建设，为"一带一路"互联互通做出先导性贡献；参与亚吉铁路、蒙内铁路建设，极大提速非洲"三网一化"进程；为印度尼西亚提供的高速动车组、为老挝提供的机车、为巴基斯坦提供的地铁、为埃塞俄比亚提供的轻轨，都是这些国家首次引进此类产品。总体来看，中车为推进世界各国和地区的轨道交通升级、提升民众出行质量做出了积极的贡献。

刘化龙称，党的十八大以来，中国中车的境外资产、境外员工数量都发生了显著变化。境外资产从 2013 年的 30 亿元（人民币，下同）递增到 2016 年的 306 亿元；境外员工总数从 2013 年的 509 人攀升至 2016 年的 4808 人。截至 2017 年 4 月，中国中车在全球 26 个国家和地区共设立了 75 家境外子公司和 13 家境外研发中心。

高铁"走出去"还要"融进去"

刘化龙指出，近些年中国中车海外业务发展得很快，从实践情况来看，中车深刻认识到中国高铁"走出去"过程中，一定要结合当地的实际情况，一定要为当地经济社会发展服务，一定要把发展成果做到共享。为此中车特别强调如何"融进去"，通过"融进去"，真正做到民心相通、文化融通，进而实现共同发展。

中国中车不仅提供优质的产品，深度融入各国民众生活，还持续推进以"本土化制造、本土化采购、本土化用工、本土化维保、本土化管理"为特色的"五本"模式，在马来西亚、土耳其、印度等国建立本土化的制造基地，就地招聘和培训当地员工，带动当地就业和产业链的完善，提升轨道交通装备产业水平。

刘化龙介绍，中国中车在推进高铁"走出去"过程中，还努力承担起"四种角色"。第一种角色是文化的"传译者"，在相关项目上要考虑当地的风俗习惯和宗教信仰。第二种角色是人才的"孵化器"，如在和对方共建的过程当中，把马来西亚当地的员工请到中国来学习交流。第三种角色是产业的"推进器"，在产业布局上要追求繁荣共享。第四种角色，要做小区的"好邻居"，和当地真正融合在一起。

从合作模式上，中车出口已经从简单的产品合作转变为技术、产品、资本、服务等多种模式的合作。2015年7月，中车在东盟建立的首个铁路工厂——马来西亚中车轨道交通装备有限公司正式建成投产，这是东盟区域内技术水平最先进的轨道交通制造基地。2016年8月，中车在南亚的首家轨道交通装备制造工厂——印度中车先锋电气有限公司正式投产，主要从事铁路电机的生产制造。2017年内，中车在土耳其建立的轨道交通制造工厂将为伊斯坦布尔制造出首批地铁车辆，承担其M4线的运营。

此外，中国中车积累的丰富服务保障经验也得以借鉴和推广，如2016年，中车获得南非20亿美元的机车维保订单，创造了服务出口订单之最。2017年，中国中车与新西兰签署了战略合作协议，合作方式由车辆供应扩大为向新西兰提供更广泛的轨道交通解决方案。

高铁的产品和服务都要做到极致

当记者问到中车的高铁产品是如何得到世界众多国家青睐时，刘化龙通过一个个生动的实例进行了解答。他回忆道，中车为马其顿提供的动车组上线试跑时，时任马其顿总理格鲁埃夫斯基说，中国动车投入使用是加载史册的一刻，"大家看看我们在铁路上跑着的那些老火车，再跟投入使用的新动车比一比，一切都摆在那里。"

中车为马来西亚设计的动车组，专门设置了女性车厢；为埃塞俄比亚设计的轻轨，从内装到外貌，都有着浓郁的非洲特色；为巴西设计的地铁，车头是一个奔跑的足球，跟足球王国巴西很是般配；为阿根廷提供的地铁，外观黄灰相间，车内黄绿装饰，尽显潘帕斯草原风情。

刘化龙指出，中车人也宛如自身打造的产品一样过硬，将产品和服务做到极致。麦加朝觐期间，中车轻轨要实现7天168小时的不间断运营，中车保障团队也要相应实行"5＋2""白加黑"、7天168小时"不打烊"的运营保障。在这7天里，他们吃住都只能在车上或车站里。自投入运营以来，7年间一直保持零故障，累计运送朝觐者达到2200万人次。2016年朝觐保障结束当天正是中国农历八月十六，麦加轻轨总裁为了表示感谢，专程前往中车驻地为中车团队按中国人的方式补过中秋，赞扬中车团队是"最可爱的人"。

刘化龙进一步介绍说，中车所到之处，既要展现中国风采，更要造福当地。马来西亚原本没有轨道交通的大学和专业，中车在本地化用工中就招聘相近专业，然后输送到同济大学和湖南铁道职业学院接受培训。马来西亚原本没有完善的轨道交通产业链，中车就从零起步为之孵化，如培育具有一定设计、制造实力的公司，通过技术转移和合作等方式，将这些公司打造成为满足国际采购标准要求的合格供货商；或将国内的重要供货商引进马来西亚，在本地开设分公司。通过这些努力，马来西亚轨道交通产业供应链初具雏形，并开始向东盟地区辐射。在中车马来西亚工厂周边，餐饮、水果、服装、服务业也相应被带动起来。

在南非，中国中车推出"五帮行动"，积极履行社会责任。所谓

"五帮"，是指帮助当地妇女高管，学习企业管理；帮助当地孤残儿童，提供学习用具和心理关怀；帮助警察，聘请中国武术教练，向他们传授中国功夫，提升社会治安维护水平；帮助小区，赞助开展小区活动和文化遗产继承活动；帮助工人，提供技能培训，提升就业能力。"五帮行动"得到南非各界的好评，2016年7月，时任南非总统祖马还亲自见证和参加中车的公益行动。2016年，中国中车与同济大学联合培养的首届留学生硕士班正式开学，首批9名学生主要来自马来西亚、印度、南非等国家。

让高铁成为民心相通的感情纽带

近年来，在中车的高铁上、车间里、食堂中、球场上，经常都能看见各国各地人士的身影。他们走进中车，已经不仅仅是为了技术交流、商务洽谈和工业游览。刘化龙说，两根钢轨正在成为中车人和各国民众民心相通的感情纽带。中国中车提出打造"受人尊敬的国际化公司"的目标，做到大而强、富而善、新而美，为开创中国高铁"走出去"建设新境界贡献力量。

刘化龙表示，中车不仅要具备为中国高铁"走出去"量身定做各类轨道交通装备的能力，还要不断推出新技术新产品，适应国际联运和互联互通。比如，中国中车正研发以时速400公里可变轨动车组为代表的可变轨机车车辆，方便跨境联运，降低换轨成本。

目前，中国中车已经在美国、德国、英国、捷克、俄罗斯、以色列、保加利亚、泰国等多地建立海外研发中心，并收购了多家境外企业。这些研发中心和境外企业与国内力量优势互补，既满足国内市场的需求，更为被收购企业的发展提供了机会，也为中国高铁走向更广阔的世界舞台释放创新力量。

未来，在"走出去"的过程中，中车将进一步扩展"产品＋技术＋

服务＋资本＋管理"五位一体模式，在规划、设计、建设、运营、维护、服务等各个环节，充分利用中车在轨道交通及高端装备领域的丰富经验，为世界各国提供定制化交通服务和一体化解决方案。除了为当地设计建设更加合理、高效、经济的运输体系，还将积极提供装备制造商以外的增值服务，让各国民众享受"中车方案""中车智慧""中车经验"带来的便捷和舒适。

高铁发展大事记

一、自我探索与技术积累阶段（改革开放至 2003 年）

1990 年 12 月，《京沪高速铁路线路方案构想报告》完成发布，中国自此首次正式提出兴建高速铁路。

2002 年 12 月，中国第一条真正意义上的高速铁路——秦沈客运专线建成开通，全线设计时速达到 200 至 250 公里。同年，"中华之星"电力动车组在秦沈客运专线创造了当时"中国铁路第一速"的 321.5 公里／小时，轰动一时。

二、国外技术引进与消化吸收阶段（2004—2007 年）

2004 年 1 月，国务院批准了中国第一个《中长期铁路网规划》，正式宣布规划建设里程超过 1.2 万公里的客运专线上，客车速度目标值达到每小时 200 公里及以上，以及三个地区的城际客运系统（环渤海地区、长江三角洲地区、珠江三角洲地区）。

2007 年，中国铁路完成了第六次大提速。中国首次在各主要提速干线（如京沪线、京广线、京哈线、胶济线等）大规模开行时速高达 200—250 公里的中国铁路高速（CRH）动车组列车，达到了当时世界上既有线提速改造的先进水平。

三、自主创新与奋进阶段（2008—2012 年）

2008 年 2 月，科技部与原铁道部签署《中国高速列车自主创新联合行动计划》，提出研制新一代时速 350 公里及以上的高速列车，目标就是形成完全自主的中国高速列车技术、装备、产业化能力和运行服务能力。

2008 年 8 月 1 日，北京奥运会前夕，京津城际铁路建成通车，将北京和天津的运行时间缩短至半小时以内。这是中国第一条设计时速 300 公里的高速铁路，也是中国打造自主高速铁路品牌 CRH 的第一炮。

2008 年 10 月，国家发展和改革委员会批准了《中长期铁路网规划（2008 年调整）》，正式提出中国高速铁路发展以客车速度为每小时 200 公里以上"四纵四横"客运专线为重点，加快构建快速客运网的主骨架。

2010 年 12 月 3 日，国产京沪高铁"和谐号"CRH380AL 动车组在枣庄至蚌埠试验段，试运行创造了最高运行时速 486.1 公里的世界纪录。

四、技术崛起与加速"走出去"阶段（2012 年至今）

2012 年 12 月 1 日，中国首条也是世界第一条新建高寒地区高速铁路哈尔滨—大连高铁投入运营。

2012 年 12 月 26 日，全球运营里程最长的高速铁路——京广高铁全线开通运营。全长 2298 公里的京广高铁，北起北京，南至广州，全线设计最高时速 350 公里，运营时速为 300 公里。

2013 年 10 月，中国和泰国签署"大米换高铁"合作备忘录，开启了中国的"高铁外交"时代。

2014 年 12 月 26 日，兰新高铁全线贯通。全长 1776 公里，是世界上一次性建成通车里程最长的高铁。

2014 年 7 月 25 日，中国在海外投资建设的第一条高铁——"安伊高铁"正式通车，开启了中国高铁"走出去"的辉煌征途。

2014 年 12 月，中国两家最大的轨道交通设备制造商——中国南车和中国北车合并成立"中国中车股份有限公司"。中国中车年销售额超越加拿大庞巴迪、德国西门子和法国阿尔斯通等欧美行业巨头，位居世界第一。中车以体量上的"巨无霸"和技术上的领先者的形象，正式登上全球舞台正中央。

2017 年 6 月，运营时速 350 公里、最高时速可达 400 公里的"复兴号"动车组，在京沪高铁正式双向首发。

2018 年 7 月 1 日，中国自行研制的全球最长高铁列车——16 辆长编组"复兴号"正式上线运营。

量子卫星：远在天边 近在眼前

丁 佳

2016 年 8 月 16 日，由中国研制的世界首颗量子科学实验卫星"墨子号"在酒泉卫星发射中心发射升空，受到国内外高度关注，并入选了习近平总书记的 2017 年新年贺词。

2017 年 1 月 18 日，"墨子号"完成在轨测试，正式交付用户并开展科学实验。在此后半年时间里，科研团队先后在国际上率先实现了千公里级星地双向量子纠缠分发、卫星到地面的量子密钥分发，以及从地面到卫星的量子隐形传态，从而圆满实现了预先设定的全部三大科学目标。

"墨子号"为我国在未来继续引领世界量子通信技术发展，引领空间尺度量子物理基本问题检验前沿研究奠定了坚实的科学与技术基础，系列成果赢得了极高的国际声誉，标志着我国在量子通信领域的研究在国际上达到全面领先的优势地位。

量子纠缠：鬼魅的"心灵感应"

量子纠缠是一种非常神奇的现象，理论上，无论粒子之间相隔多远，只要一个粒子发生变化，另外的粒子也会即刻"感知"并随之发生变化。爱因斯坦将这种量子力学的非定域性现象比喻成"鬼魅般的超距作用"。

粒子之间的"心灵感应"令全球科学家都着迷不已，因为如果能把制备好的两个纠缠粒子分别发送到相距很远的两个点，通过观察两个点的统计测量结果，就可以验证量子力学非定域性的存在。更重要的是，通过量子纠缠所建立起来的量子信道不可破译，将是未来保密通信的"终极武器"。

量子的不可克隆性让其成为绝对安全的通信方式，但量子纠缠也非常脆弱，量子信号不能像经典通信一样通过复制被放大。用传统的方法进行分发，信号会随着光子在光纤内或者地表大气中的传输距离而急剧衰减，因此之前地面上的量子通信，最远距离不过百公里量级。

理论上，有两种途径可以延长量子纠缠分发的距离。一种是量子中继，也就是用"接力跑"的方式进行信息传输。然而，受到量子存储寿命和读出效率等因素的严重制约，量子中继一直无法实际应用于远程量子纠缠分发。

另一种办法就是利用卫星，光子在真空中可以无障碍传输，进入大气层后，也只有 10 公里左右的距离，整个信道的损耗小，用这个办法进行量子通信，比在空气、光纤中都可行。

2017 年 6 月 16 日，美国《科学》杂志刊登了来自中国科研团队的一项成果，中国科学院院士、中国科学技术大学教授潘建伟及其同事彭承志等组成的研究团队，联合中科院上海技术物理研究所王建宇研究组、微小卫星创新研究院、光电技术研究所、国家天文台、紫金山天文台、国家空间科学中心等，在中科院空间科学战略性先导科技专项的支持下，利用"墨子号"量子科学实验卫星在国际上率先成功实现了千公里级的星地双向量子纠缠分发。

"墨子号"量子卫星过境时，同时与相隔 1203 公里的青海德令哈与云南丽江两个地面站建立起光链路，并以每秒钟一对的速度给两个地面站分发纠缠光子并建立量子纠缠。

用这种方式进行量子纠缠的传输衰减，仅为同样长度最低损耗地面光纤的一万亿分之一。但它对卫星的精度要求极高，就像从万米高空的飞机上扔下一串硬币，在地上用一个存钱罐接住。

中国的量子卫星团队出色完成了任务。"墨子号"在国际上率先实现千公里级的量子纠缠分发，并在此基础上首次实现空间尺度严格满足"爱因斯坦定域性条件"的量子力学非定域性检验。这一成果为未来开展大尺度量子网络和量子通信实验研究，以及开展外太空广义相对论、量子引力等物理学基本原理的实验检验奠定了可靠的技术基础。

《科学》杂志审稿人认为，该成果兼具潜在实际现实应用和基础科学研究重要性，是一项重大技术突破，毫无疑问将在学术界和广大的社会公众中产生非常巨大的影响。

密钥分发　绝密版"鸿雁传书"

信息安全是人类共同的追求。千百年来，人们对于通信安全的追求从未停止。然而，只要是基于计算复杂性的传统加密技术，在原理上就存在着被破译的可能。随着数学和计算能力的不断提升，经典密码被破译的可能性更是与日俱增。

自 20 世纪 90 年代以来，量子信息科学得到了迅猛发展。其中，量子通信、量子计算、量子精密测量等量子信息技术可以在确保信息安全、提高运算速度、提升测量精度等方面突破经典技术瓶颈，为保障国家安全和支撑国民经济可持续发展提供核心战略力量。

与经典通信不同，量子密钥分发通过量子态的传输，在遥远两地的用户共享无条件安全的密钥，利用该密钥对信息进行一次一密的严格加密。这是目前人类唯一已知的不可窃听、不可破译、无条件安全的通信方式。

量子通信克服了经典加密技术内在的安全隐患，单光子的不可分割性和量子态的不可复制性从原理上保证了信息的不可窃听和不可破解，确保身份认证、传输加密以及数字签名等技术手段的无条件安全，因此可以从根本上解决国防、金融、政务、商业等领域的信息安全问题。

根据数据测算，通过 1200 公里的光纤，即使有每秒百亿发射率的单光子源和完美的探测器，也需要数百万年才能建立一个比特的密钥。因此，如何实现安全、长距离、可实用化的量子通信是国际学术界几十年来共同的奋斗目标。

为了实现安全、长距离、可实用化的量子通信，中国的科研人员将目光投向了外太空。利用外太空几乎真空因而光信号损耗非常小的特点，通过卫星的辅助可以大大扩展量子通信距离。同时，由于卫星具有覆盖地球的独特优势，是在全球尺度上实现超远距离实用化量子密码和量子隐形传态最有希望的途径。

"墨子号"量子卫星的量子密钥分发实验采用卫星发射量子信号，地面接收的方式，卫星过境时，与河北兴隆地面光学站建立光链路，通信距离从 645 公里到 1200 公里。

实验结果显示，在 1200 公里通信距离上，星地量子密钥的传输效率比同等距离地面光纤信道高万亿亿倍。卫星上量子诱骗态光源平均每秒发送 4000 万个信号光子，一次过轨对接实验可生成 300 千比特的安全密钥，平均成码率可达 1.1 千比特每秒。这些密钥足够人们加载很多数据，例如在新疆和兴隆两个地面站之间进行加密的量子视频通话。

现代量子信息理论创始人之一、IBM 研究院的查尔斯·班纳特认为，"墨子号"将量子密钥分发的距离拓展到了千公里量级，这一成就令全世界印象深刻，它将量子通信推到了可实际应用的当口。

这一重要成果为构建覆盖全球的量子保密通信网络奠定了可靠的技术基础。将来，人们可以进行量子卫星组网，将量子密钥分发范围扩展到覆盖全球；而如果将量子通信地面站与城际光纤量子保密通信网互联，就可以构建覆盖全球的天地一体化保密通信网络。

隐形传态　通往未来的"任意门"

如果在北京工作的科学家要到上海去参加会议，有没有比飞机、火车更快的方式？如果未来人类要到太阳系以外旅行，但飞船飞得太慢怎么办？中国神话传说中的"顺风耳""千里眼"究竟能不能实现？

如果问小朋友这些问题，他也许会回答，用哆啦A梦的"任意门"。但现实世界真能造出这样的"任意门"吗？"墨子号"开展的地星量子隐形传态实验，或许会将这一幻想变成现实。

量子隐形传态是量子通信的另一大重要内容。它在概念上非常类似于科幻小说中的"星际旅行"，可以利用量子纠缠把量子态传输到遥远地点，而无须传输载体本身。量子隐形传态作为量子信息处理的基本单元，在量子通信和量子计算网络中发挥着至关重要的作用。

1997年，国际上首次报道了单一自由度量子隐形传态的实验验证，该工作随后与X射线的发现、爱因斯坦建立相对论、沃森和克里克发现DNA双螺旋结构等影响世界的重大科技成果一起入选了《自然》杂志"百年物理学21篇经典论文"。

2010年，潘建伟团队在国际上首次实现了基于量子纠缠分发的16公里量子态隐形传输。2011年底，中科院战略性先导科技专项"量子科学实验卫星"正式立项。2012年，潘建伟领导的中科院联合研究团队在青海湖实现了首个百公里的双向量子纠缠分发和量子隐形传态，充分验证了利用卫星实现量子通信的可行性。

"墨子号"的量子隐形传态采用地面发射纠缠光子、天上接收的方式，卫星过境时，与海拔5100米的西藏阿里地面站建立光链路。地面光源每秒产生8000个量子隐形传态事例，地面向卫星发射纠缠光子，实验通信距离从500公里到1400公里，所有6个待传送态均以大于99.7%的置信度超越经典极限。

而根据测算，在同样长度的光纤中重复这一工作，则需要 3800 亿年才能观测到 1 个事例。

这一重要成果为未来开展空间尺度量子通信网络研究，以及空间量子物理学和量子引力实验检验等研究奠定了可靠的技术基础。

突破关键　中国量子实现领先

"墨子号"量子卫星全部三大既定科学目标的成功实现，为我国在未来继续引领世界量子通信技术发展和空间尺度量子物理基本问题检验前沿研究奠定了坚实的科学与技术基础。

该项技术突破使我国具备了对光纤无法覆盖的地区——如我国的南海诸岛、驻外使领馆、远洋舰艇等——直接提供高安全等级量子通信保障的能力，也为我国未来构建覆盖全球的天地一体化量子保密通信网络提供可靠的技术支撑。

《自然》杂志物理科学主编卡尔·齐姆勒斯认为，"潘建伟和他的研究团队顺利完成了三项量子实验，这些实验将会是全球任何基于空间的量子网络的核心组成部分。这些实验中的量子技术已经突破了天空的限制，因为中国在物理学方面的投资与努力，该研究团队才能够将应用型量子通信技术方面的研究提升到如此的天文高度。"

"墨子号"量子卫星是中科院空间科学先导专项在"十二五"期间支持的 4 颗科学卫星之一，是由我国完全自主研制的世界上第一颗空间量子科学实验卫星。该卫星从科学概念的提出到关键技术突破，从工程组织实施到科学成果的产出，均由中科院主导完成。

"墨子号"系列成果的取得为中国赢得了巨大国际声誉，标志着我国在量子通信领域的研究在国际上达到全面领先的优势地位。

同时，"墨子号"也开启了全球化量子通信、空间量子物理学和量子引力实验检验的大门，为我国在国际上抢占了量子科技创新制高点，成为国际同行的标杆，实现了"领跑者"的转变。

实际上，领跑的"墨子号"所产生的聚合效应已经开始显现。中国科研团队也始终保持着开放的心态，积极参与国际合作研究。

目前，奥地利已经与中科院科研团队展开合作，德国、意大利等国家的科研团队也在申请加入合作研究。2017 年以来，中国科大与上海技术物理所等组成的科研团队，与奥地利科学院安东·塞林格研究组合作，利用"墨子号"在中奥之间进行了长达 7600 公里的洲际量子密钥分发，并利用共享密钥实现了加密数据传输和视频通信。

在我国前期的战略性布局下，科学家先后解决了量子信息科学的基础性、原理性问题，解决了"卡脖子"的关键问题，掌握了核心技术。目前，我国在实用化城域量子通信技术已成熟，初步建成了由量子通信骨干网"京沪干线"和量子科学实验卫星"墨子号"构成的广域量子通信网络。应当说，在量子通信领域，我国已经处于国际领先地位。

特高压交流试验示范工程：妙手架起通天塔

武晓黎

众所周知，工程建设会对环境带来一定影响，关键在于如何正确树立人与环境、建设工程与环境保护之间的关系。国家电网公司积极提出了特高压工程的环境保护目标：从设计、设备、施工、建设管理等方面采取有效措施，全面落实环境保护和水土保持的要求，建设资源节约型、环境友好型的绿色和谐工程。

晋东南长治段　横跨带电线路

2017年元宵节刚过，过年的欢乐气氛仍在处处洋溢，专题采访小组一行就开始了1000千伏晋东南—南阳—荆门特高压交流试验示范工程沿线采访。汽车驶出长治城，经过长子县，渐渐驶上了弯弯曲曲的山路。经过一段坎坷泥泞的路段后，就只能弃车步行了。记者爬上一个小山坡，不禁为眼前的一幕所震撼：浓浓的雾霭笼罩着逶迤的山峦，邻近的几个山顶上，几座巍峨的铁塔兀立，一横一竖两组导线在空中划出了一个巨大的十字。雾气升腾，每座塔的顶部都被云雾笼罩，仿佛一座座通天巨塔！

这里就是特高压示范工程的起始端——晋东南长治站的输电线路。这里施工最大的难处在于，必须在原有的三条500千伏线路正常通电的情况下，将新建的1000千伏线路从上面横跨过去，这就是横三竖四组

39

线路。

山西省送变电公司副总工程师翟依学给记者讲述了那充满挑战的施工过程。

特高压线路要横跨的，是山西阳城送往江苏的专送线路。翟工说，按照常规施工方式，要在空中跨过一条 500 千伏的高压线，当然是断电施工最安全可靠。但江苏是经济强省，断电的经济损失实在太大，只能选择带电施工。但带电施工就一定要保证万无一失，一旦 1000 千伏线路断线，不仅会威胁施工人员的生命安全，还会造成下方带电线路停电，受电方会蒙受更大的经济损失。

特高压塔的净高是 88 米，两塔之间的跨距是 332 米，特高压线是 3 厘米粗的锌包钢绳，每米重 1.64 千克。两塔之间一共有 3 束线，每束 8 根这样的线。这么重的线穿过这么高、这么大的跨度，常规的施工方式肯定不行。翟工说，最终采用的是创新的动力伞牵引绝缘绳方式。先从最细的不足 1 厘米的绝缘绳，逐渐过渡到又粗又重的特高压导线。这种自主研发的动力伞展放引绳的成熟技术，被广泛应用于特高压输电线路施工中，有效地保护了特高压输电线路走廊的生态环境，为把特高压建成"环保友好"工程奠定了基础。

站在特高压铁塔下抬头仰望，看不到云雾中的塔顶。想象着当时空中小心翼翼飞过的动力伞，想象着电力工人们如何通过崎岖的山路运送安装数百吨重的设备，敬佩之情油然而生。

洛阳特高压段　穿过猕猴保护区

太行山猕猴属于国家二类保护动物，是我国华北地区唯一留存下来的面临灭绝的灵长类动物，具有很高的欣赏价值和科学研究价值，需要进行严格的保护。太行山猕猴自然保护区是世界上猕猴分布的最北界，特高压线路河南洛阳第 4 标段正好要经过这个国家级猕猴保护区。

"我们当时采取了航拍等先进的测量手段。"国家电网交流工程公司郑州工程部主任王成说，穿越保护区的线路长度将近 4 公里，因为要从太行山横断面穿越，避不开猕猴保护区。为了尽量减少对保护区的影响，在线路设计时就定下了"线路最优化、距离最短化、影响最小化"的原则。

猕猴是一种调皮而又敏感的动物，为了保护这些可爱的小生灵，施工人员可谓煞费苦心。记者发现，保护区内的 260 号杆塔与众不同，在中间搭着一个巨大的网格，远远望去，像是穿着一条"裙子"。这是为了防止猕猴爬上杆塔受到伤害，专门在塔上搭的防护网。

猕猴非常容易受到声音的惊吓。为了在技术上降低线路可听噪声，这一标段在全线唯一采用了 630 平方毫米截面的导线，其余线路则是普通的 500 平方毫米导线。导线加粗了四分之一，重量、成本都有了很大的增加，但噪声降低了，猕猴们可以安心地在附近戏耍。

记者还发现，这里的杆塔 4 个脚不在一个平面上，完全依着地势而建。塔基部分面积也非常小，周围的小草灌木都保持着自然的模样。要竖起这么大一个塔，如何能做到这一点呢？

王主任说，这一标段施工过程全面创新，采取了很多新的技术手段，尽量减少对环境和地形地貌的破坏。例如，因地制宜采取了全方位塔基高低腿设计。在地基施工时采取了掏挖式和锚杆式，做到了开方量最小。太行山区植被茂盛，荆棘丛生，运输条件极差。项目经理和项目总工多次到现场实地考察，根据 N260 塔位的地理位置与最近公路的落差及距离进行索道运输方案的设计，最终利用架空索道完成了砂石、水泥、塔材及架线材料的运输。

以前展放导引绳时，要事先开出一条展放通道。而跨越国家级猕猴保护区及山区林地架设导线时，负责这一地段施工的上海送变电公司首次采用小型直升机展放初导引绳，然后用绕牵法实现多级导引绳牵引，利用 2×"一牵四"施工方法，最终达到八分裂导线同步展放的目的。

直升机在特高压展放初导引绳的成功应用，是环境和谐、绿色施工的一次成功创新。

巩义、钟祥段　跨越黄河、汉江

车子穿过狭长的河南巩义市康店镇大峪沟村，眼前豁然开朗。一望无际的黄河冲积平原上，农民们正忙着抗旱浇地、运送春耕的肥料。特高压示范线路的第三级——黄河大跨越工程就伫立在这里。

这是一个恢宏的工程。黄河南岸广阔的河滩上，有4个如篮球场般大小、2层楼高的塔基，上面耸立着一个122.8米高的巨塔，三相特高压线划出一个漂亮的弧度凌空飞过黄河。顺着线路北望，1.22公里外的北岸，另一座巨塔影影绰绰。

河南省电力公司新闻中心副主任王喜军介绍说，试验示范工程输电线路黄河大跨越全长约3.651千米，由三基直线跨越塔和两基锚塔组成，其中直线塔高超过120米。仅基础混凝土方量就有7500方×5个，仅直线塔就重460吨。主塔的横担长度达71米，是世界上最长的横担。

特高压架线是技术创新的重点。在一般线路施工中，施工单位开拓创新，尝试使用直升机基础浇注，为了最大限度地保护植被，索道运输在山区施工中被广泛应用，混凝土集中搅拌站被用于线路基础施工中，遥控飞艇放线更是大大提高了放线进度，减少了对农田的破坏。施工队伍组织课题攻关，开展技术创新，攻克了大体积混凝土温度控制等施工难题。钢管结构酒杯形跨越塔首次在大跨越中应用，中横担空中对接安装施工工艺是国内首次应用，双摇臂抱杆技术、黄河大跨越展放导线、智能安全语音提示器、风向风速仪、安全对照镜、过载保护装置……一系列自主开发的创新成果，不仅提高了施工安全、质量水平和工作效率，也为特高压输电线黄河大跨越增添亮色。

湖北钟祥人杰地灵，试验示范工程输电线路汉江大跨越就是从这里的文集镇（北岸）到洋梓镇（南岸）。世界最高的输电塔就建在一片油菜地里，由于实施了绿色施工，油菜地几乎没有被破坏。暖冬，油菜花儿已经打骨朵了，嫩黄油绿的油菜地里，立着181.8米高、重达1000吨的跨越塔。

项目负责人李总对记者说，汉江跨越之所以要建这么高的塔，主要是需要考虑航路通航时最高水位、船只桅杆的高度、线路下垂的弧度。由于跨越档距非常大，有1650米，因此线路的弧度也就很大，因此，塔就要建得非常高。

再过几天，油菜花儿就会全开了，那时候，金色的花海配着银色的铁塔，一定是一幅社会主义新农村的壮美图景！

荆门站　搭建高压变电站

到达湖北荆门的时候，天正在下雨。穿着雨衣、戴着安全帽走进荆门1000千伏特高压变电站时，感受非常奇妙。

试验示范工程线路在这里拐了一个弯，长治过来的1023千伏的电经高抗后变成1033千伏，从北往东送。变电站上空是钢铁架构的巨大龙门架，均压环、变压器和错综复杂的回路，构成了一幅具有后现代风格的画面。

荆门电力担负着三峡一半电力的输送任务。但特高压变电站的建设不同于普通的500千伏变电站，使用常规方法和工器具根本行不通。施工建设队伍一直都是"摸着石头过河"的。没有现成的数据，他们就自己钻研、摸索；没有合适的工器具，他们就自己设计、加工、创造。

据湖北宜昌超高压管理处唐经理介绍，与500千伏高抗安装相比，1000千伏高抗安装难度更大，工艺要求更高。三台吊车和一台升降车同时配合起吊，才能让平躺在地的14米套管慢慢站起来，固定在自行设计、加工的套管支架上进行试验，合格后才能在本体装置上真正"安家落户"。

与晋东南 1000 千伏横梁安装一样,荆门 1000 千伏 HGIS 复合套管对接与 HGIS 断路器吊装、气相色谱仪等具有国际领先水平的油试验仪器配备变电安装,迸发出了诸多创新的火花。

国网交流建设公司副总工程师郑怀清通过一组数据比较来解释特高压的施工难度:特高压交流试验示范工程中,一般线路铁塔平均高度77.4 米,是 500 千伏铁塔的近 2 倍;铁塔平均重量 71.3 吨,是 500 千伏铁塔的 3.5 倍;导线横担平均长度在 60 米左右,是 500 千伏横担的 2 倍多,导线每相采用八分裂组合,整个工程呈现出"高、重、大、新"的特点。开展特高压施工技术的创新,是确保工程安全可靠的迫切需要,也是促进输变电施工技术革命性进步的实际要求。

发展特高压输电,本身就符合建设资源节约型、环境友好型社会、创新型国家的要求。而此次跨越山西、河南、湖北三省的实地采访,更让记者充分感受了特高压示范工程决策者、设计者以及建设者付出的努力和聪明才智,感受了国家电网公司对技术创新的热诚、对环境保护的责任心。

附:

特高压示范工程创造的新纪录:

我国第一个百万伏级交流输变电工程;

我国第一个全面自主创新、全面掌握核心技术、具有自主知识产权的百万伏级交流输变电工程;

我国第一个实现装备制造国产化的百万伏级交流输变电工程;

世界第一个具有 21 世纪电网技术水平的百万伏级交流输变电工程。

世界第一个商业运行的百万伏级 GIS/HGIS 变电站;

世界单台容量最大的百万伏级电抗器;

世界第一台 1000 千伏、1000 兆伏安单体式电力变压器。单柱线圈额定容量达到 500 兆伏安,为世界最高;

世界单组容量最大的低压无功补偿电抗器组和电容器组；

世界第一个成功研制百万伏级交流合成绝缘子、合成套管并在工程中应用的百万伏级交流输变电工程。

梦想成真的北斗卫星导航系统：
中国之眼　国之护卫

张晓光

全球定位系统（GPS）从根本上改善了人类的生活品质，扩大了人类对世界的探索，告别了在纸制地图上找路的历史。GPS系统的建设投入了巨资，但是由于单向通信体制的限制影响了其商业盈利的发展，同时GPS免费对全世界开放也符合美国的全球战略布局。但在军事方面却是个挑战，因此GPS只开放民码，精度较低，且多次战争中存在美军使用过关闭民码和欺骗码的案例。所以我国必须要发展自己的定位导航系统。当然全球定位导航系统的建设工程浩大，需要依托国家经济实力和综合技术实力，曾几何时，这是老一代中国航天人的梦想。而北斗系统，正是承载这一梦想的系统工程。

北斗的发展总体上分三步走，首先是试验验证阶段，即2000年首先建成北斗导航试验系统，使我国成为继美、俄之后的第三个拥有自主卫星导航系统的国家。第二个阶段，是到2012年底，我国面向亚太区域提供了运行服务。第三个阶段则是将北斗发展成为全球系统。力争到2020年能和全球其他导航系统水平相当，并且还具备自身的优势技术。

北斗一代　实现北斗梦想第一步

1957年10月4日，苏联发射了全世界第一颗人造地球卫星，开创了人类的空间世纪。美国科研人员对此密切关注，并发现了一个现象，那就是这颗卫星的频率出现了偏移，经研究发现是相对运动引起的多普勒频移效应。科学家对此进行了实验研究，发现如果在地面上架设多部接收机，就可以根据接收到的信号的不同频差推算出这个卫星的具体位置。

当时美国海军的一项研究是五角大楼如何知道茫茫大海中军舰的具体位置，既然能够发现卫星在哪里，如果把问题反过来，卫星就能发现观察者在哪里，海军军舰定位的问题有思路了。经过综合考虑，紧密计算设计，美国选择了24颗卫星的中轨道星座，1978年发射了第一颗，全系统在1995年投入运行，从此人类有了第一套天基导航系统——GPS。

我国的卫星导航系统工程工作始于20世纪70年代，"七五"规划中提出了"新四星"计划，随后提出过单星、双星、三星、三到五颗星的区域性系统方案，以及多星的全球系统设想。20世纪80年代初期，以"两弹一星"元勋陈芳允院士为首的专家团体提出了双星定位方案，并于1991年海湾战争后启动。由于只有两颗星，只能采用高轨静止轨道，这样才能停在中国大陆的上空。也正是由于采用静止轨道使得我们的系统既能定位又能通信，这是GPS系统不具备的，这一带系统大部分的信道资源都必须让给定位数据的传送，留给通信的信道资源很少，所以只能实现完成短信功能。但也由于轨道很高，导致了地面被测物体与卫星的相对速度很低，多普勒效应不明显，其定位精度自然远远比不过GPS。

从2000年10月到2007年2月，中国一共只发射了4颗导航卫星，分布在较高的同步轨道上，采取双星定位方式导航。定位一个点需要三个坐标，三个方程，两个卫星提供的瞬时数据显然不够用，所以北斗系统要在预先设定的电子地图上读出高程信息才能使用。这意味着卫星和用户之间不是单向的发送—接收关系，而是要进行双向沟通。虽然北斗系统利用了几十年来计算机技术的进步，要胜于美苏第一代卫星导航系统，但这一系统存在如下问题：第一，限于卫星数量，只能对中国及周边地区进行导航；第二，作为军民两用的系统，导航和军事要求的静默之间存在冲突；第三，双向沟通效率较低，不适用于快速移动的目标。不过，从建设之初起，北斗系统（一代）就被定位为一个验证技术，积累经验的试验性工程。在北斗系统的最后一颗实验性卫星上，中国安装了用于精确定位的激光反射镜，为下一代导航卫星网的部署做好了准备。

在当时的国力和综合技术实力条件下，北斗一代达到了设计指标，工程实时可以说是非常成功的，北斗系统开始在国际舞台散发自己的光芒。

北斗二代　迎接国际挑战

2007 年至 2012 年，我国陆续发射了 16 颗北斗二号导航卫星，最终建成了由 14 颗北斗二号（5 颗静止轨道导航卫星＋5 颗倾斜地球同步轨道导航卫星＋4 颗中圆地球轨道导航卫星）组成的，采用无源与有源卫星导航方式相结合的区域卫星导航系统。如果说 GPS 只能告诉用户什么时间、在什么地方，"北斗"还可以将用户的位置信息发送出去，让其他人可以知道用户的情况，较好地解决了何人、何事、何地的问题。其服务范围为亚太地区；定位精度为 10 米；测速精度为 0.2 米 / 秒；授时精度为 50 纳秒；短信字数每次为 120 个字。

各国都在研究新一代技术。未来天空将越来越"拥挤"。在重要的同步轨道上，为了避免卫星相互干扰、撞击，卫星必须有一定的安全间距。尽早发射导航卫星，不仅是技术积累的需要，也是"占位"的需要。此外，为了便于制造卫星和地面沟通的通信设备，占有合适的通信频率也可以节约许多投资。按照联合国国际电信联盟的规则，卫星轨道和空间频率是人类共有的资源，国际规则是既不按国家来分，也不按人口来分，而是谁先占了算谁的，卫星频率的使用权属于先发射的一方。中国北斗系统抢在欧洲伽利略系统之前发射导航卫星，实际上已经占有了一部分本由欧洲申请的通信频段。所以，卫星导航系统的发展越快越好。北斗二代的建设规模与 GPS 相当，申请的轨道和频率与欧洲伽利略比较一致，率先争夺了稀缺的卫星轨道和频率资源。

北斗　为武器装上眼睛

从第一次海湾战争美军首次正式使用全球卫星导航定位系统于实战并取得良好效果以后，现代军事进入精准作战时代。阿富汗战争和第二次海湾战争时，美军使用精确制导导弹和炸弹的比例比第一次海湾战争增加了近 100 倍。

卫星导航定位系统对于现代战争意义巨大，美军在国家危机期间往往会暂时中断全球卫星定位服务，同时也在加快研制摧毁敌方卫星的各种技术。可以说卫星能够在实战中发挥如此不可替代的作用，以至于改变了现代战争的作战样式，是在它发展出了可靠、高效的导航定位功能之后。随着卫星全球导航定位功能的发展，它在实战中的作用发生了性质上的改变，从辅助变为主导，从被动变为主动（主动不仅表现在它与具体作战行动和武器打击直接结合，而且甚至表现在它直接成为某种攻击武器），从单一功能变成多功能。显然，谁拥有"制信息权"，谁就能掌握高技术战场的主动权，而"制信息权"又离不开"制天权"。"制天权"与国家防御系统密不可分，如果卫星被毁或"致盲"，防御体系就会瘫痪。

北斗卫星对于中国军事的重要性，就如同 GPS 对于美军的重要性。在 GPS 的支持下，美军在海湾战争以及阿富汗战争中可谓是打得"行云流水"，依靠 GPS 的精确定位，美军的巡航导弹可以从海上发射，远距离精准地命中目标，飞机挂载的精确弹药可以对目标进行精确的打击，GPS 还可以为美军的飞机、坦克、舰船、单兵提供精确的导航服务，使得战场的透明度向着美国这一方面倾斜。因此，一旦 GPS 失效，美军的进攻效率将立刻跌回到第二次世界大战时期的作战水平。此前，我军发射的弹道导弹曾因 GPS 被关闭而导致偏离预定区域。而在银河号事件中，我方船只在茫茫大洋中突然停下，背后的原因是美方关闭了银河号所在海区的 GPS 导航服务，使得银河号完全不知道该往哪个方向走，被迫停在原地。这些例子说明，只有自己独立拥有一套卫星导航系统，才可以说应该拥有战略安全。北斗三期工程全球组网完成后，我国的安全战略基石弹道导弹核武器才可以准确无误投向世界任何一个角落，而不必担心受到干扰和破坏。

北斗系统　服务于国计民生

遨游在地球轨道上的北斗卫星导航系统，从北斗一号服务国内到北斗二号提供区域服务，再到北斗三号全球组网，源源不断地为广大用户提供精准优质的服务。

北斗的发展对国计民生意义重大，作为国家重要的空间信息基础设施，北斗系统现已形成包括基础产品、应用终端、运行服务等较为完整的产业体系，自主北斗芯片、模块等关键技术全面突破，性能、价格与国际同类产品基本相当，销量超过 600 万片，已广泛应用于国计民生各个领域。

在海南文昌清澜港，北斗导航终端是渔民们出海的标配：出海作业能实时监控，渔船出险可随时报警，在海上能收听天气预报和预警通知，北斗已成了渔民口中的"千里眼""顺风耳""护身符"。从抢险救灾到精准农业，从渔业播报到智慧房管……近年来，北斗卫星导航各类高精度位置服务产品以"北斗＋互联网＋其他行业"的新模式，广泛应用到国计民生方方面面。

北斗技术已跳出单一导航技术的范畴。在城市燃气、城镇供热、电力电网、供水排水等多种行业的迫切需求下，国家北斗精准服务网已为全国超过 400 座城市的各种行业应用提供北斗精准服务，有效推动智慧城市基础设施的优化和完善。当前人们使用的共享单车，就可以用高精度定位功能提供"电子围栏"技术进行管理，大大降低共享单车的社会管理成本。目前，北斗民用用户已达到千万级。来自中国卫星导航定位应用管理中心的数据显示，北斗系统已累计提供有源定位服务 12 亿次，短信服务 61 亿次，双向授时服务 9000 余万次。

在"一带一路"沿线，北斗系统已经覆盖了巴基斯坦、沙特、缅甸、印尼等近 30 个国家，巴基斯坦的交通运输、港口管理，缅甸的土地规划、河运监管，老挝的精细农业、病虫灾害监管，文莱的都市现代化建设、智慧旅游，印尼的海上集成应用，北斗正提供心贴心定制服务。同时，分别与马来西亚、新加坡、柬埔寨等开展交流合作，与沙特、阿联酋、埃及、摩洛哥、突尼斯、阿尔及利亚等国家制定推进措施，在泰国建成了小型北斗地基增强系统示范网等。

未来的北斗三代　星耀苍穹

2017 年至 2020 年为北斗卫星导航系统建设第三阶段，也是最为核心的阶段，通过该阶段的建设，北斗系统将成为真正服务全球的导航定位系统，真正实现为星空下每一个人、每一件物而服务。

其间，我国将先后发射 35 颗北斗三号导航卫星（5 颗静止轨道卫星＋3 颗倾斜地球同步轨道卫星＋27 颗中圆轨道卫星），建成采用无源与有源导航方式相结合的全球卫星导航系统。其服务范围为全球；定位精度为 2.5 至 5 米；测速精度为 0.2 米／秒；授时精度为 20 纳秒；每次短信字数也有所增加。它将为民用用户免费提供约 10 米精度的定位服务、

0.2 米 / 秒的测速服务，并且将为付费用户提供更高精度等级的服务。随着"北斗"地基增强系统提供初始服务，它还可提供米级、亚米级、分米级，甚至厘米级的服务，届时，"北斗"的定位精度将与美国 GPS 相媲美。建成后的北斗全球导航系统将为民用用户免费提供约 10 米精度的定位服务。具有高精度、高可靠、高保险、多功能的"北斗"全球卫星导航系统有一些美国、俄罗斯和欧洲全球卫星导航系统不具备的性能和特点，例如，其空间段采用三种轨道卫星组成的混合星座，且与其他卫星导航系统相比高轨卫星更多，因此抗遮挡能力强，尤其在低纬度地区性能特点更为明显；北斗三号可提供多个频点的导航信号，能够通过多频信号组合使用等方式提高服务精度；该卫星系统创新融合了导航与通信能力，具有实时导航、快速定位、精确授时、位置报告和短报文通信服务五大功能。

"北斗"发展蓝图是构建国家综合定位、导航和授时体系建设，以"北斗"系统为核心，建成天地一体（包括太空、地面、水下、室内）、覆盖无缝、安全可信、高效便捷的国家综合定位、导航和授时体系，实现为全人类、全天候、无死角服务的目标。

天上的星星参北斗，自古中国人就靠观天来指引方向，北斗卫星导航系统是我们在太空中建造的一座人造灯塔，从军事到民用，它指引着每一个中国人、每一件中国制造。

美国的 GPS 是其国际战略地位的重要依赖，每一场战争中都发挥了至关重要的作用。叙利亚战场、阿富汗战场、两伊战场、美国海空战略平台。

每一个从事航天工程中国人无不梦想着有朝一日能有属于我们自己的导航系统，不再用别人的眼睛来指引方向。

今天这个梦想实现了，在太空中有了我们自己的眼睛，指引我们前进的方向，让我们的战略、战术武器可以毫无偏差地驰骋沙场、所向披靡。

测绘地理信息：让人们出行更精确

永　清

截至 2017 年 6 月，中国手机地图用户已经达到 6.86 亿人。手机地图成为用户连接互联网的重要入口，在用户生活领域渗透日渐深入。在地图导航的保障下，自驾游成为国内旅游方式的首选，自驾游游客占国内旅游人数六成。据携程旅行网《2017 年自驾游消费报告》统计显示，2016 年境内自驾游同比增长 200%，超六成手机地图用户使用手机地图应用程序（App）进行景区导览。

保障服务成效显著

2005 年 10 月 9 日，时任国家测绘局局长陈邦柱宣布："……2005 年珠峰高程测量获得的新数据为珠穆朗玛峰峰顶岩石面海拔高程 8844.43 米。"人们此前使用了 30 年的 8848.13 米的珠峰高程就此作古。

过去 150 多年的历史中，人们不断地测量着珠峰，不断更新科技水平，不断探索新的测量方法，进行了大大小小数十次的测量。按照各国至今公布和曾被采用过的珠峰海拔高程分别有：8840 米、8842 米、8847.6 米、8846 米、8848.13 米、8872 米以及 8848.84 米等。

2005 年 2 月，国家测绘局组织测量队伍启动新一轮珠峰高程测量。5 月 22 日，中国珠峰登山测量队登顶测量成功。10 月 9 日，经国务院批准，国家测绘局向全世界公布了 2005 年珠峰高程测量成果：珠穆朗玛峰峰顶岩石面海拔高程为 8844.43 米。

改革开放以来，特别是近些年来，我国测绘地理信息事业紧密围绕国家经济社会发展、生态文明建设大局，加强服务，转型升级，谱写出新的辉煌篇章。

目前，测绘地理信息形成了以《中华人民共和国测绘法》为核心，由《中华人民共和国测绘成果管理条例》《中华人民共和国地图编制出版管理条例》《中华人民共和国测量标志保护条例》《基础测绘条例》等组成的测绘法规体系。

2016 年，测绘地理信息行业完成服务总值 945.99 亿元，同比增长10.6%。截至 2017 年 8 月底，全国测绘资质单位数量突破 1.8 万家，较2016 年末增加 4.9%，其中，甲级单位数量首次突破 1000 家。测绘资质单位从业人员数量为 42.76 万人，其中专业技术人员近 40 万人，占比 85%。测绘资质单位中民营企业数量达 11264 家，占比达 62%。[①]

数字城市建设全面开花。截至 2016 年末，全国 334 个地（市）全部开展了数字城市地理空间框架建设工作，其中 280 个已建设完成，684 个县（市）和 57 个乡镇正在开展建设；全国已有 35 个地（市）和10 个县（市）开展了智慧城市时空信息平台建设试点；基于数字城市开发的应用系统已有 6323 个，基于智慧城市开展的应用系统已有 170 个。

2011 年建成在线地图服务网站——天地图。天地图区域数据资源权威详尽，具有自主知识产权。当前，已有 216 个国家和地区的数十亿人次访问天地图，基于天地图地理信息服务资源的各类公益性、商业化应用系统不断涌现。"天地图"数据资源不断丰富，国家级主节点和省级、市级节点建设不断完善，政府公益性服务成效日益增强。截至 2016 年末，全国已有 31 个省级节点、165 个地（市）、97 个县（市）级节点与主节点实现了服务聚合；有 200 个地（市）、144 个县（市）级

---

① 本文数据均来自国家测绘地理信息局网站。

节点接入了相应省级节点。

2012 年完成海岛（礁）测绘一期工程，完成 6400 个海岛地形图测绘和相应基础地理信息数据库建设。

测绘地理信息推进极地测绘工程，测制了世界上首张南极冰穹地区 1∶5 万冰面地形图，为昆仑站选址和建设提供了有力保障。

我国测绘地理信息事业在三峡、葛洲坝、小浪底等水利水电工程中，为库区建设、移民安置、地质灾害监测和生态环境监测等提供了测绘支持。为南水北调、西气东输、西电东送等重大工程以及秦山、大亚湾等核电站的方案论证、工程勘测、规划设计和建设施工等提供了测绘保障。为青藏、京九、京广、粤海、沪宁、陇海、京津城际铁路、上海磁悬浮列车运营线等铁路建设和改造提供了各种基础地理信息和测绘技术服务。为全国土地资源调查、地质调查以及极地考察等重点工作提供了有效的测绘服务。在北京奥运会、国庆 60 周年庆典、上海世博会、广州亚运会、土地二调、水利普查等重大事项和重大工程工作中发挥了重要的先行作用。在南海和东海资源勘探、索马里护航、海岛建设规划和维护国家海洋权益方面发挥积极作用。"一县一图""百镇千村测图""一村一图"工程服务新农村建设得到好评。中越陆地边界勘界测绘任务全面完成。

服务应急救灾及时有力。在汶川地震、玉树地震、舟曲泥石流、南方雨雪冰冻灾害、西南旱灾、南方水灾等自然灾害的抢险救灾及灾后重建中，迅速获取、制作和提供地图、影像图，快速研制三维地理信息平台。在汶川抗震救灾中，累计提供灾区地图 5.3 万张，基础地理信息数据约 12 万亿字节，研制了灾区三维地理信息应急服务系统、抗震救灾综合服务地理信息平台，建立了灾情监测与评估数据库，在灾后重建等工作中发挥了重要作用。在青海玉树地震、甘肃舟曲特大泥石流灾害、四川芦山地震、天津滨海新区爆炸、陕西山阳、深圳山体滑坡等突发事件中，及时提供抢险救灾保障。

2014年中国政府将我国制作的30米分辨率全球地表覆盖数据捐赠给联合国。2016年组织开展全球地理信息资源建设工程的规划、设计、技术系统建设与数据产品试生产，制作生产了"中巴经济走廊""东盟自贸区"380万平方千米范围的高分辨率数字正射影像（2米分辨率，平面精度10～15米）、数字表面模型（10米格网间距，高程精度6～10米）、核心矢量要素数据（行政区划、交通要素及中、外文地名）。在"十三五"期间，全球地理信息资源建设将完成"一带一路"相关国家及非洲重点区域共计约6000万平方千米范围数字正射影像（DOM）、数字表面模型（DSM）、数字高程模型（DEM）、核心矢量要素等基础地理数据生产；完成全球30米分辨率地表覆盖分类数据及重点区域更高分辨率地表覆盖分类数据的生产。

新型基础测绘扎实推进

1∶5万、1∶25万、1∶100万基础地理信息数据覆盖全国，并实现年度更新，截至2016年末，全国1∶1万地形图覆盖面积577.86万平方千米，覆盖率达到60.2%，全国有19个省（自治区、直辖市）实现了全覆盖；1∶2000基础地理信息基本覆盖了全国城镇地区，基本形成了以国家级1∶25万、1∶5万，省级1∶1万，市县级1∶2000、1∶1000、1∶500四级数据为核心的多要素、多尺度、多时态基础地理信息资源体系。

建立包括由2500余点组成的2000国家GPS大地控制网和由近5万点组成的2000国家大地控制网，由19个基准点和119个基本点构成的国家重力基本网。2000国家地心坐标系在全国自然资源系统推广使用。似大地水准面精化工作基本完成，多个省、市建成卫星定位连续运行基准站网。

拓展遥感资料获取方式和渠道。实施国家基础航空摄影计划，不断加大航空摄影和卫星遥感数据获取力度，航片积累已逾500万张，覆盖陆地国土面积超过80%。多种分辨率卫星影像覆盖陆地国土超过7000万平方千米（含重复覆盖面积），实现了不同分辨率、不同时相的卫星遥感影像对全部陆地国土的交叉覆盖。通过多渠道、多方式获取的10～30米分辨率卫星影像覆盖全部国土，优于5米分辨率的卫星影像基本实现了对重点地区的必要覆盖。建成了1米或2.5米分辨率、现势性较强的国家正射影像数据库。

地理国情监测方兴未艾

2013年2月，按照《国务院关于开展第一次全国地理国情普查的通知》的要求，第一次全国地理国情普查工作正式启动。经过3年的努力，通过第一次地理国情普查，获取了全国陆地范围全覆盖、无缝隙、高精度的地理国情数据，全面查清了我国陆地国土范围内自然和人文地理要素的现状以及空间分布情况，建立了地理国情普查成果管理、共享利用、审核发布等制度，形成了反映自然资源、生态环境和人文要素空间分布及相互关系的地理国情普查系列成果，获取了涉及国土、环境、农业、水利、交通等部门的海量本底数据，为常态化开展地理国情监测工作奠定了坚实基础。

在普查的同时，围绕"一带一路"、京津冀协同发展、长江经济带等，在国土空间开发、生态环境保护、资源节约利用、城市空间发展变化、区域总体发展规划等方面开展了100余个地理国情监测示范应用项目，形成了京津冀协同发展重要地理国情信息监测、国家级新区建设变化监测、沿海滩涂变化监测、南水北调中线工程水源地环境动态监测、三峡地区地质环境变化监测等一批监测成果，对于促进全面协调可持续发展发挥了重要作用。

京津冀地区的污染源分布、植被覆盖、城市扩展、地表沉降等监测成果引起了有关领导关注；利用地理国情信息服务海南省"多规合一"试点，梳理发现各类规划冲突矛盾，科学划定基本生态保护红线，统筹城乡发展、优化产业、基础设施空间布局，实现"一张蓝图"，得到中央深改组和海南省委、省政府的高度评价。浙江省利用地理国情监测在湖州、开化等地开展了领导干部自然资源资产离任审计试点，极大地提高了审计工作效率和精准程度。湖南省洞庭湖生态经济区、甘肃省丝绸之路经济带生态安全屏障、河北省麦收秸秆焚烧等地理国情监测成果得到各地政府充分肯定，浙江、山西、四川、黑龙江等省开展地理国情监测保障市县"多规合一"试点，重庆依托地理国情信息构建了重庆市综合市情系统，新疆、西藏、云南、内蒙古等省级政府利用地理国情成果推进生态文明建设、资源管理、维稳、应急等工作。

地理信息产业日新月异

近年来我国地理信息产业总产值保持 20% 以上的年增长率，保持强劲发展势头。产业布局日益优化，空间集聚趋势更加显著，上市企业发展实力强劲，产业融合步伐加快。

地理信息产业总产值稳步增长，据中国地理信息产业协会利用统计数据测算和大数据分析显示，2017 年中国地理信息产业总产值预计达到 5180 亿元，同比增长 18.8%。

到"十二五"末，测绘地理信息相关公司企业超过 3 万家，并继续保持迅速增长势头，测绘地理信息市场化服务在总体业务格局中所占份额日益增大。2014 年《国务院办公厅关于促进地理信息产业发展的意见》印发实施，国家测绘地理信息局编制了《促进地理信息产业发展"十二五"规划》。导航电子地图等地理信息产品不断创新，互联网地理信息服务、手机地图及各类便携式移动定位服务蓬勃兴起。主流测量仪器全站仪生产数量世界第一。被认定为高新技术企业的测绘资质单位

1008 家。

截至 2017 年 6 月，中国手机地图用户已经达到 6.86 亿人。手机地图成为用户连接互联网的重要入口，在用户生活领域渗透日渐深入。在地图导航的保障下，自驾游成为国内旅游方式的首选，自驾游游客占国内旅游人数六成。据携程旅行网《2017 年自驾游消费报告》统计显示，2016 年境内自驾游同比增长 200%，超六成手机地图用户使用手机地图 App 进行景区导览。

近千家地理信息企业参与智慧城市建设和全国城市地下管线普查。据地球观测组织统计，卫星数据在中国农业保险领域的市场规模已经达 17 亿美元，在公务车辆、船舶管理上广泛引入了北斗卫星导航定位系统。

截至 2017 年 8 月底，除新三板外，测绘地理信息境内外上市企业共 55 家，加上新三板，测绘地理信息上市挂牌企业共计 283 家。以测绘地理信息为主业的 12 家境内上市公司 2017 年上半年产值同比增长 36.5%，净利润同比增长 82.6%。新三板共有 11551 家挂牌企业。其中，地理信息企业 228 家，占比近 2%。2016 年新三板推行分层制度后，22 家挂牌地理信息企业进入创新层。地理信息及相关领域成立了中地信地理信息股权投资基金、中国北斗产业基金、军民融合发展基金等 10 多只产业基金，总规模达 700 多亿元。

徐永清：中国测绘地理信息科技体系走向智能化

清 文

"改革开放以来，我国测绘地理信息科技体系，先后经历了由传统模拟测绘到数字化测绘再到信息化测绘的发展，并正在逐步向智能化测绘方向发展。"国家测绘地理信息局测绘发展研究中心副主任徐永清在接受采访时表示。

徐永清说，首先，企业成为科技创新的主体。根据统计，在测绘资质单位中，企业数量占了四分之三。在以专利和计算机软件著作权为衡量标志的科技创新产出方面，企业产出处于绝对领先地位。企业在北斗导航与位置服务、位置云技术、地理信息平台、地图应用服务、多源遥感影像集成处理、测绘地理信息装备等方面的技术研究和产品研发不断取得新突破。一批龙头企业的自主技术和产品居世界领先水平并批量出口。许多企业设立了研发中心和创新创业服务中心等"双创"中心，推动了地理信息领域的大众创业和万众创新。

其次，测绘地理信息公益性科研取得显著成绩。在自主高分辨率卫星遥感测绘、自主航空遥感测绘、全球测绘以及卫星导航定位装备和地面测绘装备制造等领域取得重要突破，在大地基准、全球导航卫星系统（GNSS）数据处理、地理信息数据获取技术理论、地理信息变化检测、合成孔径雷达（SAR）系统、高精度全站仪等部分研究领域跻身世界先进行列。

最后，科研经费投入不断增长。企业研发投入持续加大；公益性科研经费大幅增长，据不完全统计，2012 年以来财政科研经费累计投入超过 14 亿元。公益性科技创新平台布局不断优化。国家级和区域性创新平台建设取得重要突破，成立一批各具特色的协同创新联盟和创新中心。

他介绍，"十三五"期间，自主雷达卫星、重力卫星等测绘卫星研制、高分辨率卫星遥感测绘相关科研项目研究正在有序开展。以天地图、百度地图等为代表的我国自主的网络地理信息服务平台，在数据资源的更新频率、精细度以及网络化运行能力和客户端体验效果方面，在国际上处于领先水平。

以滴滴打车等为代表的新一代基于位置服务迅速发展，在技术创新应用和产业化成熟度方面处于国际领先水平；综合集成高精度地图、定位、感知、智能决策与控制等功能形成的百度无人驾驶车，已在多种复杂道路环境下成功实现试运行。

我国自主研发的和芯星通蜂鸟 HumbirdTM-UC220 导航定位芯片在稳定性、功耗、集成度等方面处于国际先进水平。以南方测绘为代表的 NTS-391R 高精度全站仪，在测角、测距精度和响应速度方面已经达到世界领先水平。

测绘地理信息大事记

1978 年 12 月，在陕西省泾阳县建立中华人民共和国大地原点。

1978 年 12 月，测定中国内陆最低点艾丁湖高程为海拔－154.436 米。

1982 年 5 月，全国天文大地网整体平差完成。

1984 年 1 月，国务院颁布《测量标志保护条例》。

1985 年 9 月，启用"1985 国家重力基本网"成果。

1986 年，重测中巴边界 1∶5 万地图，1987 年完成。

1991 年 4 月，国务院授予国家测绘局第一大地测量队"功绩卓著、无私奉献的英雄测绘大队"荣誉称号。党和国家领导人先后为国测一大队题词。

1992 年 12 月，国家高精度卫星定位骨干控制网建成。

1996 年 9 月，《中华人民共和国测量标志保护条例》颁布，自 1997 年 1 月 1 日起施行。

1997 年 4 月，参与建设中国地壳运动观测网络国家重大科学工程。

2002 年 8 月，九届全国人大常委会第二十九次会议通过《中华人民共和国测绘法》修订案。时任国家主席江泽民以第七十五号令颁布施行，自 2002 年 12 月 1 日起施行。

2004 年 11 月，数字化测绘技术体系全面建成。

2005 年 2 月，国家测绘局组织测量队伍启动新一轮珠峰高程测量。5 月 22 日，中国珠峰登山测量队登顶测量成功。

2005 年 10 月 9 日，经国务院批准，国家测绘局向全世界公布了 2005 年珠峰高程测量成果：珠穆朗玛峰峰顶岩石面海拔高程为 8844.43 米。同时公布 2005 年珠穆朗玛峰高程测量有关参数：珠穆朗玛峰峰顶岩石面高程测量精度 ±0.21 米；峰顶冰雪深度 3.50 米。

2007 年 4 月，经国务院批准，国家测绘局公布泰山、华山、黄山等 19 座著名风景名胜山峰的高程数据。

2008 年 9 月，国家测绘局、中国地震局联合通报汶川地震地形变化监测结果。

2008 年 9 月，经国务院授权，国家测绘局公布中国陆地最低点（新疆艾丁湖洼地）新的海拔高程数据：-154.31 米。

2009 年 4 月，国家测绘局和国家文物局共同发布明长城长度数据调查成果：明长城总长 8851.8 千米。

2009 年 5 月，国务院颁布《基础测绘条例》，自 2009 年 8 月 1 日起施行。

2011 年 1 月，国家地理信息公共服务平台（公众版）——"天地图"正式开通。

2011 年 8 月，国家西部 1:5 万地形图空白区测图工程竣工，我国全部陆地国土首次实现 1:5 万地形图全覆盖。

2012 年 1 月，资源三号 01 星成功发射。

2012 年 6 月，国家现代测绘基准体系基础设施建设一期工程启动。

2014 年 9 月，中国政府向联合国捐赠 30 米分辨率全球地表覆盖数据。

2015 年 7 月 1 日，中共中央总书记、国家主席、中央军委主席习近平给国家测绘地理信息局第一大地测量队 6 位老队员、老党员回信，充分肯定国测一大队爱国报国、勇攀高峰的感人事迹和崇高精神。

2016 年 5 月，资源三号 02 星成功发射。

2016 年 8 月，国家发展改革委与国家测绘地信局联合印发《测绘地理信息事业"十三五"规划》。

2017 年，黑龙江测绘地理信息局派出的中国第 33 次南极科考队员，在长城站完成北斗卫星导航系统基准站的升级维护和基于北斗卫星导航系统基准站联测周边已有大地控制点。在中山站实现无人机首飞，成功获取倾斜摄影数据。

"科学"＋"发现" 十年磨一剑
建设国际一流深海综合探测体系

廖 洋

"工欲善其事，必先利其器。"没有现代化的海洋考察设备，深海大洋探测与研究无异于"空谈"。深海研究能力的系统提升是实施海洋强国战略的关键。我国深海研究曾受制于综合探测与研究的平台和技术装备的落后与匮乏，而今，"科学号"综合科学考察船的成功建造、4500米"发现号"无人深潜器以及一系列国际先进船载装备的有机集成和应用，使我国深海综合探测能力跃升国际一流，深海科学研究得以跨入国际先进行列。

攻坚克难，"科学号"千呼万唤踏浪来

曾经，我国海洋科学考察设备老旧，深海远洋研究困难重重。"科学号"的横空出世为深海大洋梦插上了腾飞的翅膀，我国在深海科学探知领域的研究终于开始蓬勃发展。

截至 2007 年，中国在役的海洋科考船一共 15 艘，仅 3 艘是建造于 20 世纪 90 年代，有 10 艘将在当时的 3 年内退役。设备老旧、无力探海。而同一时期，美国、欧洲、日本甚至印度都已拥有最先进的科考船，都搭载着深潜器，尤其日本还搭载了水下机器人。相比而言，中国相形见绌。

没有好的科考船可用，如何进行深海大洋研究？整个中国海洋科考界只能是望洋兴叹。"我们不能没有现代化的科学考察船！"这是时任中国科学院海洋研究所所长孙松的心声，更是中国海洋界全体同人的呼唤。

几经争取，建造新型海洋综合科考船的申请终于获批，而这仅仅是梦想的第一步。海洋所的目标非常清晰，就是要建造世界上最先进的、具有深海远洋考察能力的新一代综合性科学考察船。但是怎样造、造成什么样子，没有人知道！

当亲身站到挪威新型科学考察船"GO SARS"的甲板上时，国家发展改革委高新技术司副司长刘艳荣真实地感受到了中国造船业与世界一流水平的差距。她不禁问身边的孙松，"这样好的船，中国真的能建造出来吗？"当时的孙松心里也没底，只能回答道："能造出来，是否能够达到这样的标准就需要我们进行百倍的努力了。"

挪威之行，让孙松感悟到希望与挑战并存。于是，孙松立刻组织海洋所高工于建军带队成立技术小组，再次飞赴挪威进行细致考察，于建军后来担任"科学号"建造总工程师。在挪威，技术小组对"GO SARS"的相关细节进行了仔细研究，并争取到跟随挪威考察队出海的机会，更近距离地体验到了这艘船的优势与不足。之后，在挪威方面的介绍下，海洋所继续派出技术小组飞往英国南安普敦，对当时刚投入运行的新建"JAMES COOK"科学考察船进行调研，这是一艘全新的现代化的综合性海洋科学考察船。

经过对两艘当时最先进的科考船的考察，再加上对世界上其他先进考察船的调研，"科学号"的设计者们依据科学家的需求，发挥自身优势，抓住关键领域开展创新性探索研究，优化船舶型尺度和型线，并实现了快速性、经济性、耐波性之间的综合平衡，其快速性和经济性指标达到甚至超过国际先进水平。造出的"科学号"拥有宽阔的甲板和良好的作业性能，其短宽的型线和近似于 U 字形底的设计更加适应高海况下的作业，被人们亲切地称为"圆胖子"。

从浅海到深海、从近海到大洋，"圆胖子"一路迎难而上，昂首阔步，谱写着一曲曲劈波斩浪、百折不挠的奋进之歌。

百折不挠，"发现号"历尽艰辛终铸成

当"科学号"承载着海洋学者们的希望驶向大海，一项又一项重大考察成果探测调查传来捷报，其中频频提到一个关键词——"发现号"。

"发现号"ROV（Remotely Operated Vehicle）是"科学号"考察船搭载的重要深海调查设备，是国际上目前下潜深度最大、工作能力最强的水下机器人之一，装有动力推进系统、高清摄像和照明系统、采水器、采集生物标本和地质样品的生物吸管、机械手以及温盐深（CTD）、溶解氧、浊度计、二氧化碳等传感器，在"科学号"考察船的科考中起到了至关重要的作用。正因为有它，"科学号"一次次的深海科考工作才有了成功的保障，它所取得的成果令人骄傲。

但鲜为人知的是，在造船之初，"发现号"ROV有过数次差点夭折的经历。

追溯最初，于建军等人在"科学号"方案中设计了深海潜器，但由于ROV预算高昂、经费紧张，不得不暂缓配备。但是他们深知，没有深潜器不可能成为最先进的科学考察船，一直在苦苦寻求机会和筹备经费为"科学号"配备上深潜器。

"本来采购设备应该以船厂为主，但这条船所有的采购我们都必须要介入，这样才省出了ROV的经费。"于建军介绍。在孙松以及"科学号"技术团队其他工作人员的坚持下，将省下来的经费用于配备深潜器，不足的部分由研究所自行筹集经费解决。

功夫不负有心人，专家们最终被"科学号"技术团队的坚持与真诚所打动。2010年，安装ROV的申请获批，于建军带领技术团队立刻着

手 ROV 的方案设计和设备采购，将 ROV 的使用类型设定为科考型作业级，水深定为 4500 米级，这个深度是国际认可为最科学的，可以对全球 90% 的深海进行探测。

然而，当时在青岛甚至在全国根本没有科考型 ROV 的相关技术人员，中国科学院海洋研究所特聘研究员张鑫在美国期间一直从事相关工作，"科学号"项目组决定借调张鑫担任 ROV 技术负责人，并负责 ROV 的监造工作。

在技术攻关过程中，更多的问题接踵而来：首先是 ROV 配备什么样的探测装置，孙松提出了几个听起来最简单的指标：下得去、看得清、测得准、取得上、能扩展、用得起。看得清和取得上是最重要的两个指标，也就是说一定要安装最好的高清摄像头和机械手，这是"科学号"走向深海作业所必备的条件。几经寻找，技术团队为"发现号"配置了全球最好的摄像机，可以拍出顶级纪录片的效果，并配置了全球最好的机械手。

经国际公开招标，英国的 SMD 公司成功中标，负责 ROV 的设计与建造。出乎项目组意料的是，SMD 对科考作业技术并不十分熟悉，不得已 ROV 技术团队只能凭借自身实力指导和参与到 ROV 的设计中去。在初次检验时，ROV 技术团队在短短一周内，竟然发现了上百个问题。

张鑫回顾道："我们非常失望，打算退货。因为我们提出的要求，他们并没有认真完成，根本没有达到我们的要求，工作人员也不配合，他们觉得自己做得很好。最后没有办法，我去找他们的总裁，拍着桌子告诉他们，我们马上买机票，今晚就回中国，回国后马上取消合同，我们会出违约金，但我们不会再有合作。"最终亚洲区总裁出面，承诺他们会改进，态度也随之好转。

几个月后，技术团队再次去 SMD 公司进行验收，仍有问题没能解决。ROV 技术团队每天连续高强度地工作，白天把出现的问题写在黑板上，SMD公司技术人员就问题进行整改。晚上下班后，技术团队还要写问题总结和第二天的验收要求。这样不分昼夜地工作了十几天，终于基本具备出厂条件。

2013年底，ROV终于踏上了回国的路途。

然而，问题并没有结束。将ROV运回国后，安装工程几乎令人崩溃。从起重A型架到绞车、液压单元、操控单元、ROV本体，张鑫说："从海关把设备运回来后，放在船边，看到这么巨大的一堆东西，要将它们装到船上，而且采用的是可移动式安装，SMD公司也是第一次遇到这样的情况，他们来了十几个工程师。我们也是，虽说是已经有了安装方案，但一说到要装船，大家也都'傻愣、傻愣'的了。"但在困难面前，怎能轻易妥协。面对一堆林林总总的零件，想到成功近在咫尺，工作人员立刻精神饱满地投入"战斗"。

张鑫在ROV装船的那段时间与工人一起，吃住都在船上。由于当时"科学号"的甲板不允许焊接，所以在安装的过程中，在原有甲板上又做了一层甲板，ROV有专用的架子，如何将架子固定在甲板上，怎样保证船舶的安全性等都需要做慎重的考虑。最终，在所有人齐心协力下团队克服了种种困难，顺利地完成了安装工作。

孙松为工作人员的吃苦耐劳、兢兢业业精神感动着，并为ROV取名"发现号"。"发现号"这个名字颇具寓意，意味着是在深海大洋中进行探索与发现，发掘与挖掘，创新与取得，与"科学号"船名合起来是"科学发现"，发现深海资源，发现大自然的神奇，与海洋科技工作者所从事的科考事业十分贴切。可见，科学家们赋予它这个名字是寄托着美好的理想与期盼。

终于等到了这一天，"科学号"承载着"发现号"起航了。"发现号"第一次下潜就发现了冷泉，这是中科院第一次用自己的设备发现冷泉，拿到数据后合成了可燃冰，在海洋中取了很多珍贵的样品。多少天工作人员紧绷着的神经终于得以放松，心里的一块石头落地，只有付出艰辛的努力才更懂得果实的香甜。

"发现号"在取得一次又一次的成功后，也越发有名气。据孙松回忆，俄罗斯远东海洋生物研究所的所长曾找到他，说"两年前你还在向我请教深潜器的技术，但是现在看来，你们做的比我们做的好"。成功的背后是无数人的艰辛付出，也只有参与建造的人才知道在整个过程中，他们付出了多少常人难以想象的努力，正是"科学号"人的拼搏精神与团队合作精神才能创造出今天的辉煌成就，才能使"科学号""发现号"昂首阔步地走向深海大洋。

逐步完善，深海平台佳音频传

党的十八大以来，依托"科学号"海洋科学综合考察船、"发现号"4500米级无人潜器等技术装备，集成大气探测、海面探测、水体探测、海底探测、深海极端环境探测、船载实验、船载网络等七大系统，构建了国际一流的深远海综合探测体系，实现从"浅近海"到"深远海"的跨越。

作为项目经理（总负责人），孙松提出新一代科学考察船设计理念、八大探测与实验系统构成、深潜器等大型深海装备性能指标，全程领导和参与船舶选型、概念设计、初步设计、详细设计、工程总设计、建造和试运行，建成我国海洋领域迄今唯一的国家重大基础设施项目——"科学号"综合科学考察船和以"科学号"为载体的深海探测与研究平台体系。

"科学号"每年海上作业280—300天，从建成到现在的5年时间里，总航程15万余海里，船载深潜器成功下潜171次。其综合海洋环境立体探测范围涵盖全球99.2%的海域，是国际上公认的最先进的综合科学考察船之一，2016年获"海洋工程科学技术奖特等奖"。作为真正的"大国重器"，它在我国深海综合探测与研究中发挥"旗舰"作用，成为我国新建和在建科考船"复制"、"仿制"和"参考"的"母船"。

此外，中国科学院海洋研究所联合南海所、烟台海岸带所、三亚深海所共同组建了中国科学院科学考察船队，旨在统筹运行管理"科学号""实验三号""科学三号"等现役科学考察船及所属的青岛岸基码头、探测设备，是极具国际水平的海洋科考公共支撑和服务平台，为国家海洋科学研究、技术创新和国际合作提供强有力的支撑。

孙松作为首席科学家和顶层专家组组长，在中国科学院海洋先导专项（A类，11.5亿元人民币）支持下，提出近海与大洋协同、水体与海底协同、海洋与大气协同、科学研究与设备研发协同的西太平洋海洋系统综合研究实施方案，力求奠定我国深远海研究国际地位。

在蓝图的指引下，中国科学院海洋研究所的科研人员们不懈努力，攻坚克难，取得了一系列突破性原创成果。热带西太平洋边界流研究团队率先构建了国际上最大规模的从近海到大洋的热带西太平洋科学观测网，并进入标准化、批量化、常态化运行阶段；建成国际最大规模的热带西太平洋潜标观测网，并开展雅浦海山生态系统综合调查、冲绳和马努斯海盆热液原位探测和原位实验、南海冷泉原位探测与长期观测等一系列创新活动，取得了一批原创性成果。

面向深远海探测国家重大战略需求，我国自主研制了潜龙、海翼、开拓等系列装备，构建了谱系化深海装备体系，引领了海洋技术装备的跨越发展。

"深远海探测体系与研究平台"历时10年，开展了海洋科学综合考察船平台的设计、建造、试验等一系列关键技术攻关，在国内首次建立了宏观与微观、走航与定点、梯度与原位相结合的深远海环境探测技术体系，突破了10000米深海定点探测、6000米深海探测与采样、4500米深海精准探测与取样、1000米水体剖面走航探测、深海30米长沉积物取芯和20米长岩石取芯等关键技术。

该平台具备立体同步精准开展深海地形地貌、海底环境、水体环境的综合探测和样品采集的能力，深海近海底地形探测分辨率达到国际领先的厘米级，实现"室内模拟实验→海洋移动实验室→深海原位实验室"的跨越，开拓了我国深海热液—冷泉化能生态系统原位长期观测和现场实验先河，实现了深海探测"下得去，看得清，测得准，取得上，能扩展，用得起"的目标，显著提高了我国深远海探测与研究能力。

由此，我国终于成为世界上具备深海综合探测与研究能力的少数国家之一，开启从近海到深海跨越式发展的"新纪元"，奠定了我国在深远海探测与研究领域的国际地位。

英国《自然》杂志两次刊文评述表示：中国的深海大洋研究是600年前郑和下西洋之后中国人的又一创举，中国已完全具备深海探测与研究能力，在西太平洋的综合探测与研究意义重大，受到国际海洋领域高度关注。

载人深潜　筑梦深蓝

陆　琦

"上九天揽月，下五洋捉鳖"，是我国几代科学家的梦想。

2002年，作为国家高技术研究发展计划（"863"计划）的重大专项，国家海洋局组织100余家单位开始了7000米级载人深潜器的自主研发工作。历经10年联合攻关，我国科技工作者研制了具有自主设计、自主知识产权的"蛟龙号"，在建设海洋强国、实现中华民族伟大复兴的征程上奏响了一曲壮丽凯歌。

"蛟龙号"的研制和应用开辟了我国深渊科学研究的新领域，建立了全国开放共享的机制，标志着中国深海载人科研和资源勘探能力达到国际先进水平，对我国深海技术装备发展产生了巨大的辐射带动作用和社会效益，为人类探索海洋、研究海洋、保护海洋做出了突出贡献。

载人潜水器的研制要一步到位

"我定要重返大海，去实践那奔涌的潮汐所呼唤的梦想，那不羁的召唤、不争的使命，无法违抗。"英格兰诗人约翰·梅斯菲尔德的《海恋》让多少有着海洋之志的人去执着地拥抱大海。

不过，迄今为止，人类对深海的了解，远不如对星空的认识。

1961年，人类第一次进入太空。3年后，美国的"阿尔文号"才第一次下潜到1800多米的深海。之后，法国的"鹦鹉螺号"，俄罗斯的

"和平号"、"密斯特号"以及日本的"深海6500号"相继载人进入深海。

20世纪80年代，中国深潜器技术开始追赶世界。1985年12月，中国第一台水下机器人"海人一号"首航成功。在"863"计划的支持下，中科院沈阳自动化所开始研制6000米级无缆水下机器人，由徐芑南担任总设计师。

与此同时，载人深潜也进入了中国科学家的视野。1992年，以中船重工702所为主，国内相关科研单位的多位院士专家共同论证了中国6000米级大深度载人潜水器的可行性。讨论的结果上报后，国家没有立项，原因是"国内尚没有用户，客观上也不具备相应的技术基础"。

随着海洋事业的不断发展，我国逐渐加大了对海底矿区的勘测和研究投入。2001年，我国在东北太平洋海域获得了7.5万平方公里、拥有专属勘探权和优先开采权的多金属结核矿区，对深海资源勘查技术装备的需求不断增加。

2001年1月，中国大洋协会组织国内海洋界的10位院士和15位教授级专家及外交部、发改委、财政部、科技部等有关部门负责人，对我国研发载人潜水器进行深入探讨。经过反复争论，与会专家达成共识：载人潜水器的研制一步到位，避免重复，深度可以定为7000米。

2001年12月1日，"863"计划自动化领域通过公开招聘确定了载人潜水器总体组成人员。

2002年4月27日，国家海洋局向科技部报送了"关于启动7000米级载人潜水器重大专项的请示"。

2002年6月11日，科技部批准立项。国家海洋局作为项目的组织部门负责全面工作，中国大洋协会作为业主负责专项的组织实施。

载人潜水器重大专项获批后，总体组组长刘峰马上把这一喜讯告诉徐芑南，希望他出山担任载人潜水器本体总设计师。此时，徐芑南退休在家已经6年。

"国内这方面的专家很多，我已经退休了，还是另请高明吧。"徐芑南婉言谢绝。

702所位于无锡，徐芑南家住上海，来回上班不大方便。再加上702所当时没有返聘制度，如果开了先例，一些制度也要随之变更。针对这些情况，刘峰直接给时任702所所长打电话，沟通了两个多小时。

徐芑南被刘峰的真诚打动，答应担任总设计师。

于是，一套由国家海洋局作为项目的组织部门，中国大洋协会作为业主负责专项组织实施的载人潜水器研发队伍成立了，包括载人潜水器本体总师组、水面支持系统、潜航员培训专家组等。此外，还聘请了项目监理公司对项目的进度和质量进行全程监理。

集成创新实现中国人的载人深潜梦

要实现海洋强国梦想，中国不能没有自己的深海载人潜水器。

那么，载人潜水器的研制走什么样的技术路线呢？当时面临着三种选择：一是全部国产、自主研发；二是自主设计、集成创新；三是全部依靠进口，直接买来潜水器。

权衡之下，专项总体组选择了一条折中的自主设计、集成创新之路。这条路子既能研制出载人潜水器，也能培养和锻炼一批人才队伍，还能带动和辐射一大批与之相关的技术发展。

总设计师徐芑南表示，相比国际上现有的大深度载人潜水器，"蛟龙号"有三方面国际领先的技术：稳定的贴近海底自动巡航能力、精确的悬停定位能力，这两个条件使"蛟龙号"能够在地形复杂的海底搜索目标，这是其中之一；高速数字化水声通信，可向母船传输文字、语言、图像是"蛟龙号"的另一先进技术；完全由我国自主研制的充油银锌蓄电池是第三大亮点。

其中，前两项技术优势都与科研"国家队"中国科学院有关——中科院沈阳自动化所和中科院声学所分别承担了"蛟龙号"的控制系统和声学系统的攻关任务。

载人潜水器是智能机器，即使有人坐在里面操作，仍需要很多自动化控制功能。控制系统相当于载人潜水器的"人脑和中枢神经"，其重要性不言而喻。

"蛟龙号"的控制系统主要分为航行控制、导航定位、综合信息显示与控制3个部分。它采集载人驾驶员的操作指令及各种传感器的反馈信息，通过控制系统的分析和判断，输出指令控制各种执行机构，使潜水器完成各种动作，同时又将全部信息进行存储，重要信息在人机界面上进行显示，为潜航员驾驶和指挥员决策提供参考依据。

在"蛟龙号"研制过程中，沈阳自动化所的科研团队采用先进的控制策略，有效克服潜水器本体、海洋环境等不确定性干扰，实现潜水器长距离航行时全自动航行控制功能。

除了"大脑"之外，载人潜水器也少不了"眼睛、嘴巴、耳朵"等器官。由声学所负责研制的声学系统就充当了这些器官功能。

"蛟龙号"载人潜水器的声学系统包括：水声通信机、高分辨率测深侧扫声呐、避碰声呐、成像声呐、声学多普勒测速仪。其主要功能分别为：实现潜水器与母船之间的图像、语音、文字和指令通信，测量海底微地形地貌，测量各方位障碍物的距离，探测前方的目标，测量潜水器的三维运动速度和下方的海流速度剖面。

声学系统为"蛟龙号"的深海潜航提供通信、测速、障碍物探测和地形地貌探测等功能。

值得一提的是，中科院的两家参研单位有一个共同的特点——自主创新。沈阳自动化所自主研发，从零起步，为"蛟龙号"开发了独一无二的控制系统；而水声通信机和高分辨率测深侧扫声呐是声学所自主创新的成果，核心技术获得多项国家和美国发明专利。

2007年10月3日，水池试验全面展开。104个日夜，53次水池试验，科研人员攻克了一个又一个难关，解决了一个又一个问题，加班加点，精益求精。

2008 年 3 月，"蛟龙号"完成水池联调试验，具备了出海试验的技术条件。

10 年走过发达国家走了 50 年的路

2009 年 8 月 6 日，"蛟龙号"1000 米级海试队从江阴苏南码头起航奔赴南海。

1000 米级海试分了 3 个阶段：50 米、300 米和 1000 米。没有经验、无章可循，中国首台载人潜水器首次海试就这样拉开帷幕。

50 米海区是此次海试的第一站，然而就在海试最开始下潜的时候，近在咫尺的母船和潜水器无法建立通信，也就是说潜水器与母船无法取得联系。这个问题不解决，潜水器就不能下潜。

来自中科院声学所的 6 名队员面对巨大压力，白天顶着烈日参加海试，晚上废寝忘食挑灯夜战，查问题、改软件、编程序，那段时间几乎没有在凌晨 1 点前休息过。连续奋战 15 天，终于突破了"瓶颈"。

1000 米级海试结束后，中科院声学所马上改进了水声通信系统。后面 3 年的海试，"蛟龙号"的水声通信系统实施了"双保险"，由水声通信机和 6971 水声电话两套系统构成。

2010 年 5 月 31 日，"蛟龙号"3000 米级海试队再次奔赴南海。这也是中国载人深潜队第一次挑战深海。

与之前的深潜有所不同，在 3000 米级海试中，"蛟龙号"进行了整体技术的改进，包括八大系统的完善工作。也正是从这时起，"蛟龙号"真正把引进的技术消化吸收，结合前几次海试积累的现场经验以及海试技术咨询专家组给出的改进方案，载人潜水器不断提升性能，新增漏电检测系统、提高了液压分离器的安全性等，边试验、边改进、边完善，让深海科考有了"中国制造"。

2010 年 8 月 26 日，科技部与国家海洋局联合发布了一条好消息：我国首个自行设计、自主集成研制的载人潜水器"蛟龙号"日前突破3000 米级下潜深度，最大下潜深度达到 3759 米。这标志着我国成为继美、法、俄、日之后第 5 个掌握 3500 米以上大深度深潜技术的国家。

2011 年 7 月 1 日至 8 月 18 日，"蛟龙号"在东北太平洋海域顺利完成了 5000 米级海试任务。5188 米的最大下潜深度，是中国人探索大洋奥秘的坚实一步，也向世界证明，中国已经拥有了能够远征大洋、决胜复杂深海环境能力的载人深潜团队。

2012 年 6 月 3 日，"蛟龙号"载人潜水器 7000 米级海试队第四次从江阴出征。这一次的任务是突破 7000 米深度。

6 月 24 日早晨，马里亚纳海沟试验区风雨交加。北京时间 9 时 07 分，"蛟龙号"载人潜水器在 3 名潜航员的驾驶下，顺利到达 7020 米深的海底，在世界载人深潜的榜首刻下了中国的名字。

7000 米级海试也昭示着中国用 10 年时间走了西方发达国家 50 年走过的路，创造了我国载人深潜的新纪录，实现了我国深海技术发展的新突破和重大跨越，标志着我国深海载人技术达到国际领先水平，使我国具备了在全球 99.8% 的海洋深处开展科学研究、资源勘探的能力。

海试不仅全面考核验证了"蛟龙号"的功能，更重要的是培养锻炼了一支载人深潜海试集体。

挑灯夜战、彻夜不眠开展技术攻关，成为工程师们的家常便饭；室外作业人员常常头顶烈日，脚踏 86 摄氏度高温的甲板，不少人员皮肤被晒起泡，疼痛难忍却从不言苦。他们把"蛟龙号"当成了自己的孩子，看着它从蹒跚学步到一次次成功下潜，他们身体劳累，心中快乐。

"蛟龙号"下潜的深度不断增加，50 米、300 米、1000 米、……7000 米，每一个深度都是新挑战，每一个深度都是极值的突破，队员们一次次创造纪录，又一次次被自己刷新，浩瀚的太平洋见证了中华民族进军深海的伟大壮举。

实现集成创新向自主创新的历史性跨越

"蛟龙号"让中国人的身影第一次出现在了漆黑极寒的深海海底，并一步一个脚印，不断创造新的纪录。

2013年至2017年，"蛟龙号"载人潜水器转入试验性应用阶段，先后在我国南海、东太平洋多金属结核勘探区、西太平洋海山结壳勘探区、西南印度洋脊多金属硫化物勘探区、西北印度洋脊多金属硫化物调查区、西太平洋雅浦海沟区、西太平洋马里亚纳海沟区七大海区下潜，涵盖了海山、冷泉、热液、洋中脊、海沟、海盆等典型海底地形区域，实现了100%安全下潜，主要为国家海洋局深海资源勘探计划、环境调查计划，科技部"973"计划，中国科学院深海先导计划，国家自然科学基金委南海深部计划五大计划提供技术和装备支撑。

迈出了第一步，才能迈出第二步。目前，我国正在进行"蛟龙号"谱系化发展，研制适应不同深度海域的载人潜水器，进一步壮大"蛟龙"家族。主要往两个方向发展：一个是往深，去马里亚纳海沟进行科考研究；另一个是往浅，一两千米左右，在东海、南海等海域进行考察。

继"蛟龙号"之后，"深海勇士号"是中国第二台深海载人潜水器，它的作业能力达到水下4500米。潜水器取名"深海勇士"，寓意是希望凭借它的出色发挥，像勇士一样探索深海的奥秘。

作为"蛟龙号"的兄弟，"深海勇士号"最大的不同是潜器实现95%以上国产化。

在"蛟龙号"研制与应用的基础上，"深海勇士号"成功实现了潜水器核心关键部件的全部国产化，在研制过程中先后突破总体设计与优化、大厚度钛合金载人舱设计制造、大深度浮力材料、低噪声深海推力器等一系列关键技术，降低了运维成本，有力推动深海装备功能化、谱系化建设。

从 7000 米到 4500 米，这不是走回头路，其中的差别就在于集成创新和自主创新。

"深海勇士号"的浮力材料、深海锂电池、机械手等都由中国自主研制，不仅降低了成本，而且让相关技术企业努力创新，迅速成长。海试结果表明，"深海勇士号"的载人舱、推进器、海水泵等十大关键部件性能可靠，未来将带动这 10 个方面海洋装备科技的国产化水平，为中国未来全海深科考奠定坚实基础。

"深海勇士号"载人潜水器是我国深海装备的又一里程碑，实现了中国深海装备由集成创新向自主创新的历史性跨越。

2017 年 12 月 1 日，"深海勇士号"载人潜水器在北京完成验收，正式交付中国科学院深海科学与工程研究所。2018 年 6 月 4 日，"深海勇士号"结束为期 2 个多月的南海试验性应用科考航次，返回三亚。

4500 米，并不是我国自主研制潜器的最终目标。世界上海底最深的地方深度超过 10000 米，而目前，我国已经部署了 11000 米大深度项目，中国万米级载人潜水器的研制正有条不紊地进行着，预计将在 2020 年完成研制。万米级载人潜水器建成投入使用后，将会创造新的"中国深度"。

从 1000 米、4500 米、7000 米到万米级，中国正逐渐形成全海深潜水器能力。不同型号的载人和无人潜水器，在深海作业中各有侧重、相互配合，可以更高效地帮助我们去探索海洋、开发海洋、保护海洋。

在认识海洋、探索海洋奥秘的道路上，我们才刚刚起步；在开发海洋、保护海洋的征程中，我们仍任重道远。

耕海牧洋新技术　壮大海洋生态发展新动能

高雅丽

在山东莱州湾，几座海上平台十分引人注目，走近一看，上层挂绳养殖裙带菜，中层吊笼里是扇贝一类，底层则散养着海参、鲍鱼等，这里正是中国科学院海洋研究所和山东蓝色海洋科技股份有限公司共同承担的莱州湾海洋牧场。

作为海洋经济发展和生态保护的重要一环，近年来，党和国家高度重视海洋牧场建设。2017年中央一号文件首次提出"发展现代化海洋牧场"，2018年中央一号文件再次强调"建设现代化海洋牧场"。

2018年4月13日，在海南建省30周年之际，习近平总书记出席庆祝大会并发表重要讲话："要坚定走人海和谐、合作共赢的发展道路，提高海洋资源开发能力，加快培育新兴海洋产业，支持海南建设现代化海洋牧场，着力推动海洋经济向质量效益型转变。"① 由此，海洋牧场建设也迎来了新的发展机遇。

缘起：突破传统海水养殖模式

海洋是人类获取优质蛋白的"蓝色粮仓"。但随着养殖规模的无序

---

① 习近平：《在庆祝海南建省办经济特区30周年大会上的讲话》，人民出版社2018年版，第16页。

扩张以及陆源污染的无节制排放，局部水域环境恶化、水产品品质下滑、养殖病害严重的问题日趋严重，养殖生物大规模死亡现象频发。

新世纪之初，中国科学院海洋研究所海洋生态牧场研究团队开始了调研。一年四季，团队负责人、中国科学院海洋研究所、烟台海岸带研究所常务副所长杨红生带领团队成员们亲自走遍了黄渤海的主要典型海湾。

团队发现，由于捕捞船只急剧增加以及渔业捕捞的不规范，使得近海渔业资源严重衰退，许多物种早已无法形成鱼汛。原先一网下去鱼满舱的盛况消失了，取之而来的是枉跑百里的空仓而归。

此外，由于渔业装备机械化水平低，养殖整体装备和关键技术仍较为落后，海参、鲍鱼等底播养殖生物存活率低且采捕难度大，仍然依靠人工采捕。在收获季，海水寒冷刺骨，只有2~3摄氏度，潜水员在十几米甚至三四十米水深的昏暗海底作业，潜水衣里面仅仅一层薄棉衣御寒。他们一方面缺乏专业的潜水指导，同时也为了更快地采收，经常不做安全停留就快速上浮，这种操作令他们十有八九会罹患关节炎、氮气病。

团队意识到，传统模式的海水养殖业已难以适应我国经济社会健康发展和海洋生态环境现状的要求。"海洋农业的出路在何方？"杨红生默默地求索。在日复一日的思考中，他选择向前辈"请教"。

1947年，朱树屏提出"种鱼就是种水""水就是生物的牧场""海洋、湖泊就是鱼虾等水生动物生活的牧场"。曾呈奎等于1965年提出"使海洋成为种植藻类和贝类的'农场'，养鱼、虾的'牧场'，达到'耕海'目的"的观点，并于1978年定义了海洋农牧化的概念，建议"力争在20世纪内实现专属经济区的水产生产农牧化，把我国海域改造成为高产稳产的海洋农牧场"。1981年，曾呈奎系统论述了海洋牧业的理论与实践，为我国提出特色海洋牧场理念、构建特色海洋牧场奠定了坚实的基础。

这时，杨红生心中逐渐形成了一个构想——建设海洋牧场！

起步：科研实践寻找方向

杨红生表示，海洋牧场是一个新型的增养殖渔业系统，即在某一海域内，建设适应水产资源生态的人工生息场，采用增殖放流和移植放流的方法，将生物种苗经过中间育成或人工驯化后放流入海，利用海洋自然生产力和微量投饵育成，并采用先进的鱼群控制技术和环境监控技术对其进行科学管理，使其资源量持续增长，有计划且高效率地进行渔获。

在实际生产中，建设海洋牧场需要一整套系统化的渔业设施和管理体制，如人造上升流、人工种苗孵化、自动投饵机、气泡幕、超声波控制器、环境监测站、水下监视系统、资源管理系统等。

莱州有丰富的卤水资源，山东蓝色海洋科技股份有限公司的出资方山东诚源集团也借此优势做盐业起家。近年来，由于过度捕捞及不科学的养殖方式，导致莱州湾海域生态环境被破坏，莱州湾水域生物资源严重衰退。

2011年的冬天，团队收到了这家公司的邀请，希望双方合作，共同建设先进的海洋牧场。当科研团队兴致勃勃地乘车来到了莱州的海边，本以为到达了目的地，下车往前一看，却看到前面一片坑坑洼洼的泥地。呈现在团队眼前的，与其说是公司，不如说是工地——到处是在建的砖墙、施工的脚手架和运送石块的卡车。

"由于渔获量急剧下降，当地渔民不得不将船转卖做起了其他买卖。"山东蓝色海洋科技股份有限公司总经理阚仁涛说。

阚仁涛表示："最初，我们在电视上了解到海洋所杨红生研究员长期从事养殖生态学、生态免疫学和养殖环境生物修复技术的研究，研发并建立了重要海水经济动物的多元生态高效增养殖新技术、典型海湾受损生境和生物资源修复技术。"

2012年8月，山东蓝色海洋科技股份有限公司与中国科学院海洋研究所签订了"莱州湾海洋牧场建设关键设施与技术集成及示范"项目合作协议，全面启动莱州湾海洋牧场的建设工作。

在陆基建立时期，经综合考虑，团队安排了林承刚博士在公司协助设计和建造研发中心、实验室、育苗场等陆基设施。这个年轻的小伙子与公司员工同吃同住，睡着透风的宿舍，盖着潮湿的被褥，吃着和着风沙的饭菜，在公司一待就是两年，将海区投放的每一块礁石都逐一进行了扫描编号，圆满完成了团队安排的任务。

为了进一步加强与海洋研究所的合作，2013年，山东蓝色海洋科技股份有限公司与海洋所联合建立了山东海洋牧场工程与技术研究院，这也是国内第一家专门从事海洋牧场研究方向的科研机构。研究院致力于海洋牧场关键原理、设施、技术的自主创新和集成示范，给公司科学发展、海洋开发及可持续利用提供了强有力的科技支撑。

目前公司主营产品"华岛"牌海参已通过农业部"无公害农产品""无公害产地"认证，获准授权使用"胶东刺参"商标。公司也成为山东省胶东刺参质量保障联盟示范基地、山东省综合渔业示范园区。

创新：实现经济生态双赢

2015年10月，莱州湾迎来了一位特殊的客人——作为现代化海洋牧场示范基地，国务院副总理汪洋前来视察。汪洋高度肯定了海洋牧场建设取得的成绩，同时也向团队负责人杨红生提出了"养殖是否会影响环境"的疑问。

杨红生郑重解释道，海洋牧场建设首先要体现生态优先原则，海洋牧场作为一种新的产业形态，其发展有赖于健康的海洋生态系统。必须重视生境修复和资源恢复，根据承载力确定合理的建设规模，这是海洋牧场可持续发展的前提。因此，构建现代化海洋牧场可以兼顾环境与养殖，实现生态和经济的双赢。

听完杨红生的解释，汪洋放下心来，并强调：深耕海洋，发展现代海洋渔业，是我国农业现代化建设的重要战略。要认真贯彻落实党中央、国务院关于发展海洋经济和建设海洋生态文明的决策部署，加快转变发展方式，合理开发利用海洋渔业资源，加强海洋环境保护，促进海洋生态修复，走产出高效、产品安全、资源节约、环境友好的现代海洋渔业发展之路。

汪洋同志的指示，对团队而言，犹如一针强心剂。此后两年，团队组织制定了山东省地方标准《海洋牧场建设规范》，并率先出版了《海洋牧场构建原理与实践》一书。

此外，团队创建了"科研院所＋企业＋合作社＋渔户"相结合的"泽潭模式"，降低了我国广大渔民的养殖成本，减少了养殖风险，实现了渔民收入与企业发展同步提升、海域生态与产出效益同步改善，大幅提高了牧场生产组织化和规模化水平，综合实力显著增强，带动了海岛旅游、休闲渔业等相关产业的兴起与发展。

据农业部发布文件显示，据不完全统计，截至 2016 年，全国已投入海洋牧场建设资金 55.8 亿元，建成国家级海洋牧场示范区 42 个及地方海洋牧场 233 个，用海面积达 852.6 平方公里，投放鱼礁达 6094 万空立方米。

根据测算，已建成的海洋牧场年产直接经济效益 319.2 亿元、生态效益 603.5 亿元，年均固碳量 19.4 万吨，消减氮 16844 吨、磷 1684 吨。

未来：陆海联动建设海岸带生态农牧场

虽然成绩显著，但是我国海洋牧场的建设存在着一些亟待解决的问题：我国海洋牧场至今仍未形成统一的建设标准；缺少环境承载力评估模型，对牧场建设规划和布局的支撑严重滞后；相当一部分建设仍然以增殖经济价值较高的海产品为目的，对生态修复方面考虑相对较少；管理信息化水平有待提高，关键数据采集、分析和应用难以保证海洋牧场的安全生产。

杨红生指出，在我国海洋牧场的建设实践中，海洋牧场的含义过于宽泛。"投放人工鱼礁、增殖放流，甚至网箱养殖等经常被简单等同于海洋牧场建设，近海养殖和海洋牧场建设概念混淆，导致我国海洋牧场遍地开花。"

目前，整个产业的发展水平较低，在缺乏科学设计和布局的情况下，人工鱼礁基本上以石块礁、小型构件礁、废旧渔船为主，增殖放流也缺乏足够的监测与评估，现代海洋牧场建设和评估技术难以有效推广应用。

为了抵御赤潮、水母、绿潮等生态灾害的暴发，中科院海洋所海洋国家实验室海洋生态与环境功能实验室主任、研究员俞志明十年磨一剑，研发了一种名为"改性黏土"的技术，在消除赤潮方面发挥了明显作用。

如今，改性黏土治理赤潮技术是我国具有自主知识产权、目前国际上能够大规模应用的少数几种方法之一，2014 年成为我国赤潮治理国家标准方法。该成果曾获得包括 2015 年海洋工程科学技术奖一等奖在内的多个科技奖项。

"绿水青山就是金山银山"，杨红生提出，陆海联动推进海岸带生态农牧场新模式的研发和产业化，通过盐碱地生态农场、滩涂生态农牧场和浅海生态牧场的"三场连通"建设，实现从"海洋牧场"到"海岸带生态农牧场"的新跨越。

在杨红生的设想中，未来"海岸带生态农牧场"利用现代工程技术，陆海统筹构建盐碱地生态农场、滩涂生态农牧场和浅海生态牧场，营造健康的海岸带生态系统，形成三场连通和三产融合的海岸带保护与利用新模式。

"分子模块"育好粮 "绿色革命"新起点

丁　佳

自古以来，民以食为天。我国是一个农业大国，多少年来，农业问题是上自国家领导人、下至老百姓都高度关注的问题。让人民吃饱、吃好，一直是中国农业科技专家矢志不渝的一件事。

尤其是水稻、小麦、大豆等主要作物的持续稳定生产，对保障我国粮食安全和农业可持续发展至关重要，具有重大的现实和战略意义。

2018年1月8日，"水稻高产优质性状形成的分子机理及品种设计"项目荣获2017年度国家自然科学一等奖。这项成果由中国科学家攻关团队历时逾20年完成，引领了水稻遗传学的发展，实现了"绿色革命"的新突破。

小水稻遇到大难题

"八月剥枣，十月获稻"，正如《诗经》中所描绘的那样，中国种植水稻的历史源远流长。作为世界上最重要的粮食作物之一，水稻在保障我国粮食安全的重大战略需求中，具有举足轻重的地位。

大米养活了世界上一半以上的人口，但人类对小小水稻的认识，却并不能说"了如指掌"。

长江中下游稻区是我国水稻主产区之一，历史上一直是水稻育种水平和生产水平非常高的地区。但是，20世纪初以来，以中国长江中下游地区为代表的水稻产量进入了缓慢增长期。主要表现为产量与早熟、品质、抗病虫和抗逆性等其他优良性状之间的矛盾，尤其在目前的高产栽培条件下，个体和群体的矛盾及产量和生育期的矛盾更加突出。

而我国优质米生产基地的东北稻区，商品粮贡献率高达70%，近年来，也出现了水稻主栽品种种性退化、稻瘟病频发等问题，严重影响着稻米品质和产量。

与此同时，常规育种也遭遇了发展瓶颈。在育种周期长（一般需要10年左右）、品种间遗传多样性狭窄、效率较低、存在盲目性和经验性等问题的制约下，农业科技工作者已经越来越难选育出突破性的优异品种。

数据不容乐观。据农业部数据显示，中国以水稻为主粮，但粮食自给率下降到85%，2010年以后更是由大米净出口国转为大米净进口国，国家粮食安全面临的挑战日益严峻。

民以食为天，党的十九大再次旗帜鲜明地指出，要确保国家粮食安全，把中国人的饭碗牢牢端在自己手中。

在水稻等禾谷类作物育种中，由于产量与品质性状形成的复杂性，其调控机理尚不清楚。因此，在解析水稻产量和品质等重要农艺性状遗传调控网络的基础上，有效利用优异种质资源，高效培育高产优质的水稻新品种是当前农业生产面临的重大课题。

"理想水稻" 量质齐升

一颗种子看起来很小，但要真正把它做好并不容易，具有很高的科技含量。2013年8月，中科院战略性先导科技专项（A类）"分子模块设计育种创新体系"启动。通过4个项目、12个课题、64子课题和144个任务专题，2100多名科学家将试图利用最新的科技手段，掀起一场新的育种革命。

中国科学院院士李家洋作为该项目学术思想和研究战略的主要创立者、领导者和执行人，与中科院上海生命科学研究院研究员、中科院院士韩斌，中国农业科学院中国水稻研究所研究员钱前、中科院遗传与发育生物学研究所研究员王永红和中科院上海生命科学研究院研究员黄学辉等科学家一道，开始了"理想水稻"的寻梦之旅。

通俗来讲，"分子模块设计"育种就像组装一台电脑，人们需要什么样的水稻，育种专家就可以把相关的水稻基因模块组合在一起，从而培育出满足需要的种子，就跟在工厂里生产工业产品一样方便。

在育种专家的心中，一棵"理想水稻"应当是茎秆粗壮，分蘖数量合理，每个分蘖上都能长出大穗，粒大而饱满。为此，攻关团队几乎把全世界的水稻株型研究了一个遍，经过10余年的艰苦探索和攻关，李家洋团队终于发现分离了控制水稻理想株型的主效基因IPA1。这种基因能让水稻的茎秆更粗壮，穗子大、谷粒大，而这些都是高产最重要的性状。

而后，团队充分利用基础理论研究的优势和成果，建立了水稻分子设计育种的理论框架与技术体系。团队与浙江省嘉兴市农业科学院合作，针对长江中下游稻区水稻品种单产长期徘徊不前、品质较差、抗病性弱、主栽品种退化严重等问题，运用"分子模块设计"育种的理念和技术，经过精心设计，育成了具有超高产、早熟和抗稻瘟病的"嘉优中科"1号、2号、3号三个杂交粳稻新品种，分别通过2016年上海市、江西省和浙江省审定。

"嘉优中科"系列是具有引领作用的模块新品种，在普通农民眼中，它们可以说是水稻中的"尤物"。这些新品种不仅具有有理想株型的超级稻株叶形态，还集高产、多抗、早熟、矮秆抗倒等优点于一身。它们既实现了水稻超高产和抗性提升的完美结合，又实现了种植区域北移，在长江中下游地区有着广阔的推广前景。

此外，针对"南方米产量大但不好吃，北方米好吃但产量低"的产量与品质互相制约难题，团队对稻米品质性状的形成机制进行了系统研究，开创性地利用基因关联分析方法揭示了稻米食用和蒸煮品质的精细调控网络。

在此基础上，科研人员育成了高产优质的"广两优"系列品种，其中，"广两优7203"于2013年通过了浙江省品种审定，2014年通过国家品种审定。"广两优7217"于2015年通过了江西省品种审定，2016年通过国家品种审定，实现了"籼稻产量，粳稻品质"的创新型育种目标。

与常规育种技术相比，"分子模块设计"育种不仅克服了育种周期长，偶然性大和育种效率低下等缺点，而且还可以对当前品种的缺点进行精确改良，实现多个优良性状的聚合。未来还有望针对特殊人群，比如糖尿病人等，培育出满足个性化需求的水稻。

理论打通　推广可期

分子模块先导专项基于基因组计算生物学手段，以系统生物学和合成生物学思路，解析育种中重要性状的分子模块，并在底盘品种得以耦合，探索优质绿色高产育种新途径，促进传统育种技术体系的升级换代，引领分子育种，保障国家的粮食安全。

专项实施5年来，已初步建立了从"分子模块"到"设计型品种"的现代生物技术育种创新体系，是颠覆传统育种技术的大胆实践和成功探索。

而理论上的突破，也让这项新育种技术有了普适意义，使得科学家将其推广到更多作物上成为可能。除水稻外，专项针对小麦、大豆等农作物，实现高产、稳产、优质、高效多模块的有效组装，创建新一代超级品种培育的系统解决方案和育种新技术，为保障我国粮食安全提供核心战略支撑。

西南地区是我国小麦主要生产区之一，该地区小麦存在产量低、品质差、条锈病严重的突出问题。西南地区是我国小麦条锈病的主要发源地，对我国小麦生产具有巨大的影响，因此有必要在西南地区培育抗条锈病小麦新品种，从源头上防治其对我国小麦生产的危害。

在分子模块育种先导专项支持下，中科院成都生物研究所王涛、吴瑜团队运用模块设计的理念和技术，育成了高产、抗病、优质小麦新品种"川育25""中科麦138""中科糯麦1号"。

"川育25"具有抗倒、抗病、优质、无芒、适宜机械化收割等特点，两年四川省区试比对照增产9.23%，河南商丘亩产568.1千克，比对照周麦18增产12.65%，达到国家优质中筋小麦标准。

"中科麦138"中具有高产、抗病等特点，两年省级区试比对照增产12.0%，生产试验中比对照增产13.0%，是近10年来四川省唯一在区试和生产试验中产量均超过10%的突破性小麦新品种，被列为2016年四川省主导品种。

"中科糯麦1号"为全糯专用优质小麦，支链淀粉含量占淀粉总量的99.49%，具有高产、抗病、优质专用等特点，在两年重庆市区试中产量比对照品种增产8.41%，在省级生产试验中比对照品种增产10.14%，实现了优质高产抗病等多个优良性状的有机结合，在食品加工与酿酒领域具有广阔的应用前景。

上述3个模块新品种目前已累计推广158万亩，对我国西南地区小麦新品种升级换代起到了引领作用。

北方春大豆区是我国主要大豆产区，特别是黑龙江省作为我国重要的商品粮基地，占全国大豆商品粮的80%。但黑龙江省大豆生产上存在早熟、中早熟品种单产低而且稳定性较差等主要问题。在分子模块育种专项支持下，中科院东北地理与农业生态研究所团队结合分子模块育种理念，选育了中早熟、高油、高光效、高产品种"东生77"和早熟、高油、高产品种"东生78"。

"东生 77"和"东生 78"的成功培育，是分子模块设计育种理论在大豆新品种培育上的成功实践，对提高我国东北大豆产量以及东北大豆品种更新换代，具有重要意义。

第三次"绿色革命"新起点

科学技术是第一生产力，而借助于现代科学技术来增加农作物产量，进而消除饥饿，是全世界农业科技工作者矢志不渝的一项事业。

20 世纪初以来，小麦、水稻等作物的高秆品种倒伏现象越发严重，成为限制农作物稳定高产的主要因素。作物的抗倒性与茎秆的坚韧程度及根系发育的好坏有着密切关系，种植矮秆品种是防止倒伏最有效的措施。为此，各国育种工作者纷纷开展作物品种矮化研究。

到了 20 世纪 60 年代，科学家终于成功实现了矮化育种，并将水稻产量提高了二至三成，再加之农药使用和农业机械化的提高，解决了 19 个发展中国家的粮食自给问题，这便是广为人知的第一次"绿色革命"。

第一次"绿色革命"在发展中逐渐暴露了其局限性，主要是它导致化肥、农药的大量使用和土壤退化。而随着由于人口不断增长，人均耕地面积逐渐减少，农业生产体系表现出不可持续性，食品保障与安全再次受到严重威胁，环境与粮食危机进一步凸显的现实，为了满足人类食品需求，提升生活质量，同时保持环境可持续发展，国际社会开始对第二次"绿色革命"寄予厚望。

20 世纪 70 年代，我国科学家袁隆平团队在海南岛发现一株野败不育水稻，经多年努力，将三系杂交稻配套成功，再次大幅提升水稻产量，并迅速掀起第三世界国家种植杂交水稻的热潮。

以袁隆平为代表的科学家实现了水稻杂交育种，使我国南方、东南亚等主要水稻生产区的产量有了第二次飞跃，作出了历史性的贡献。时任联合国教科文组织总干事姆博曾称，袁隆平的科研成果是继国际上培育半矮秆水稻之后的第二次"绿色革命"。

随着生活水平的不断提高，人们对粮食的品质提出了新的要求，不仅要吃饱，而且要吃好，要吃健康的食品，这也对育种工作者提出了新的要求。

2018年1月8日，"水稻高产优质性状形成的分子机理及品种设计"项目荣获2017年度国家自然科学一等奖。项目揭示了水稻理想株型形成的分子基础，建立了高效精准的设计育种体系，示范了以高产优质为基础的设计育种，杂交培育了一系列高产优质新品种，为解决水稻产量与品质互相制约的难题提供了有效策略。

国际著名作物遗传学家、国家最高科学技术奖获得者、中科院院士李振声评价称，这一重大成果是继"绿色革命"和杂交水稻后的第三次重大突破，标志着"新绿色革命"的起点。

激酶靶点细胞筛选库 开启肿瘤 "精准医疗" 新时代

高雅丽

癌症被称为"人类杀手",全球每年癌症新发病例超 1400 万,中国 2014 年当年新发癌症患者已有 380 万例。近年来,随着"精准医疗"概念的兴起,癌症的诊治也正朝着这个方向前进。肿瘤的"精准医疗"主要包括精准诊断和精准治疗两个方面,指借助肿瘤患者的遗传背景和病理特征,确定肿瘤发病关键因素,个性化地设计用药治疗方案。

2017 年,中科院合肥物质科学研究院强磁场科学中心建成了世界上规模最大的基于癌症激酶靶点的高通量细胞筛选库,为肿瘤的精准医疗提供了新途径。该细胞库几乎覆盖了目前已知的与肿瘤发生发展相关的全部激酶及激酶突变细胞。它的建成,填补了国内新药创制领域此类检测体系的空白,将为抗肿瘤新药研发提供有力支撑。

在 2018 年 6 月,中科院合肥物质科学研究院刘青松团队依托癌症激酶靶点的高通量细胞筛选库,自主研发了化学药品一类创新靶向药物 HYML-122,目前已获得国家药监局的临床试验批准。如果试验顺利,大约 5 年后这种药可以进入临床。如果该药上市,将会帮助更多患者对抗急性髓系白血病这一恶性疾病,解决其在国内"无药可医"的难题。

从"哈佛八剑客"归国说起

从合肥市区顺着科学岛路一路向北，经过一架长长的桥，就来到了一座三面环水的小岛。这个面积不过 2.65 平方公里的岛，被起名为"科学岛"。在这个岛上，有一个远近闻名的大科学装置——稳态强磁场实验装置；还有一支远近闻名的团队，他们有一个颇为侠气的名字——"哈佛八剑客"。

2008 年，稳态强磁场实验装置开工建设，建成后中国将成为世界上第五个拥有稳态强磁场装置的国家。与极低温、超高压一样，作为科学探索利器的强磁场是现代科学实验最重要的极端条件之一，可以使得物质特性发生变化。对强磁场的认知往往伴随着重大的科学发现，自 1913 年以来，19 项与磁场有关的科技成果相继获得诺贝尔奖。

2009 年 6 月的一天，39 岁的王俊峰第一次踏上科学岛。当他与时任合肥物质科学研究院书记、强磁场中心主任的匡光力研究员谈了一个上午后，王俊峰给大洋那头的妻子打了一个电话："一个崭新的国家大科学装置平台将在这里拔地而起，在这个平台上，只要你敢想，就有无数的可能……"

与他的激动相比，妻子显得很安静，王俊峰也知道妻子在担忧什么：他们在美国生活了十几年，已经获得了绿卡，为什么要抛弃一切回国重新开始呢？最后，他的妻子还是选择支持自己的丈夫，因为她知道王俊峰想追求什么——在一个安静的地方，做自己喜欢的科研工作。

在王俊峰的带领下，2012 年，刘青松结束了在哈佛大学医学院 6 年的博士后研究生活，34 岁的他与同在哈佛大学医学院学习的妻子刘静，以及好友王文超、任涛、林文楚一起来到安徽合肥，加入中科院强磁场科学中心，组建了肿瘤药物学研究团队。

"怎么挑来拣去，最后选了这个地方？"彼时还在哈佛大学医学院工作的张欣，听说好友刘青松要落户科学岛，她觉得十分意外。不仅如此，刘青松还热情地邀请她和老公王文超一起去。"岛上绿树成荫，远离尘嚣，最适合做科研。"刘青松表示。

很快，在刘青松的说服下，张钠回来了，王文超、张欣夫妇也回来了，至此，"哈佛八剑客"完成了最后的拼图。

在他们的眼中，随着经济、科技实力的增强，国内的科研环境已经发生了翻天覆地的变化。用"八剑客"的话说，"利用一流的实验装置，在磁共振生命科学领域自由探索，没有什么是比这更幸福的事了"。

依托强磁场大科学装置与技术，在分子、细胞、组织、动物模型、人体等多个层次开展重大生命科学研究，他们有着得天独厚的优势：王俊峰、张钠擅长研究蛋白和核酸的结构生物学，张欣负责研究细胞生物学，林文楚重点研究新型的动物模型，刘青松、刘静、王文超和任涛则组成药物学小团队。一个有所区别而又环环相扣的学术链就这样形成了。

攻克癌症的梦想，在这群年轻人的科研工作中正在走向现实。

为试管里的"病人"找到精准治癌途径

许多肿瘤的发生是由某些与生长相关的"激酶"发生突变导致异常活化引起的，因而针对这些突变激酶的抑制剂能够有效抑制这些激酶的活性，从而达到抑制癌细胞增长的目的。这些"靶向药物"的优势在于，他们可以高特异性地抑制致癌靶点，干扰癌细胞的生长，而不会波及周围的正常细胞。

因此，相对于化疗等常规治疗手段，靶向药物治疗不仅精准，还可以减少对患者身体不必要的伤害，减轻痛苦，争取更多的治疗时间以延长寿命。

经过十几年的发展，以个性化为特征的临床高响应率的靶向药物研发取得了巨大的进展，已经有 30 多个在临床上使用。然而，这些药物仅能涵盖 10 余种癌症中的某些亚型，而临床上绝大多数的癌症种类及其亚型还没有与之相对应的靶向药物。

而另一个真相则是，随着临床用药治疗的发展，一些激酶出现了变异，产生了耐药性，也进一步加大了新药开发的难度。

在此背景下，刘青松药物学团队从零开始，不断攻克技术难点，用四年多的时间，以小鼠细胞为原始模板，采用基因工程的手段，针对目前临床常见的癌症相关激酶靶点，构建了仅依赖于目标靶点基因生长的大型癌症激酶细胞库。

新药研发很难，刘青松作为业内人士，他深知其中的艰辛。面对种种质疑和打击，他和团队还是咬牙坚持下来。

2009 年回国后，科学岛的强磁场中心还处于第一个五年建设阶段，科研大楼还没完全建好，大部分仪器还未到齐。

为了不耽误科研进度，科学岛上一座红色砖瓦结构的二层小楼成了王俊峰的科研基地。他一头扎进"小红楼"，开始了夜以继日的实验，就连很多实验器材都是从兄弟单位借的。

明知山有虎，偏向虎山行。就是在这样的条件下，目前该细胞库目前囊括了与肿瘤发生发展相关的 70 多种主要激酶靶点，涵盖了绝大多数在临床肿瘤病人身上发现的与临床治疗、耐药性和预后相关的突变，细胞种类已经达到 170 余种。是目前世界上规模最大的基于激酶靶点的全细胞筛选库，填补了国内新药创制领域此类检测体系的空白。

相比之下，世界另一个同种类型的细胞库由美国一家公司提供，该公司目前细胞种类为 93 种。

"与传统的复杂基因背景的癌症细胞系相比，我们的细胞库能够更加准确快速地表明药物的作用机制，同时还克服了相关稳定细胞系建系困难，病人原代样本量少而导致不能继续深入研究等问题。"刘青松说。

该细胞库在药物研发中，能够检测药物对所设计靶点的打击活性，这是药物疗效的最关键指标；另外还可以检测药物的靶点选择性，这是评价药物副反应的重要指标。

该细胞筛选库主要研发人员王文超说："此技术体系在细胞水平上模拟临床的癌症病人，因而又被称为试管里的'病人'。"

筛选有效"子弹"

"'靶子'已备好，接着就是研发、筛选有效的'子弹'了。"刘青松说，医药研发人员需要从成千上万种化合物中挑选出有研究价值的"药物前体"，使用人工筛选的方法，不仅费时费力，准确性也比较较低。

为了解决这个问题，2013 年刘青松课题组自主开发了国内首个将高通量靶向基因测序技术与高通量体外药敏检测技术相结合的肿瘤精准治疗技术体系（HDGS），利用高通量药物筛选方法，对肿瘤病人的原代癌症细胞进行体外培养和高通量药物敏感性检测，为肿瘤患者最大限度地筛选出可用之药。

他们建成了以抗肿瘤组合药物筛选为主要研究任务的高通量药物筛选和测试技术平台，采用自动化操作系统，可实现自动分液、自动加样和自动检测一整套的药物筛选流水线作业，能达到每天完成 10000 个药物筛选测试的能力。

利用这些条件，团队针对白血病、淋巴癌、肺癌、甲状腺癌等癌症开发了一系列的激酶抑制剂，申请了 30 多项中国和国际专利，发表了一系列高水平的文章。

"我们的理想是，像慢性病一样对癌症进行控制。"刘青松说，团队一直致力于创新靶向药物研发，就是希望将来有一天把癌症变成像高血压、糖尿病一样的慢性病，通过吃药来控制病情，实现患者高质量地带瘤生存。

建设产业化推广平台

为了尽快实现这些研究成果的产业化，在中科院、地方政府以及社会资本的支持下，刘青松、刘静、王文超、任涛四人于 2015 年 7 月一起创立了中科普瑞昇公司。刘青松担任董事长，任涛担任总经理，全职负责公司的运营发展。

为了让更多国内机构得益于这一筛选体系，从 2016 年下半年开始至今，团队依托中科普瑞昇生物医药科技有限公司为产业化推广平台，已经不间断地为国内近百家科研院所和制药企业提供了高质量的药物检测和筛选服务，获得了广泛的业界认可。

"习近平总书记说，'广大科技工作者要把论文写在祖国的大地上，把科技成果应用在实现现代化的伟大事业中'[1]。我们回国后就一直想着要为祖国实实在在做点事情，把科技论文写在祖国大地上，把实验室成果产业化，为'实施健康中国战略'提供力量。"任涛说。

目前中科普瑞昇公司为国内 100 余家科研院所和制药企业提供药物检测和筛选服务，带动科研院所发表论文 30 余篇，申报专利 20 余个。不仅如此，当前公司自己已拥有白血病、乳腺癌、糖尿病等疾病的十几个国际国内发明专利，

"以前类似的检测筛选只能送到美国做，费用是我们的 5 倍。现在我们的优势是检测时间比较短，收到委托后 2 ～ 3 周就能做完。"任涛表示。

"把关键技术掌握在自己手里"，这也是中科普瑞昇公司不断努力的方向。"10 年前，国内真正具有自主知识产权的新药屈指可数，大多数药企生产的西药都是专利过期药和仿制药。"任涛说。

---

[1] 《习近平谈治国理政》第二卷，外文出版社 2017 年版，第 270 页。

新药从实验室到临床试验的每一步，中间有任何一个步骤出错，就意味着药品废掉，没有再来一次的机会。但当前整个社会对具有自主知识产权的新药渴望度很高，国家越来越重视新药研发，科研能力大幅提升，中科普瑞昇公司赶上了一个"好时候"。

在下一步的规划中，中科普瑞昇公司要继续扩展激酶靶点数量，细胞筛选库还要保持世界最高水平。在新药研发方面，他们希望每年会把1～2个新药推到临床阶段，在团队合力下，能够站在新药创制的前沿。

与此同时，公司也致力于肿瘤精准用药检测服务，尤其为肿瘤晚期重症复发患者找到合适用药。"我们将与更多医院进行临床合作，在国内建立几个大的示范中心，例如京津冀、长三角、西北、华南地区，把产品推广出去，为解决中晚期肿瘤患者'无药可治'的困境献力。"任涛说。

中国对外贸易实现跨越式发展

于　祺

2018 年 7 月 2 日上午，报关员小张兴冲冲地来到首都机场海关报关大厅，为一批进口服装办理报关手续。"太高兴了。"他对身边人说道，"如果上周来报关，这批服装的关税税率是 16%，今天直接降到 6%，1000 元的货物少交 100 多元的税款啊！"

此前，国务院关税税则委员会发布公告，自 2018 年 7 月 1 日起降低进口汽车整车及零部件和日用消费品两大类的进口关税。这是近年来我国第 5 次降低消费品关税，涉及类目是前 4 次降税总类目的 7 倍，涵盖日用消费品涉及税目总数的七成以上。

降低汽车和日用消费品进口关税将使得越来越多的国外产品进入中国市场，丰富国内市场供给，满足人民群众多样化需求，给国内消费者带来更丰富更实惠的消费体验，同时也推动了外贸进出口。

从 1978 年到 2017 年，中国在改革开放中实现了外贸进出口规模跨越式发展：按人民币计价，我国进出口总额增长 782 倍。其中，出口总额增长 914 倍，进口总额增长 664 倍。

打开对外贸易的大门

改革开放初期，去深圳出差的人大多要接受一项同事们委托的任务：去沙头角中英街淘点洋货回来。那时想买进口货远没有现在这么便利，不仅要到指定商店，还要通过侨汇券等票券购买。深圳沙头角还出现了专门买卖进口货的洋货市场。

同事们委托代购的东西今天已难以想象：有香皂、尼龙袜子、打火机，还有洋服。去一次沙头角中英街很不容易，除了要办深圳特区通行证，还要办沙头角边防禁区特许通行证。所以每个去沙头角的人都带很多东西回来。

1978 年，中共十一届三中全会在北京闭幕，中国进入了改革开放的历史新时期。百废待兴的中国，急需打开国门开展对外贸易，在当年召开的五届人大一次会议的政府工作报告中，明确提出"对外贸易要有一个大的发展"。但是 1978 年整个进出口总额只有 206 亿美元。[1]

增加出口，搞好外贸，这是改革开放之后的中国经济发展的需求和渴望。人们可以从 1979 年《人民日报》对春季中国出口商品交易会举办时的报道中看到这种渴望："展览馆内从机械、纺织、五金矿产到轻工、粮油和土产畜产，充满浓厚的贸易气氛。整个布局，都是为出口服务的。"

但是，这条报道也披露出了当时中国出口的产品大部分是农、副、轻工产品、工矿原料和初级加工品。这些商品数量大、技术低、收汇少。据统计，当时出口额占我国国民生产总值仅 3%。

20 世纪 80 年代，中国发展沿海外向型经济，对外贸易的航船开始扬起风帆：1978 年中国进出口总额只有 206 亿美元，但是到 1988 年的时候，外贸进出口总额首次突破了 1000 亿美元大关，累计进出口年增速达到了 17.4%。[2]

1989 年到 2000 年，中国通过改革外贸体制，推行了外贸代理制，

---

① 中国商务部综合司 2013 年 1 月进出口统计数据（1981 年以前数据来自外经贸业务统计）。

② 中国商务部综合司 2013 年 1 月进出口统计数据（1981 年以前数据来自外经贸业务统计）。

允许企业拥有自营进出口权，外贸开始步入快速发展通道，实现了年均14.9%的增长速度，高于世界贸易同期9.6个百分点。

但是，虽然从1978年开始中国就向世界敞开了大门，但贸易摩擦和保护主义的壁垒困扰着中国对外贸易，美国不时对中国进行所谓的审查，多方面刁难中国，对中国外贸带来了很大的不确定性。

加入世界贸易组织

如果要遴选中国外贸发展40年来的标志性事件，加入世界贸易组织无疑应当名列其中。

20世纪40年代末成立关税与贸易总协定（GATT），是一个独立于联合国的永久性国际组织，其宗旨是通过实现无条件最惠国待遇，削减乃至取消成员国关税和其他非关税贸易壁垒，促进世界贸易的自由化。1995年1月1日，根据关贸总协定乌拉圭回合达成的"建立世界贸易组织的协议"，"世界贸易组织"取代了关税与贸易总协定。按照关贸总协定的规则，对所有成员国必须给予无条件的最惠国待遇，如果中国复关，当然也享有最惠国待遇。

1986年7月，出于对内改革，对外开发的需要，中国正式提出关于恢复关贸总协定缔约方地位的申请，开启了入世谈判的序幕。

隔绝了多年，中国和世界彼此都感到陌生。中国第一任复关谈判代表团团长沈觉人回忆：他当时广泛接触各缔约国的大使、代表团团长，面对的是各种各样的疑问。主要是有关中国经济体制的问题，比如计划经济，根据什么制定？中国的进出口贸易体制，进出口许可证到底根据什么来发的？还有价格、税收政策等等。沈觉人说，许多问题当时我们说不太清楚，他们也听不太清楚。

当时中国的平均关税是43.2%，而发达国家的平均关税已经降到5%以下。中国入世的关税谈判代表吴家煌回忆，西方发达国家不理解，为什么汽车关税高到180%？女孩子喜欢的化妆品，为什么关税是150%呢？他们想不通。吴家煌清楚地记得，为了让他们了解中国的贸易制度，至少回答了几千个问题。

时任外经贸部部长石广生回忆，多边谈判争执最激烈的是农业、金融业、汽车业和服务领域等。谈判到最后阶段，几乎每一个问题都是难点，如果达不成协议，中国就不可能加入WTO。如农产品的市场开放问题，其中包括小麦、大豆、棉花等的配额，争论激烈，谈判艰难。

虽然谈判艰难，但经过了15年的雨雪风霜，终于云开雾散。2001年12月11日，在卡塔尔首都多哈，时任中国外经贸部部长石广生代表中国在入世议定书签字，成为世界贸易组织（WTO）第143个成员。

在世界经贸大潮冲击中前行

你要进人家的市场，人家也要进入你的市场。失去了保护的屏障，当中国的某些弱势产业裸露在发达的西方同业面前，能否生存和发展，能否顶住冲击，当时许多人都忧心忡忡，"狼来了"的呼声充斥传媒。

原商务部副部长张志刚告诉笔者，20世纪90年代后期，由国家经贸委牵头，召集发改委、财政部、外经贸部、商业部、农业部、工业部以及税务、海关、银行等数十个部门，对国内一、二、三产业的状况进行了广泛的调研。他曾带领一个小组，对中国汽车产业的发展状况进行调研，结果令人震惊：20世纪50年代就已经生产出轿车、中国最大的汽车产业基地之一的一汽，几十年过去了，居然还不具备轿车外型的设计能力！

张志刚回忆：针对中国加入WTO面临的问题，国家经贸委等有关部门提出了对策和方案，上报国务院。时任国家主席江泽民等国家领导人多次亲自听取汇报，并作出重要指示。为提高入世后中国企业的竞争力，国家制定了国企"三改一加强"方针。"三改"，即对国有企业改制、改组、改造：改革国有企业现行体制，对国有企业实行产业重组，对国有企业进行技术改造。"一加强"即加强企业管理。从20世纪80年代中到中国入世前的15年，国家投入了数千亿元对传统产业进行技术改造，目标是提高国企的核心竞争力。

与此同时，中国紧锣密鼓地培训各级官员。2002年春节刚过，时任中国人民银行行长的戴相龙在香港总商会演讲，第一句话就告诉在座的香港企业家："中国政府官员过年后要做的第一件事，就是参加有关WTO的学习。"那一年，中国举行了大规模的上自省部级，下至地方政府的宣传和培训，目的是让全民能够熟悉世贸组织的基本原则，包括非歧视性的贸易实践、公平的贸易竞争，以及增加政府运作的透明度等。

大规模的产业改造，大规模的法律法规修订和WTO知识普及，为中国在WTO规则下的对外贸易发展奠定了良好的基础。

中国加入世贸组织后，享受了成员的各项权利，获得了稳定、透明、可预见、非歧视的多边贸易机制保障，营造了更加开放的外部市场环境。中国紧紧抓住这些有利条件，顺应全球产业分工不断深化的大趋势，充分发挥比较优势，积极承接国际产业转移，大力发展对外贸易和促进双向投资，开放型经济实现了迅猛发展。2001年，我国对外贸易进出口总额突破5000亿美元；到2004年则突破10000亿美元，达到11545.5亿美元；2008年达到了25632.5亿美元。[1]

"入世"后，中国放开了外贸经营权，民营企业可以按规定登记取得经营权。据海关统计显示，2017年，我国民营企业进出口10.7万亿元，占我国进出口总值的38.5%，已经成为中国外贸进出口的三大支柱

---

[1] 中国商务部综合司2013年1月进出口统计数据（1981年以前数据来自外经贸业务统计）。

之一。

入世之前，人们担忧受到强大冲击的汽车和金融行业，通过自身的努力，不仅摆脱了发展困境，而且在国内、国际市场赢得了生存和发展的空间。我国汽车企业灵活运用世贸组织的规则，不断进行品牌创新、技术创新和营销创新，2001 年我国汽车产量仅 233 万辆，2017 年达到 2901.5 万辆，17 年间增长了 12 倍，我国已成为全球最大汽车生产国和销售国，自主品牌市场占有率接近 41%，[1] 技术水平也日益接近国际水准。

中国完全履行了入世承诺

中国加入世贸组织以来，一直都是多边贸易体制的坚定维护者，充分履行了承诺。

截至 2010 年，中国货物降税承诺全部履行完毕，关税总水平从 2001 年的 15.3% 降至 9.8%。目前，中国农产品平均税率从 23.2% 降至 15.2%，约为世界农产品平均关税水平的四分之一，远低于发展中成员 56% 和发达成员 39% 的平均关税水平。[2]

中国加入 WTO 后，加大对发展中成员特别是最不发达国家成员的援助力度，促进缩小南北发展差距。截至 2018 年 3 月，中国已对 36 个建交且已完成换文手续的最不发达国家 97% 税目产品实施零关税。

2001—2017 年，中国服务贸易进口从 393 亿美元增加到 4676 亿美元，年均增长 16.7%，[3] 占全球服务贸易进口总额的比重接近 10%。自 2013 年起，中国成为全球第二大服务贸易进口国，为带动出口国消费、

---

① 中国商务部综合司 2013 年 1 月进出口统计数据（1981 年以前数据来自外经贸业务统计）。

② 《海关统计数据》。

③ 商务部《WTO 国际贸易统计数据库》。

增加就业、促进经济增长做出了重要贡献。

加入 WTO 后，中国外商直接投资规模从 2001 年的 468.8 亿美元增加到 2017 年的 1363.2 亿美元，年均增长 6.9%。2017 年，全国新设立外商投资企业 35652 家，同比增长 27.8%。[①]

中国加入世贸组织后，促进了国内外市场的互联互通，繁荣了国内市场，国内居民可获得国外消费品的丰富程度和便利程度大幅提高。如今，除了传统的进口家电、服装产品外，母婴、护肤、保健、家居个护等个性化产品越来越多进入中国，进口蔬菜、水果、海鲜等生鲜类产品也常见于中国老百姓的生活中。

2018 年 6 月 28 日，国务院新闻办公室发表《中国与世界贸易组织》白皮书。白皮书显示：加入世贸组织后，中国改革开放和经济发展进入加速期，2016 年，中国国内生产总值占世界的比重达到 14.8%，较 2001 年提高 10.7 个百分点。2017 年，中国在全球货物贸易进口和出口总额中所占比重分别达到 10.2% 和 12.8%，是 120 多个国家和地区的主要贸易伙伴。

中国加入后的三任世界贸易组织总干事都充分肯定了中国所做的巨大努力和取得的成绩。

不断推进贸易强国建设

回首 40 年，中国对外贸易不断开拓新格局，实现历史性跨越：2009 年，中国出口额达到 12016.1 亿美元，成为全球第一大出口国；2013 年世界贸易组织的统计表明，中国货物进出口总额达到 4.16 万亿美元，跃居世界第一货物贸易大国。

1978 年到 2017 年，按人民币计价，我国进出口总额从 355 亿元提

---

① 国家统计局《中国 1985—2017 历年 FDI 流入数据》。

高到 27.8 万亿元，增长 782 倍，年均增速达 18.6%。其中，出口总额从 168 亿元提高到 15.3 万亿元，增长 914 倍，年均增速为 19.1%；进口总额从 187 亿元提高到 12.5 万亿元，增长 664 倍，年均增速为 18.1%。[①]

出口商品的结构出现了巨大变化：1978 年初级产品出口占 53.5%，工业制成品出口占 46.5%；到 2017 年，初级产品和工业制成品占出口比重分别为 5.2% 和 94.8%。在 20 世纪 80 年代实现向工业制成品为主的转变之后，90 年代实现了由轻纺产品为主向机电产品为主的转变，进入 21 世纪以来，以电子和信息技术为代表的高新技术产品出口占比不断提高，出口商品结构不断优化升级。1985 年至 2017 年，我国机电产品出口从 16.8 亿美元增加到 1.3 万亿美元，我国已经连续 9 年保持机电产品全球第一大出口国地位。同期，高新技术产品占我国出口比重从 2% 左右提高到 28.8%。

贸易市场日趋多元：1978 年到 2017 年，我国的贸易伙伴已由 40 多个发展到包括欧盟、美国、东盟、日本在内的 231 个国家和地区。我国与新兴市场和发展中国家的贸易持续较快增长，2011 年起，东盟超越日本成为我国第三大贸易伙伴，在我国出口市场中的占比从 2000 年的 7% 提高到 2017 年的 12.5%。2013—2017 年，我国与"一带一路"沿线国家货物进出口总值 33.2 万亿元，年均增长 4%，高于同期我国货物进出口年均增速 1.4 个百分点，成为货物贸易发展的一大亮点。

目前，中国外贸正在进入转型升级，迈向高效发展的阶段。习近平总书记在中央全面深化改革领导小组第十八次会议上指出："要主动适应经济发展新常态，以创新驱动和扩大开放为动力，坚持巩固传统优势，加快培育竞争新优势，保持加工贸易政策连续性和稳定性，发挥企业主体作用，加强产业链分工合作，提升加工贸易在全球价值链中的地

---

① 中国商务部综合司 2013 年 1 月进出口统计数据（1981 年以前数据来自外经贸业务统计）。

位，促进沿海地区优化转型，支持内陆沿边地区承接产业梯度转移，有序开展国际产能合作，深化加工贸易体制机制改革，建立健全与开放型经济相适应的管理体系，逐步变大进大出为优进优出，推动贸易大国向贸易强国转变。"

中国对外贸易将坚持出口和进口并重，推动对外贸易平衡发展，培育贸易新业态、新模式，推进贸易强国建设。在实现中华民族伟大复兴的中国梦进程中，中国对外贸易必将写下更壮丽的篇章。

中国对外贸易大事记

1978 年　十一届三中全会在北京闭幕，中国进入了改革开放的历史新时期。

1978 年　中国进出口总额为 206 亿美元。

1980 年　国务院将深圳、珠海、厦门、汕头设为经济特区。

1984 年　中央决定进一步开放大连、秦皇岛、天津、烟台、青岛、连云港、南通、上海、宁波、温州、福州、广州、湛江、北海等 14 个沿海城市为开放城市。

1985 年　国务院决定在长江三角洲、珠江三角洲和厦漳泉三角地区开辟沿海经济开放区。

1986 年　中国正式提出关于恢复关贸总协定缔约方地位的申请，开启了入世谈判的序幕。

1988 年　中国外贸进出口总额首次突破了 1000 亿美元大关。

1992 年　国务院批复设立上海市浦东新区。

1994 年　中国进行外贸体制综合配套改革。

1996 年　中国外汇管理体制改革取得重大进展。

2001 年　世界贸易组织第四次部长级会议审议并批准中国加入世界贸易组织。

2001 年　中国对外贸易进出口总额突破 5000 亿美元。

2004 年　中国对外贸易进出口总额达到 11545.5 亿美元。[①]

2008 年　中国对外贸易进出口总值达到 25616.3 亿美元。

2009 年　中国出口额达到 12016.1 亿美元，成为全球第一大出

[①]　中国商务部综合司 2013 年 1 月进出口统计数据（1981 年以前数据来自外经贸业务统计）。

口国。

2010 年　中国货物降税承诺全部履行完毕，关税总水平从 2001 年的 15.3% 降至 9.8%。

2011 年　东盟超越日本成为我国第三大贸易伙伴，

2013 年　中国（上海）自由贸易试验区正式成立。

2013 年　中国国家主席习近平先后向世界发出建设丝绸之路经济带和 21 世纪海上丝绸之路的合作倡议。

2015 年　国际货币基金组织正式宣布，人民币 2016 年 10 月 1 日起加入国际货币基金组织特别提款权货币篮子。

2017 年　首届"一带一路"国际合作高峰论坛于北京举行。

2018 年　中国已对 36 个建交且已完成换文手续的最不发达国家 97% 税目产品实施零关税。

2018 年　国务院发布指导意见，支持海南全岛建设自由贸易试验区并探索建设自由贸易港。

2018 年　国务院新闻办公室发表《中国与世界贸易组织》白皮书。

2018 年　中国国家主席习近平出席博鳌亚洲论坛 2018 年年会开幕式并发表主旨演讲，宣布了一系列对外开放重大举措。

能源发展：结构更合理消费更清洁

郭桐萱

张先生出生于20世纪50年代，是在江南乡镇长大的。小时候，他记得家里做饭是烧柴草，做饭时先生火，把火吹旺了再扇风，满屋的烟熏得人眼泪直流。

后来，他们家生火做饭开始使用煤球。阳光下，家家户户的屋檐下堆满了晾晒的煤坯。做饭还是要先生火，每家每户葵扇呼呼、炊烟袅袅。用上蜂窝煤后，生火的麻烦少了。

张先生说，至今，他都忘不了70年代初，他在城里同学家里看到煤气时的惊讶——火苗居然是蓝色的！煤气没有烟，一打就有火，又方便又干净。他心里想，什么时候自己家里也有煤气就好了。

80年代改革开放，张先生大学毕业工作，分了房，家里也有了煤气。虽然要扛着沉重的气罐上楼梯，但心里还是很高兴的。

现在，张先生早已用上了管道燃气。随着越来越多新房的落成，他们那里的居民基本上都用上了管道燃气。张先生说，从20世纪50年代，到1978年改革开放，再到现在，他见证了中国老百姓使用能源的变迁。

改革开放以来，我国的能源发展实现了前所未有的重大变化，取得了举世瞩目的历史性成就，为我国经济持续快速发展、人民生活水平不断提高提供了坚实有力的基础保障。

摆脱能源对经济发展的制约

1978 年，十一届三中全会后，随着党中央决定将工作重点转移到社会主义现代化建设上来，人民生产和生活用能持续增加，但煤炭、电力供应不足，能源短缺成为制约经济发展的重要因素。1978 年，我国一次能源消费总量仅为 5.7 亿吨标准煤、能源生产总量区区 6.3 亿吨标准煤，在世界排名垫底。1978 年因电力供应短缺，估计约有 20% 的生产能力不能发挥。①

20 世纪 80 年代后，国家对能源投资实行了重点倾斜的政策。从 1978—1989 年，我国用于能源的基本建设和更新改造投资年均增长 15.5%；1990—2000 年，年均增长 17%。

煤炭，重点建设以山西为中心的能源重化工工业基地，鼓励集体和个人办矿，努力提高煤炭产量；石油，实行了加大东部地区勘探开发力度，进一步扩大原油生产规模，90 年代实行了"稳定东部、发展西部"等一系列政策、方针，同时有计划地扩大原油加工生产能力；电力，提出了"能源工业以电力为中心"发展思路，使得能源工业到 90 年代中期以后，已经形成了支持我国经济高速发展的可靠基础。

从 1978—1989 年，我国以电力为中心，进行了明显的结构性调整。电力工业投资年均增长 17.2%，远高于石油工业投资年均增长 13.5%、煤炭工业投资年均增长 4.8% 的速度；电力工业投资占能源工业基本建设投资的比重（按累计投资计算）为 69.4%，远远高于石油工业的 18%、煤炭工业的 10%。分阶段看，投资的结构性调整非常明显。占能源工业投资的比重，1978—1989 年，电力工业为 54.7%，石油工业为 20.6%，煤炭工业为 22.1%；1990—2001 年，电力工业上升到 71.1%，

---

① 国家统计局《改革开放 40 年我国经济社会发展成就系列报告之——能源发展篇》。

石油工业下降到 17.7%，煤炭工业下降到 8.6%。[①]

我国能源工业的发展，80 年代重在一次能源的开发，着力解决一次能源的供应能力；80 年代后期以后，在一次能源供应基础相对牢固的情况下，为适应社会经济的发展和人民生活水平的提高，重点加强了能源的加工转换、高效利用方面的基础建设，促使能源工业向现代的结构体系发展。

国家统计局的报告显示：1978 年，我国能源生产总量 6.28 亿吨标准煤，此后，以年均 4.5% 的速度增长，1989 年超过 10 亿吨标准煤。进入 90 年代，保持了年均 3.9% 的增长，1996 年能源生产总量达到 13.3 亿吨标准煤，至此，我国基本摆脱了能源对社会经济发展的"瓶颈"制约，长期供应紧张的能源市场有了根本改观。

成为世界能源生产第一大国

进入 21 世纪，我国能源生产由弱到强，实现大发展，生产能力大幅提升，初步形成了煤炭、电力、石油、天然气、新能源、可再生能源全面发展的能源供给体系，基础保障作用显著增强，技术装备水平明显提高，已成为世界上最大的能源生产国和消费国，人民的生产生活用能条件显著改善。

国家统计局发布的报告显示：1978 年，我国能源生产总量仅为 6.3 亿吨标准煤，2017 年则达到 35.9 亿吨标准煤，比 1978 年增长 4.7 倍，年均增长 4.6%。

各品种能源生产全面发展。2017 年，原煤产量 35.2 亿吨，比 1980 年增长 4.7 倍，年均增长 4.8%；原油产量 1.9 亿吨，增长 0.8 倍，年均增长 1.6%；天然气产量 1480 亿立方米，增长 9.4 倍，年均增长 6.5%；

[①] 国家统计局《迎接十六大之十二：能源工业得到进一步加强》。

一次电力产量 1.8 万亿千瓦时，增长 30.5 倍，年均增长 9.8%。

随着经济持续快速发展、人民生活水平日益提高，我国能源需求不断增长。在各项能源转型变革政策措施的大力推动下，我国能源消费整体呈现稳定增长态势，品种结构持续优化改善，用能条件和水平不断提高。2017 年，我国能源消费总量 44.9 亿吨标准煤，比 1978 年增长 6.9倍，年均增长 5.4%。

我国人均用能水平不断提高。2016 年，我国人均能源消费量 3161千克标准煤，比 1980 年的 614 千克标准煤增长 4.1 倍，年均增长 4.7%。2016 年，我国人均生活用能 393 千克标准煤，比 1980 年的 112 千克标准煤增长 2.5 倍，年均增长 3.5%。其中，煤炭年均下降 1.5%，电力年均增长 11.9%，液化石油气年均增长 11.4%，天然气年均增长 14.6%。[①]

能源结构向多元化清洁化转变

我国绿色多元的能源供应体系正在建立，品种结构逐步向清洁化转变。随着能源供给侧结构性改革的持续推进，我国能源生产发生巨大变革，结构由以原煤为主加速向多元化、清洁化转变，发展动力由传统能源加速向新能源转变。天然气、水电、核电、新能源（风电、太阳能及其他能源）等清洁能源加速发展，占比大幅提高。

据国家统计局发布的报告，清洁能源消费增长快于其他。2017 年，煤炭消费量 38.6 亿吨，比 1980 年增长 5.3 倍，年均增长 5.1%；石油消费量 5.9 亿吨，增长 5.7 倍，年均增长 5.3%；天然气消费量 2387 亿立方米，增长 16.0 倍，年均增长 8.0%；一次电力及其他能源消费量 6.2亿吨标准煤，增长 24.7 倍，年均增长 9.2%。

我国能源消费清洁化低碳化取得积极成效。我国坚持把节能当作第

---

① 国家统计局《改革开放 40 年我国经济社会发展成就系列之——能源发展篇》。

一能源，严格控制能源消费总量，建筑节能标准不断提高，绿色交通体系加快形成，节能产品广泛应用，绿色生活方式蔚然兴起。能源消费模式不断创新，智慧能源、多能互补等新业态新模式不断涌现，煤改电、煤改气等清洁能源替代广泛开展，随着新能源汽车的不断增加，全国高速公路干线和主要城市充电网络初具规模。

单位 GDP 能耗整体下降

改革开放以来，我国节能降耗取得了突出成效，单位国内生产总值（GDP）能耗整体呈现下降态势，2017 年比 1978 年累计降低 77.2%，年均下降 3.7%。

国家统计局的资料表明，"十一五"以来，作为约束性指标，单位GDP 能耗指标连续被纳入我国"十一五"、"十二五"和"十三五"国民经济和社会发展五年规划纲要。"十一五"时期，2010 年单位 GDP能耗比 2005 年累计降低目标为 20% 左右，实际降低 19.3%；"十二五"时期，2015 年单位 GDP 能耗比 2010 年累计降低目标为 16% 以上，实际降低 18.4%。

单位 GDP 能耗显著下降。2017 年，单位 GDP 能耗比 2012 年累计降低 20.9%，年均下降 4.6%，比 1979—2012 年的年均降幅高 1.0 个百分点，5 年累计节约和少用能源约 10.3 亿吨标准煤。经济结构调整带来明显节能成效。按照三次产业和各产业内部结构变化初步核算，5 年累计形成间接（结构）节能约 2.7 亿吨标准煤，占全社会节能量的 25%以上。①

工业节能作用十分突出。2017 年，规模以上工业单位增加值能耗比 2012 年累计降低 27.6%，高于单位 GDP 能耗累计降幅 6.7 个百分

---

① 国家统计局《改革开放 40 年我国经济社会发展成就系列之——能源发展篇》。

点，年均下降 6.3%，高于单位 GDP 能耗年均降幅 1.7 个百分点。按照单位工业增加值能耗计算，规模以上工业 5 年累计节能约 9.2 亿吨标准煤，占全社会节能量的近 90%，单位 GDP 能耗的降低主要是由工业贡献的。

工业内部结构优化带来显著节能成效。近年来，国家严格控制高耗能行业过快增长，高耗能行业单位增加值能耗降幅明显，拉动工业节能成效显著。2017 年与 2012 年相比，六大高耗能行业单位增加值能耗累计降低 23.2%，年均下降 5.2%。

能源加工转换效率普遍提高。2017 年与 2012 年相比，规模以上工业企业能源加工转换效率提高 1.8 个百分点。其中，火力发电提高 1.5 个百分点，供热提高 3.4 个百分点，煤制品加工提高 4.9 个百分点，原煤洗选提高 2.9 个百分点，炼焦与制气提高 0.3 个百分点，天然气液化提高 0.4 个百分点；炼油及煤制油下降 0.6 个百分点。

余热余能利用成效显著。重点行业和重点领域能源回收利用水平进一步提高，余热、余压及放散气等能量回收利用成效显著。2017 年，规模以上工业企业能源回收利用率为 2.7%，比 2012 年提高 0.4 个百分点，5 年累计回收利用能源 7.6 亿吨标准煤。其中，黑色金属冶炼及压延加工业回收利用率达 17.1%，提高 3.2 个百分点，累计回收利用能源 6.7 亿吨标准煤。

当前，国际能源格局发生深刻复杂变化，我国经济发展进入新常态，能源发展也步入新阶段。面对国际能源发展新趋势、能源供需格局新变化，以习近平同志为核心的党中央高瞻远瞩，提出"能源革命"[1]的战略思想，为我国能源发展指明了方向、明确了目标。党的十九大报告提出构建清洁低碳、安全高效的能源体系。[2]我国能源行业将以习近

---

[1] 《十八大以来重要文献选编》中，中央文献出版社 2016 年版，第 805 页。

[2] 习近平：《决胜全面建成小康社会　夺取新时代中国特色社会主义伟大胜利——在中国共产党第十九次全国代表大会上的报告》，人民出版社 2017 年版，第 51 页。

平新时代中国特色社会主义思想为指导，以绿色发展理念为引领，扎实推进能源生产和消费革命，大力提升能源清洁化水平，抑制不合理能源消费，加快建设能源节约型社会，推动生态文明建设迈上新台阶。

造林：让绿色中国更宜居

刘　亮

2018 年 7 月 30 日，来自埃及、博茨瓦纳等国家的 12 名学员，不远万里来到中国甘肃省民勤县，参加由中国商务部主办、甘肃省治沙研究所承办的 2018 发展中国家荒漠化防治和生态修复技术培训班，在为期一个月的培训中学习流沙固定与植被恢复、绿洲与交通干线防护林体系构建等知识技能。

中国的防沙治沙和植绿造林的经验技术，经由民勤治沙综合试验站走向全世界，为更多的国家提供生态治理的"中国方案"。

改革开放以来，中国的植绿造林取得了巨大成就。根据第八次全国森林资源清查（2009—2013 年）结果，全国森林面积 2.08 亿公顷，森林覆盖率 21.63%，活立木总蓄积 164.33 亿立方米，森林蓄积 151.37 亿立方米。与第一次全国森林资源清查（1973—1976 年）相比，森林面积增加 0.86 亿公顷，森林覆盖率提高 8.93 个百分点，活立木总蓄积和森林蓄积分别增加 69.01 亿立方米和 64.81 亿立方米。2017 年，全国完成造林面积 736 万公顷，比 2000 年增长 44.2%。[①]森林资源呈现出总量增加、质量提升、结构优化的变化趋势，百姓的人居环境也随之大幅度改善，天更蓝、山更绿、水更清、空气更清新的生活追求在一步步变为现实。

---

① 　数据来源：国家林业和草原局。

绿色长城，以平方米为单位延伸

在中国谈造林，民勤是一个绕不过去的地理名词。

打开中国地图，找到甘肃省，从东向西沿着狭长的北边缘慢慢找，在腾格里沙漠和巴丹吉林沙漠的中间，会看到一小块嵌进来的区域，这里就是民勤县。在地图上看起来是一小块，实际上民勤的东西长 206 公里，南北宽 156 公里，总面积有 1.58 万平方公里，在县域面积中并不算小。

民勤的沙漠化曾经有多么严重？"沙平墙，羊上房，庄稼连根拔。"在民勤县西线最大的风沙口——老虎口，附近的上泉村党支部书记白会本介绍，这里的风沙线在治理之前有 37 公里长，沙漠面积 17 万亩。一场大风下来，沙子会与院墙平齐，所以村民们家里养的羊和驴会顺着走上房子，院子里的沙子都得拿小车一趟趟往外运，庄稼更无法生长。沙进人退，为了躲避风沙，1380 人的村子有将近 400 人迁徙到新疆、内蒙古等地。

1978 年，改革开放的大幕拉启。国家开始实施三北防护林体系工程，将民勤县纳入工程实施范畴，支持民勤加快推进防沙治沙及生态治理，构筑生态安全屏障。

造林有多难？"栽活一棵树苗比养活一个孩子还难！"民勤人这样形容造林的难度。

在沙区造林，第一项任务不是栽苗，而是压沙。"沙丘是活的，必须先把沙丘固定住，否则栽下的苗木就会被连根吹走或被沙子掩埋。"民勤县林业局局长杨青文介绍，压沙所用的材料以稻草为主，还有小麦秸秆、玉米秸秆、棉花秆、黏土、卵石，还可以用土木编织袋、尼龙网装上沙子以沙压沙。

拿秸秆压沙来说，压沙的方法是用铁锹挖出一道道纵横的沙沟，形成一个个面积约 1 平方米的方格，然后把秸秆的中部埋进沙沟踩实，秸秆的长度不能低于 60 厘米，因为秸秆要入沙 10 厘米，草扎直立，露出 20—30 厘米，形成一个草方格。每亩地的面积是 667 平方米，锁住一亩沙地就是 667 个草方格。由于沙丘起伏不平，无法应用大型机械，大多数沙区是靠人工挖沟。

草方格的面积和扎法里是有"门道"的：风起时流沙的流速不会超过 5 米每秒，浮沙的起落高度一般不超过 1 米，这样当流沙抵达草方格区域时就开始减速，从草方格的一边刮起高度会被削减 30 厘米，落到草方格另一边时再次削减 30 厘米，跨越一个草方格后基本就被锁定在第二个草方格，整体的流沙推进就这样层层被阻击拦停。

对付一些大体积的沙丘，民勤人还发明了"固身削顶、前挡后拉"的办法，就是草方格只扎到沙丘半腰处，中上层故意"留白"，利用风力将丘顶削平。

沙区的压沙一般在秋季，固沙完成后第二年春季开始栽种梭梭、柠条、花棒等沙生植物。草方格三年时间就会腐烂，苗木栽种必须在这三年内完成几个批次的补苗，以追求最高的成活率。

整个民勤县 408 公里的风沙线，就这样一平方米一平方米地变绿。民勤县林业部门最新的统计数据显示，截至 2018 年 7 月，民勤县在 408 公里的风沙线上建成了长达 300 多公里的防护林带。

民勤的生态治理成就只是中国三北防护林建设的一个缩影。

1978 年 11 月 25 日，国务院批转国家林业总局关于在三北风沙危害和水土流失重点地区建设大型防护林的规划。按总体规划，三北工程建设范围东起黑龙江省宾县，西至新疆乌孜别里山口，北接国境线，南抵天津、汾河、渭河、洮河下游，东西长 4480 公里，南北宽 560 公里至 1460 公里，建设总面积 406.9 万平方公里，占我国陆地总面积的 42.4%，囊括北京、天津、河北、山西、内蒙古、辽宁、吉林、黑龙江、陕西、甘肃、宁夏、青海、新疆 13 个省区市。工程建设期 73 年，从 1978 年开始到 2050 年结束，分三个阶段、八期实施：三个阶段以

2000 年、2020 年分界；八期前三期以 1985 年、1995 年、2000 年分界，以后每 10 年为一期。目前，工程已圆满完成前四期，进入第五期建设阶段。

三北工程实施 40 年来，造林保存面积达 29.2 万平方公里，工程区森林覆盖率由 1977 年的 5.05% 提高到 13.02%，在中国北方建起了一道乔灌草、多树种、带片网相结合的防护林体系，成为享誉全球的"绿色长城"①。工程区生态环境和生存条件得到明显改善，土壤侵蚀大幅度下降，每年流入黄河的泥沙减少了 4 亿吨。

点绿成金，在历史检验中证明

"塞北一棵松，独立天地中。年轮二百岁，长啸八面风。"

在大兴安岭的余脉，在浑善达克沙地的边缘，在北京以北 400 公里的河北省围场县，这里的坝上高原挺立着一株树龄近 200 年的落叶松。

这是我国北方第一个机械林场——塞罕坝林场的第一棵树。56 年前，它给了第一代林场建设者"这里可以栽树"的启迪；56 年来，它见证了塞罕坝从"千里黄沙蔽日"到"百万亩林海涌绿"的变迁；今天，它已成为一代代林场建设者执着精神的化身，被誉为"功勋"树。

1961 年冬天，第一代林场建设者在千里雪原中发现了这棵孤独的落叶松，他们激动地说："这棵松树是活的标本，证明塞罕坝上可以长出参天大树，今天有一棵松，明天就会有亿万棵松。"

如今的塞罕坝，森林面积超过 112 万亩，草原面积逾 20 万亩，森林覆盖率达 80%。②

塞罕坝人具体种了多少树？林场工人这样形容，如果把人工林按一

---

① 数据来源：国家林业和草原局。

② 数据来源：河北省塞罕坝机械林场。

米的株距排开，可绕地球赤道 12 圈；如果把树木分给全国人民，平均每三人可以分到一棵树。

这些树意味着什么？据中国林科院评估，塞罕坝的森林生态系统每年可涵养水源、净化水质 1.37 亿立方米，固碳 74.7 万吨，释放氧气 54.5 万吨；空气负氧离子是城市的 8 倍至 10 倍，被誉为守卫京津的重要生态屏障，每年提供的生态服务价值超过 120 亿元。2016 年，北京环境交易所，塞罕坝林场 18.3 万吨造林碳汇挂牌出售。475 吨碳汇全部实现交易，获利 1 亿元以上。

2017 年 12 月 5 日，联合国环境规划署宣布，中国塞罕坝林场建设者获得 2017 年联合国环保最高荣誉——地球卫士奖。

"我们既要绿水青山，也要金山银山。"[1] "绿水青山就是金山银山。"[2] 塞罕坝以铁一般的事实证明，只要假以时日，只要尊重科学，只要有愚公移山的精神，荒山野岭可以变身绿水青山，绿水青山确是金山银山，绿水青山与金山银山从来就不是必选其一的博弈，而是可以兼得并取。

变化不只发生在林场，全国各地都逐渐从植树造林和生态治理中尝到了甜头，生态文明观念也在逐步树立起来。

1999 年开始在四川、陕西、甘肃三个省份试点实施的退耕还林工程，至 2002 年全面实施，截至 2018 年，退耕还林（草）近 2 亿亩，匹配荒山造林和封山育林 3 亿亩，总投资已经达 5000 亿元，推进了全国 1 亿多农村人口解决温饱问题，在维护国土生态安全、推动农业产业结构调整、增加农民收入、拉动国内需求、应对全球气候变化等诸多方面发挥了重大作用。仅从 2000 年到 2012 年，工程区农民的人均纯收入就由 1945 元增加到了 5693 元，远远高于 2018 年度扶贫标准——人均纯

---

① 《习近平关于全面建成小康社会论述摘编》，中央文献出版社 2016 年版，第 171 页。
② 《习近平谈治国理政》第二卷，外文出版社 2017 年版，第 209 页。

收入 3400 元。①

森林城市，让生活更美好

2018 年 7 月 6 日，国家林草局在贵阳发布《全国森林城市发展规划（2018—2025 年）》，按照规划，到 2020 年，我国将建成 200 个国家森林城市，到 2025 年建成 300 个国家森林城市。

规划提出，努力构建森林城市优化发展区、森林城市协同发展区、森林城市培育发展区、森林城市示范发展区；"丝绸之路经济带"森林城市防护带、"长江经济带"森林城市支撑带、"沿海经济带"森林城市承载带；京津冀、长三角、珠三角、长株潭、中原、关中—天水 6 个国家级森林城市群的"四区、三带、六群"的森林城市发展格局。

2004 年，国家林业局启动了创建国家森林城市活动，并在当年举办了首届中国城市森林论坛，命名贵阳市为中国首个国家森林城市，由此拉开了中国森林城市建设的序幕。截至目前，全国已有 200 多个城市开展了森林城市创建活动，其中 138 个城市被授予国家森林城市称号，有 20 多个省份开展了森林城市群建设，有 18 个省份开展了省级森林城市创建活动，建成了一大批森林县城、森林小镇和森林村庄示范。

改革开放吹响了中华民族富起来强起来的伟大号角，也拉开了我国城镇化、城市化的时代大幕。2017 年末，我国常住人口城镇化率为 58.52%，比 1978 年末上升 40.6 个百分点；我国户籍人口城镇化率达 42.35%，与常住人口城镇化率的差距缩小到 16.17 个百分点。通过实施一大批重大生态工程，我国广大城镇的绿化资源总量快速增长，绿色生态版图大幅拓展，城市生态格局发生深刻变化。

2018 年 10 月 15 日，随着广东省深圳市、中山市被授予"国家森

---

① 数据来源：国家林业和草原局。

林城市"称号，连同此前的广州、惠州、东莞、珠海、肇庆、佛山、江门市，珠三角9座城市全覆盖，形成了珠三角国家森林城市群的雏形。

站在深圳的莲花山顶举目四望，23条花景大道、79个花漾街区、151个街心花园……人们很难划清森林公园与城市中心商务区的分界。2015年，深圳市启动了国家森林城市创建工作。截至目前，深圳森林覆盖率达40.68%，建成区绿化覆盖率45.1%，人均公园绿地面积15.95平方米。

据统计，2013年至2018年间，珠三角地区新增森林公园135个、街心公园442个，公园绿地500米服务半径覆盖到城市的每个角落；5年来，珠三角地区完成碳汇工程造林120.7万亩，建设生态景观林带2798.7公里，森林覆盖率提升到51.8%；目前珠三角建成森林公园482个，普遍实行免费开放；建成湿地公园113个、乡村小型湿地1000个，重现人水和谐、香飘四季的岭南水乡风貌。①

"出门300米可见公共绿地，500米可见公园。"这是北京平谷区市民对城市环境的直观感受，也是平谷区创建国家森林城市的成效。除了公园，平谷区还沿沟河、泃河和小辛寨石河，建设了25.35公里京东休闲绿道，同时配套景观绿化带10万平方米；在京平高速路、密三路、新平蓟路打造"紫色、桃花、金色"三条景观大道，全区道路林木绿化率达100%。调查结果显示，平谷区公众对国家深林城市创建工作的满意度为92.2%，支持率为100%。

需要指出的是，森林城市的创建并不是只是植绿，而是一个包含了水体污染治理、大气污染治理、垃圾处理在内的系统性生态治理工程，背后涉及企业关停并转、产业结构调整、城市规划布局、文化遗产保护等一系列课题。百姓从森林城市中获得的不只是优美的环境，还有科学化布局、可持续发展的生态红利。

---

① 数据由广东省林业局提供。

江苏徐州、山东枣庄、辽宁本溪等许多老工业城市，通过开展国家森林城市建设，实现了从"黑"到"绿"的华丽转身，促进了发展方式的转型。

江西省吉安市在森林城市创建工作时，提出了"文化庐陵、山水吉安"的城市定位，将红色文化、书院文化、陶瓷文化等融入绿化规划和建设中，完成了多个森林生态文化主题园建设，实现红、古、绿交融交汇，传承和延续了吉安厚重的人文记忆。

千淘万漉虽辛苦，吹尽狂沙始到金。改革开放40年，正是在千淘万漉的生态治理实践中，在吹尽狂沙的植绿造林经历中，人们真切体会到了生态环境的宝贵，也收获了点绿成金、诗意栖居的生态红利。成就来之不易，理念弥足珍贵。当顺应自然、尊重规律、永续发展的理念深入人心，美丽中国的建设也就计日可期。

造林大事记

1978 年

4 月 24 日，国家林业总局成立。

11 月 25 日，国务院批转国家林业总局《关于在"三北"（东北、华北、西北）风沙危害、水土流失的重点地区建设大型防护林的规划》。

1979 年

全国人大常委会决定每年 3 月 12 日为植树节。

2 月 23 日，第五届全国人大常委会决定撤销农林部，分设农业部和林业部。

1980 年

3 月 5 日，中共中央、国务院发出《关于大力开展植树造林的指示》。

1981 年

12 月 13 日，第五届全国人大第四次会议通过《关于开展全民义务植树运动的决议》。

1982 年

7 月 30 日，林业部发出《关于国营林场、苗圃进行全国整顿的通知》。

10 月 20 日，中共中央、国务院发出《关于制止乱砍滥伐森林的紧急指示》。

1987 年

8 月 15 日，国务院发出《关于坚决制止乱捕滥猎和倒买走私珍稀野生动物的紧急通知》。

1988 年

1 月 16 日，国务院发布《森林防火条例》。

1989 年

3 月 1 日，《中华人民共和国野生动物保护法》自 1989 年 3 月 1 日起施行。

1990 年

9 月 1 日，国务院批复《1989—2000 年全国造林绿化规划纲要》。

1991 年

12 月 16 日，林业部发布《长江中上游防护林体系建设工程管理办法》。

1992 年

3 月 1 日，经国务院批准、林业部发布实施《中华人民共和国陆生野生动物保护实施条例》。

7 月 31 日，我国正式加入《关于特别是作为水禽栖息地的国际重要湿地公约》组织。

1993 年

8 月 28 日，林业部宣布我国又一项大型重点林业建设工程——太行山绿化工程。

11 月 15 日，我国第一个国家木材和林产品交易市场——北京（国家）木材和林产品交易市场成立。

1994 年

1 月 26 日，林业部发出实行使用林地许可证制度的通知。

8 月 18 日，林业部宣布正式成立森林国际旅行社。

1996 年

7 月 2 日，我国林机系统第一家上市股份公司——常林股份有限公司成立。

1997 年

2 月 16 日，我国正式加入联合国防治荒漠化公约。

1998 年

3 月 10 日，林业部改为国务院直属机构国家林业局。

1999 年

4 月 23 日，我国正式加入《国际植物新品种保护公约》，并成为国际植物新品种保护联盟（UPOV）成员国。

2002 年

4 月 11 日，国务院印发《国务院关于进一步完善退耕还林政策措施的若干意见》。

2005 年

8 月 27 日，国务院批准《全国湿地保护工程实施规划（2005—2010 年)》。

2006 年

8月9日，国务院印发《关于完善退耕还林政策的通知》。

2008 年

6月8日，《中共中央国务院关于全面推进集体林权制度改革的意见》颁发。

2012 年

4月12日，全国林地林权管理工作会议在北京召开，这是新中国成立以来林业系统第一次专门就林地林权管理工作召开全国性会议。

2014 年

4月1日起，我国在黑龙江重点国有林区50个林业局正式启动全面停止商业性采伐试点。

2016 年

1月26日，习近平同志主持召开中央财经领导小组第十二次会议，研究供给侧结构性改革方案、长江经济带发展规划、森林生态安全工作。

2018 年

3月，根据第十三届全国人民代表大会第一次会议批准的国务院机构改革方案，将国家林业局的森林、湿地等资源调查和确权登记管理职责整合，组建中华人民共和国自然资源部；将国家林业局的森林防火相关职责整合，组建中华人民共和国应急管理部；将中华人民共和国国家林业局的职责整合，组建国家林业和草原局，由中华人民共和国自然资源部管理；不再保留国家林业局。

城市规划：迈向高端化精细化智能化

刘　亮

从北京举办奥运会到上海举办世博会；从 G20 杭州峰会到厦门金砖国家领导人会晤，再到青岛上合组织峰会；从广州举办亚运会到深圳举办世界大运会，再到南京举办青奥会……越来越多的中国城市通过举办世界级盛会和大型外交活动，向全世界展示中国城市的面貌。

中华人民共和国成立后，尤其是改革开放之后，是我国有史以来城市化最快，也是我国城市建设成就最大，更是我国城市规划水平不断提升的重要阶段。

从"匠人营国"到"大智移云"

我国有着悠久的城市规划历史，自古籍《周礼》中就记载着"匠人营国，方九里，旁三门。国中九经九纬，经涂九轨，左祖右社，面朝后市，市朝一夫"的城市规制。我国古都城市中，唐代的长安、洛阳，北宋的汴梁、南宋的临安、元朝的大都，都是当时举世闻名的城市，其城市规划的宏大壮观、精谨细致至今为人津津乐道，也影响了周边诸国的城市建设风格。

自晚清末期开埠以来，我国的城市开始受到欧美风格的影响，并随着城市商业化程度的提升，逐步进入近代化阶段。上海、广州、天津、武汉等沿海沿江的口岸城市或城市中的一部分区域，有了最早的近代城市规划。

中华人民共和国成立后，我国的城市规划开始有了统一的专门的管辖部门——国家计委城市建设计划局。不过，当时系统进行城市总体建设规划的城市只有北京、上海等少数大城市。

尤其是改革开放以来，我国经历了世界历史上规模最大、速度最快的城市化进程。1978年至2017年，城镇常住人口从1.7亿人增加到8.1亿人，按照人口比例，目前已经有超过57%的人生活在城市，到2020年将达到60%。一大批新型城市崛起，京津冀、长三角、珠三角等大城市群成为带动我国经济快速发展的增长极，成为我国参与国外经济合作与竞争的主要平台。①

在城市化的过程中，城市规划的重要性日益彰显，各个城市都开始进行城市规划，城市规划的科学性、专业化程度也在不断提升。如今，在"大智移云"（大数据、智能化、移动互联网、云计算）等先进技术的支撑下，城市规划更是进入了高端化、精细化、智能化时代。根据2016年2月发布的《中共中央国务院关于进一步加强城市规划建设管理工作的若干意见》，到2020年，建成一批特色鲜明的智慧城市。通过智慧城市建设和其他一系列城市规划建设管理措施，不断提高城市运行效率。

智慧城市的模样：万物互联

在改革开放之初，城市给人的印象是粗线条的，高楼大厦、马路公园、高校医院、汽车火车、电灯电话等等。

改革开放以来，城市的层次更加细腻丰富，更加便利的出行，更加宜居的环境，更加完备的就业创业条件，更加快捷的通信，更加高效的

---

① 根据住房和城乡建设部公布名单汇总。

应急管理，更加优质的公共服务等等，逐步发展到了智慧城市的阶段。

智慧城市的定义比较宽泛，一般而言是指充分运用物联网、云计算、大数据、空间地理信息集成等新一代信息技术，构建城市规划、建设、管理和服务的智慧化体系，实现城市化与信息化高度融合的更高级城市形态。

雄安新区是我国规划建设标准最高的城市，被定位为"千年大计、国家大事"。从雄安新区的规划设计中，我们可以一窥智慧城市的轮廓。

无处不在的感知设施系统。按照规划，雄安新区的建筑、道路、桥梁、停车场、信号灯乃至灯杆、井盖、垃圾桶都是智能的，它们有自己的"身份证"，构建起一个时时处处能够感知、万物互联、信息相通的智能城市体系，出现问题后能够在最短的时间内得到响应处理。目前，雄安新区已经在造林工程中实现了每一棵树都有唯一的编码。

雄安新区将全域部署多功能信息杆柱，具有照明路灯、Wi-Fi 设施和 5G 基站、视频监控、充电桩、环境监测、应急信息发布屏、紧急事件呼叫按钮等多种用途，人们可以上网、取电、紧急求助。政府部门和公共机构可以依此发布信息。

无线网络的全覆盖。雄安新区的地上地下全通达、多网协同的泛在无线网络将全面构建。5G 网络将在雄安新区全面覆盖，实现千兆宽带入户，万兆宽带入企。

当前，多数城市的治理决策缺乏足够准确的数据支撑，导致城市问题频现，如城市规划不合理，学校医院分布不均衡，产业布局不科学，交通信号灯设计不科学，生态环境空间预留不足等。雄安新区可通过大数据的汇聚、分析，了解城市运行状态和问题，预测未来的趋势，超前布局，及时引导。

便捷高效的交通路网。根据规划纲要，新区将构建实时感知、瞬时响应、智能决策的新型智能交通体系框架，建设道路网、信息网和能源网"三网合一"的智能交通基础设施。同时，构建全息泛在互联的感知系统，重点加强环境信息、路面状况信息、交通流信息等感知设施装备的布设，实现道路网中各要素的全息感知，并依托全覆盖的通信网络实现泛在互联。

智能是创新城市交通的技术支撑。未来，在雄安新区，车、路都将实现智能化，车辆超视距感知、全程绿波通行、多车协同编队、智能泊车引导、公共智能驾驶服务、无人化物流配送将走进人们的生活。

如果说雄安新区的城市规划是对一个开发程度较低的区域进行的顶层设计，规划设计最为全面和先进，那么对于已经发展起来的城市而言，城市规划的智能化就更多体现为局部领域的突破，这些局部领域的突破实现了一个个单项智慧城市元素的落地。

在广东珠海，全市的红绿灯安装了全球最先进的数据分析智能控制系统，先在每个路口埋设好地感线圈，每条车道每过一辆车，线圈都可以感应到，并且自动计数。当绿灯亮起时，线圈如果感应到这条道上已经没有车了，但绿灯还有 5 秒才进入倒计时，那么线圈会自动发送信号给红绿灯，红绿灯收到信号后，绿灯就会把那 5 秒截掉，自动进入倒计时状态，减少绿灯空放时间，如果感应到车多则延长通行时间。

在江苏无锡，窄带物联网实现全市覆盖，实现了智能停车、智能抄表等示范应用。以智能停车为例，在停车场内，每个停车位中间填埋一个高度约 10 厘米的地磁车辆检测仪，与停车场的整个监控系统无线连接，实时反馈停车情况。同时，车主可以通过智能操控系统或者与其相连的客户端、微信公众号等平台了解车位停放情况，预设停车位置和时间。

在宁夏银川，依托智慧城市建设发展出"互联网＋医疗"模式，建成国内首家全国专家远程会诊中心，将 1.6 万名全国知名专家通过互联网引进银川，市民在当地就可以享受到知名专家的医疗服务。

诸多城市各自在局部领域智能化规划建设的探索，为后发城市同工了宝贵借鉴，也带动了相关产业企业的发展，推动了我国城市规划的智能化水平的整体提升。

规划标准的转向："人的尺度"

智能城市规划建设的一个核心理念就是把城市还给人，以人的"尺度"而不是车的尺度、房子的尺度、物的尺度来设计城市。

《中共中央国务院关于进一步加强城市规划建设管理工作的若干意见》提出，我国新建住宅要推广街区制，原则上不再建设封闭住宅小区。已建成的住宅小区和单位大院要逐步打开，实现内部道路公共化，解决交通路网布局问题，促进土地节约利用。要树立"窄马路、密路网"的城市道路布局理念，建设快速路、主次干路和支路级配合理的道路网系统。与此同时，要强化绿地服务居民日常活动的功能。城市公园原则上要免费向居民开放。

开放街区的设想，其核心并不在于围墙是否开放，而是反对我国现有常见的"大街区"模式，鼓励尺度适宜、道路细密的"小街区"模式。街区和公园的开放，都体现了城市规划的以人为本。

深圳前海是河北雄安之外我国高标准规划建设的又一新城，前海近三分之一的土地用来规划建设公园和绿地，要求建设楼宇推开窗能看到水面景观，走出大门100米能进公园，每一栋楼都要进行立体绿化，而且每个社区都是开放性的，要持续地把整个前海区域变成一个大花园。

前海的地面以下开发建设深度达50米，地下建设总规模800万平方米，规划建设轨道交通、地下车行道、地下人行道、综合管廊、排水深隧、雨污水泵站、公交首末站、集中供冷站、地下车库、地下商场。这就实现了街坊式整体开发，整个前海全部实现人车分流，可以从地下行车道直接开到公寓楼下。轻轨地铁公交，都在地下。这样就解放出地上所有的空间供人们行走、休闲和娱乐。

目前，前海区域集中供冷项目首个开工建设的冷站——二单元冷站已经运营。该冷站总建筑面积 1.33 万平方米，采用冰蓄冷技术，供冷范围覆盖桂湾片区 20 余栋建筑，服务建筑面积可达 213 万平方米。

每个用户的建筑物里将不再设空调机房，前海深港合作区规划建设 10 个冷站、90 公里市政供冷管网，供冷覆盖桂湾、前湾和妈湾 3 个片区，总供冷建筑面积达到 1900 万平方米，服务建筑类型包括写字楼、商业、酒店、地铁枢纽站点等公共建筑，可实现全年 365 天、全天 24 小时不间断供冷，等于整个前海实现了社区化的供冷。

城市绿道也是近年来各个城市规划向"人的尺度"转变的一个亮点。

2016 年，住房和城乡建设部印发了绿道规划设计导则。导则中明确提出绿道建设的人性化原则：绿道规划设计应以满足市民休闲健身为重点，注重人性化设计，完善绿道服务设施，保证城乡居民安全、便捷、舒适地使用。

绿道被明确定义为以自然要素为依托和构成基础，串联城乡游憩、休闲等绿色开敞空间，以游憩、健身为主，兼具市民绿色出行和生物迁徙等功能的廊道。城市道路中的非干线公路、非主干路也要拿出部分面积被借用来连接不同路段的绿道。

城乡绿道均需设置驿站，根据配套设施的完备程度，驿站分为三个等级，所有驿站都必须设有活动场地、休憩点、安全防护措施、无障碍设施、垃圾箱，除城市的三级驿站外，城乡各级驿站都设有洗手间。城镇型的绿道厕所设置间隔也被明确为 500 至 1000 米，垃圾箱间明确为 100 至 200 米。

目前，全国 31 个省（自治区、直辖市）均已开展绿道规划和建设工作。

截至 2017 年，北京市建成了健康绿道 710 公里，全市注册公园达到 403 个，公园绿地 500 米服务半径覆盖率达到 77%。

广东省更是建成了连接不同城市间的珠三角区域绿道系统，全长

8909 公里，全省已建成绿道逾 12000 公里。

四川成都已经开始建设长度近 17000 公里的市域绿道，目前的设计长度居全国城市之首。

城市规划的智能化、人性化、柔性化，正带给城市居民更优质的生活体验，更浓厚的主人翁意识，也强化了对城市的归属感。

截至 2018 年初，我国 95% 的副省级城市、83% 的地级城市，总计超过 500 个城市均在规划或正在建设智慧城市，而全球已启动或在建的智慧城市数量就是 1000 多个。①

城市规划的演进史，体现着我国经济社会发展的轨迹，工业化与信息化的深度融合，工业互联网等新兴业态的兴起，物流配送体系的不断完善，支撑着城市规划智能化、系统化、精细化。城市规划中越来越浓重的人性化色彩，则折射出我国电子商务、家政服务、养老服务、社区服务、工业设计、文化创意等服务业态的蓬勃发展。

城市，让生活更美好。改革开放之初，深圳、厦门、珠海、汕头 4 个经济特区城市、14 个沿海开放城市，担负起开山探路的重担，改革开放的进程中，更多的城市成为各种改革的试点，为全国探索可复制可推广的经验。进入新时代，城市将在全面深化改革和进一步扩大开放中扮演更加重要的角色，城市规划也必将迈向更高水平。

① 根据住房和城乡建设部公布名单汇总。

40 年城市规划大事记

1978 年

3 月 6—8 日，国务院在北京召开第三次全国城市工作会议，会议制定了《关于加强城市建设工作的意见》。

1979 年

10 月 29 日，国务院批准兰州市和呼和浩特市的总体规划，这是自第一个五年计划以来，国家重新审批城市规划的第一批城市，是城市规划工作重新步入正轨的重要标志。

1980 年

12 月 16 日，国家建委颁发《城市规划编制审批暂行办法》和《城市规划定额指标暂行规定》。

1981 年

5 月 29 日，国务院批准长沙市城市总体规划。

6 月 13 日，国务院批准沈阳市城市总体规划。

1982 年

2 月 8 日，国务院批转《国家建委、国家城建总局、国家文物局关于保护我国历史文化名城的请示的通知》，公布北京等 24 座城市为我国第一批历史文化名城，标志着我国历史文化名城保护制度的创立。

12 月 22 日，国务院批准建立上海经济区。

1983 年

4 月 9 日，国务院批准西宁市城市总体规划。

4 月 13 日，国务院批准拉萨市城市总体规划。

5 月 9 日，国务院批准太原市城市总体规划。

5 月 16 日，国务院批准杭州市城市总体规划。

6 月 6 日，国务院批准重庆市城市总体规划。

6 月 10 日，国务院批准济南、石家庄两市的城市总体规划。

7 月 14 日，中共中央、国务院原则批准《北京城市建设总体规划》并作重要批复。

10 月 24 日，国务院批准银川、抚顺两市城市总体规划。

11 月 8 日，国务院批准南京、西安两市城市总体规划。

1984 年

1 月 5 日，国务院颁布《城市规划条例》，这是我国城市建设和城市规划方面的第一部基本法规。

1 月 5 日，国务院批准青岛市城市总体规划。

1 月 10 日，国务院批准昆明市城市总体规划。

1 月 11 日，国务院批准郑州、成都两市城市总体规划。

9 月 18 日，国务院批准福州、广州两市城市总体规划。

1985 年

6 月 4 日，国务院批准南昌市城市总体规划。

7 月 1 日，首次全国城镇房屋普查登记工作全面展开。

10 月 16 日，国务院批准乌鲁木齐市城市总体规划。

10 月 23 日，国务院批准重桂林市城市总体规划。

1986 年

6 月 13 日，国务院批准苏州市城市总体规划。

6 月 21 日，城乡建设环境保护部颁布《城市容貌标准（CJ-16-86)》（1987 年 1 月 1 日实施）。这是我国第一部关于城市市容管理的标准依据，标志着城市市容管理走向规范化。

8 月 4 日，国务院批准天津市总体规划。

11 月 10 日，国务院批准宁波市和贵阳市城市总体规划。

11 月 16 日—12 月 10 日，全国城市建设成就展览会在北京展览馆举行。这次展览会是中华人民共和国成立以来，特别是党的十一届三中全会以来我国城市建设成就的一次大检阅。

11 月 25—30 日，国务院在北京召开全国城市建设工作会议。这是继 1978 年第三次全国城市工作会议以来，国务院召开的专门研究城市建设问题的又一次重要会议。

12 月 2 日，第一次全国城镇房屋普查结果公布。

12 月 20 日，国务院批准哈尔滨市城市总体规划。

12 月 31 日，截至 1986 年底，以 2000 年为期的城市总体规划在全国范围内已基本完成，以此为标志，我国的城市规划工作进入了一个新的历史发展阶段。

1987 年

1 月 1 日，《中华人民共和国土地管理法》施行。

9 月 8 日，深圳市以协商议标形式出让有偿使用的第一块国有土地，这是中华人民共和国成立后的首次土地拍卖活动。

1989 年

12 月 26 日，《中华人民共和国城市规划法》颁布（1990 年 4 月 1 日起施行）。这是我国第一部关于城市规划的法律。

1991 年

4 月 14 日，国务院发布了《城市房屋拆迁管理条例》。《条例》从 1991 年 6 月 1 日起正式施行。

1992 年

6 月 28 日，国务院颁布《城市市容和环境卫生管理条例》（国务院第 101 号令）。这是第一部关于城市市容和环境卫生管理的行政法规。

10 月 31 日，深圳被联合国授予人居奖。

1993 年

10 月 6—9 日，由建设部和国家文物局联合召开的全国第一次历史文化名城保护工作会议在湖北省襄樊市举行。

1994 年

12 月 12 日，上海第一条地铁全线建成开通。

1997 年

12 月 1 日，我国第一部《城市地下空间开发利用管理规定》正式实施。

12 月 3 日，平遥古城和丽江古城列入世界文化遗产名录。

2000 年

6 月 13 日，中共中央、国务院出台了《关于促进小城镇健康发展的若干意见》。

2006 年

7 月 26—28 日，第一届全国城市与工程安全减灾研讨会在唐山市召开。

2007 年

10 月 28 日，第十届全国人大常委会第三十次会议通过《中华人民共和国城乡规划法》，自 2008 年 1 月 1 日起施行，《中华人民共和国城市规划法》同时废止。

12 月 8 日，国内首个城市地下交通环廊——北京海淀区中关村西区地下环廊开通。

2013 年

1 月 29 日，住建部公布首批国家智慧城市试点名单。

8 月 5 日，住建部公布第二批国家智慧城市试点名单，确定了 103 个城市（区、县、镇）试点。

2014 年

3 月 17 日，中共中央、国务院发布《国家新型城镇化规划（2014—2020 年)》。

8 月 26 日，国家发改委、国土资源部、环保部、住建部联合下发《关于开展市县"多规合一"试点工作的通知》，确定了 28 个"多规合一"市县试点单位，其中地级市 6 个，县级市（县）22 个。

10 月 22 日，住房城乡建设部印发《海绵城市建设技术指南——低影响开发雨水系统构建（试行)》。

2015 年

3 月 26 日，国务院以国函〔2015〕62 号批复《长江中游城市群发展规划》。

10 月 11 日，国务院办公厅以国办发〔2015〕75 号发布《关于推进海绵城市建设的指导意见》。

11月9日，住建部发布行业标准《城市道路照明设计标准》。

12月7日，住建部发布《关于加强城市电动汽车充电设施规划建设工作的通知》。

12月9日，国家发展改革委与住房和城乡建设部联合发布了《关于城市地下综合管廊实行有偿使用制度的指导意见》。

12月20日，中央城市工作会议在北京召开，这是继1978年后首次召开最高规格的城市会议。习近平同志在会上发表重要讲话，分析了城市发展面临的形势，提出了做好城市工作的具体部署。

2016年

2月23日，国务院批复《哈长城市群发展规划》。

4月12日，国务院批复《关于成渝城市群发展规划》。

5月22日，国务院批复《关于长江三角洲城市群发展规划》。

2017年

3月14日，住房城乡建设部印发《关于将北京等20个城市列为第一批城市设计试点城市的通知》。

7月27日，住房和城乡建设部印发《关于将上海等37个城市列为第二批城市设计试点城市的通知》。

9月27日，中共中央国务院批复《北京城市总体规划（2016年—2035年）》批复提出，到2020年，常住人口规模控制在2300万人以内；加强老城和"三山五园"整体保护，老城不能再拆，通过腾退、恢复性修建，应保尽保；打造以首都为核心的世界级城市群。

2018年

1月4日，《上海市城市总体规划（2017—2035年）》正式公布。

1月6日，国务院发布《关于同意撤销深圳经济特区管理线的批复》。

1月9日，国务院批复关中平原城市群发展规划。

2月12日，中国政府网发布《国务院关于呼包鄂榆城市群发展规划的批复》。

3月1日，国务院发布《关于兰州—西宁城市群发展规划的批复》。

4月20日，新华社发布中共中央国务院关于对《河北雄安新区规划纲要》的批复。

智慧城市发展大事记

2011 年　江苏省开始智慧城市建设，简称"智慧江苏"。

2012 年　国家旅游局公布北京、成都等 18 个国家智慧旅游试点城市。

2012 年　科技部下发《关于开展智慧城市试点示范工作的通知》。

2012 年　住建部要求有条件的地方积极申报试点。

2013 年　国务院发布《关于促进信息消费扩大内需的若干意见》，正式提出要在有条件的城市开展智慧城市试点示范建设。

2013 年　国家测绘地理信息局出台《智慧城市时空信息云平台建设试点技术指南》，包括太原、广州在内的 9 个城市列入时空信息云平台建设的全国试点工作。

2013 年　工业和信息化部选定 15 个城市与欧盟合作，启动中欧绿色智慧城市合作项目。

2014 年　《国家新型城镇化规划》将智慧城市作为城市发展的全新模式，要求大力推进智慧城市建设。

2014 年　交通部发布《关于加快推进城市公共交通智能化应用示范工程建设有关事项的通知》，确定在太原、石家庄等 26 个城市开展公共交通智能化应用示范工程建设。

2014 年　《关于促进智慧城市健康发展的指导意见》指出：到 2020 年，建设一批特色鲜明的智慧城市，在保障和改善民生服务、创新社会管理、维护网络安全等方面取得显著成效。

2014 年　《国家新型城镇化规划（2014—2020 年）》发布。其中专门拿出一章来规划智慧城市，标志着智慧城市形式上升为国家级战略规划，成为新型城镇化的必由之路。

2015 年　智慧城市评价模型以及基础评价标准体系的国家标准终

于出台，共包括六大标准体系。

2016 年 《关于进一步加强城市规划建设管理工作的若干意见》指出，到 2020 年，建成一批特色鲜明的智慧城市。

2016 年 中国住房和城乡建设部因注重推动智能、绿色、低碳、人文的新型城镇化发展获第六届世界智慧城市大会荣誉奖。

2016 年 中国智慧小镇崛起，为智慧城市探路。智慧小镇有丽江雪山艺术小镇、杭州丁兰智慧小镇、武汉智慧小镇、川南能源互联网智慧小镇等。

2017 年 上海初步建成国内最大人口健康大数据中心，汇聚了 300 多亿笔临床诊疗数据，包括 10 亿份门诊病历和 1000 多万份住院病历。

2017 年 《新型智慧城市发展报告 2017》发布。

2017 年，城市数据大脑入选全国首批人工智能开放创新平台，运用云计算、大数据和人工智能等前沿技术，为全国乃至全球人工智能深度参与城市管理探索经验。

2018 年 《2017—2018 中国新型智慧城市建设与发展综合影响力评估结果通报》公布了 2017—2018 年度中国有影响力智慧城市，其中包括北京、上海、广州、深圳、杭州、重庆、武汉、成都、福州、长沙。

智慧物流　让快递流转更加精准与快捷

王小月

从古代到近现代，物流的发展不断被赋予时代的烙印，在古代就早有"急传"这一名词，"步递"用于短途，"马递"用于长途加急件①。后隋唐大运河开凿，出现水驿，陆驿，水陆兼驿的形式。

很明显，快递的发展也始终与社会生活的变迁息息相关，与经济发展相辅相成。

"物流"一词进入中国是1978年②，改革开放后，随着经济的快速发展，物流业由过去的末端行业逐渐发展为先导行业。如顺丰、申通、韵达等新兴民营物流企业也在20世纪90年代后开始如雨后春笋般涌现。

如今，线上线下的打通，快递物流的提速，已经摆脱了"书信很远，车马很慢"的尴尬，科技赋能的快递业又给人们的生活带来什么样的改变？

智慧物流让包裹转得更快

对于大多数人来说，接触快递物流还是书信往来，直到数十年前电子商务的崛起，网上购物逐渐进入寻常百姓家。

① 宋代沈括所著《梦溪笔谈》记载："驿传旧有三等，曰：步递、马递、急脚送。"
② 1978年11月，原国家物资总局组织原国家计委、财政部等部门考察日本物流，并写出报告。这是国内第一次引入"物流"概念。

回看 20 世纪初，移动支付尚未普及，智能手机也属凤毛麟角，大多人对于网购还不了解，即使购买也是价格并不高的小件物品。

近年来，随着互联网的发展，覆盖衣食住行的各个领域都可以通过网上交易实现。阿里巴巴、京东、苏宁等电商巨头开始纷纷造节，"618""双 11""双 12"等购物狂欢节也纷至沓来。

也正因为此，物流快递产业规模爆炸式增长。据前瞻产业研究院发布数据显示，2014 年我国快递业务量完成 139.6 亿件，最高日处理量超过 1 亿件，业务量首次超越美国，成为全球第一快递大国。当年快递服务企业业务收入达到 2045.4 亿元，同比增长 41.9%。

据中国快递协会数据显示，2015 年我国快递业务量完成 206 亿件，同比增长 48%，最高日处理量超过 1.6 亿件，保持了良好的增长趋势。2006—2015 年期间，我国快递业务量复合增速达 40%，业务量从 2006 年的 10 亿件增长到 2015 年的 206.7 亿件，增长近 20 倍，并在 2014 年首度超过美国，规模持续保持全球第一。

而在 2018 年 12 月底，根据国家邮政局邮政业安全监管信息系统实时监测，一件从陕西武功寄往北京的快递包裹，幸运地成为 2018 年第 500 亿件快件，我国快递年业务量突破 500 亿件。

在今年 1 月 3 日召开的 2019 年全国邮政管理工作会议上，国家邮政局党组书记、局长马军胜介绍，2018 年预计完成邮政业务总量 12300 亿元，同比增长 26%。其中，快递业务量完成 505 亿件，同比增长 25.8%；业务收入完成 6010 亿元，同比增长 21.2%；支撑网上零售额 6.9 万亿元，支撑跨境电子商务贸易超过 3500 亿元。自 2014 年开始，我国快递业务量连续 5 年稳居世界第一，超过美、日、欧等发达经济体总和，邮政业在经济社会发展中的作用不断增强。

我国快递业务量连续 4 年稳居世界第一，对世界增长贡献率超过 50%，成为世界物流业的动力源和稳定器。2017 年全国完成快递投送 401 亿件。目前，快递行业 7 家企业上市，市值接近万亿元。

快递行业的发展与电子商务的崛起是密不可分的，其持续的造血能力也维系着电商行业的运转。

随着快递单量不断增加，整个行业也面临着成长的烦恼。投递效率的改善空间遇到瓶颈，人员、场地规模的增长不可持续，业务量存在周期性剧烈变化，如"双11""618"等一些促销节日会产生海量包裹。

过去十年，中国的电子商务创造了奇迹，由300多万快递小哥、50万分拣工人组成的物流快递行业是创造这个奇迹最为关键的支撑力量。

众所周知，快递分拣是决定包裹派送速度的关键一环，以往采用人工分拣成本高效率低，分拣质量得不到保证。而当仅依靠人力不能满足日益增长的快递数量时，自动化分拣就显得尤为迫切。

中科微至自主研制的物流分拣系统已在中通、顺丰、韵达、申通、唯品会等数十家物流快递、电商企业得以应用，经历了2016年、2017年"双11"的严苛考验，都没有出现"爆仓"现象。

通过走访中通北京分拣中心了解到，中通已经引入中科微至五条自动分拣系统，分为进港线和出港线，除了包裹重量过轻或过重的异常件，大多数包裹都可以通过分拣系统自动分拣。

每个包裹都在传送带上高速运转，工作人员只需将包裹面单朝上放置到自动供包台上，由自动供包台将包裹送上小车，包裹经过固定式条码阅读器扫码后识别出包裹的配送地址，并将地址和小车绑定，由小车将包裹送到相应的下料口，每个下料口都标有相应的地区代码。

伴随着传送带每一圈的转动，每个包裹都有条不紊地流转，自动掉入标有地区代码的编织袋中。

工作人员介绍，"双11"期间包裹量较多，几条分拣线都会24小时不停运转，仅一条分拣系统就可分拣60万乃至70万件包裹。

据了解，中通采用自动分拣的占比已超70%，每年分拣43亿件，设备为中通分拣中心节省人力60%以上。

目前中国快递业有超过 1000 个分拨中心，18 万个网点，摄像头 100 多万个。以往的摄像头只是简单的监控记录功能，摄像头仿佛是后台工作人员的另一双眼睛，2018 年 9 月底，菜鸟开启"物流天眼"计划，让摄像头也学会了思考。

菜鸟网络与中通、圆通、申通、德邦等快递企业一道，正式接入基于物流 IOT 的智能系统，这意味着全国各类物流场站内的百万个摄像头，将从简单的监控回溯设施，升级为智能感知设备，实现对场站的智能管理，用视频云监控系统提升全国快递中转和网点配送效率。

不难想象，识别车位是不是空闲，卸车装车作业是否在正常进行，以及场站内堆积度是不是饱和，通道有没有被堵塞等问题不再需要大量人力进行调节、疏通。

"德邦在今年 5 月率先试用这套系统。"德邦快递营运研发中心高级总监丁俊哲表示，原本需要使用人力现场巡检的工作，现在均由摄像头完成实时识别，第一时间智能推送给总台，由总台调集人员迅速处理。快递场站内快递流转效率可提高 15%，这可以缩短消费者在"双 11"期间等待包裹的时间。

进口商品"马车"换"高铁"

据电子商务研究中心《2018 年（上）中国跨境电商市场数据监测报告》显示，2018 上半年中国跨境进口电商交易规模达 1.03 万亿元，同比增长 19.4%,预计 2018 全年将达到 1.9 万亿元。

不难看出，消费者对进口商品有着极大的热情。以往不少人都吐槽收货太慢，而这也成为制约跨境电商发展的问题。

2018 年 10 月，京东物流宣布将全力搭建全球智能供应链基础网络 (GSSC)，其目标是在全球构建"双 48 小时通路"，即实现中国 48 小时通达全球和在国外也能实现 48 小时到达中国。

京东物流首席执行官 CEO 王振辉表示，目前已逐步将引领全球的时效和服务在印度尼西亚、泰国、马来西亚、美国等国家落地，如已在曼谷开通"211 限时达"服务，当地消费者也可享受到"上午下单，下午送达"。

而菜鸟也宣布与雀巢、奥乐齐、麦德龙、资生堂、蜜丝婷等国际大牌商家达成战略合作协议。在 2018 年"双 11"期间提供全球供应链服务，进口商品将从到仓接货、到港接货变成直接到海外源头接货，全程把控降低商家供应链成本，提高物流效率和消费者体验。

"'双 11'菜鸟将实现全球一张网、智慧大协同，与全球物流合作伙伴一起为商家提供端到端的全链路解决方案，让全球好货能在 72 小时内抵达世界任一角落。"菜鸟国际商家负责人孙蓓蓓如是说。

将供应链延伸至海外原产地，减少中间环节，通过物流专线连接跨境仓，大大减少物流链路，也让包裹转得更快。

物流的大大提速，无疑也为进口商品"添柴加火"。

快递小哥"减负"保证服务质量

据国家邮政局统计，2018 年前三个季度，全国完成快递业务量 347 亿件，日均近 1.3 亿件。这些包裹通过 200 多万名快递员送达消费者。以日均工作 12 小时计算，每位快递员平均 11 分钟就要送出一个包裹。在中东部的各大城市，留给快递员平均送一个包裹的时间甚至不到 5 分钟。

在末端配送环节，快递员如何高效配送也是一个问题，大量包裹需要快递员一个个电话沟通，这也是快递员最为"头疼"的事。

整个行业面临着一个共同的问题，单量剧增，快递员给每一个消费者的服务时间正在减少，这导致服务质量难以得到保证。

在 2018 年 5 月全球智慧物流峰会上提及的菜鸟智能语音助手已经

得以落地，快递员在网点扫描取走包裹时，机器人会自动在后台拨打这些包裹所属的消费者电话，完成"派前电联"，并将消费者反馈的收件方式推送到快递员手持终端，包裹是送上门还是放到自提柜，快递员从网点出门的时候就已经一目了然，省去了——手动拨打电话。

统计显示，以全国 200 万快递员来计算，如果每个快递员用上智能语音助手，一天可以累计节省通话时间 16 万个小时。

2018 年"双 11"期间，有 5 家快递企业正式启用语音助手。但如何给机器人注入灵魂，理解各种方言，还要根据特定区域消费者习惯，做定制化的沟通服务也是需要不断"进化"的过程，"人"与人的沟通从来不是一件简单的事情。

而自 2018 年年初始，在夯实了仓配网络之后，京东一边在做优化物流体系和服务的尝试，一边在不断对外输出物流服务。7 月，为解决网购退货难题，京东开通了时效服务产品"京准取"；9 月，京东物流上线"京东快递"小程序，承接个人寄件快递业务。一直做 B（商家）端业务的京东物流要进入 C（个人客户）端，无疑是与"三通一达"、顺丰抢食"蛋糕"。

除此之外，无人车也在会场等封闭式场所得到大规模应用。2018 年 6 月，"京东无人配送车"开上了北京街头，正式开启了全场景常态的化配送运营，不仅囊括了小区配送、园区配送、快递员接驳等多种应用场景，还通过智慧配送站的多车型、多线路循环配送。

"最后一公里"也是离消费者最近的一公里，如何做好服务，也成为各个企业追逐的热点。

但无论是技术赋能，还是温情服务，随着互联网的发展，快递业已成为风口上的行业，不论是一些头部企业，还是后来者纷纷涌入，对于消费者来说总是"更多选择，更多欢乐"。

绿色包裹如何更好落地

在网上下单后，后台工作人员针对订单进行拣货、打包，为了减少货损，不少商家本着"多多益善"的原则，给商品穿戴上层层"盔甲"，如何给包裹"减负"也是物流行业一直在探索的问题。

2017年6月，京东联合各大企业，发起针对绿色供应链的联合行动——"青流计划"，这是京东物流未来三年内在绿色物流领域最重要的一项战略举措。预计到2020年，京东将减少供应链中一次性包装纸箱使用量100亿个，这相当于2015年全国快递纸箱的使用数量。

菜鸟曾推出绿色循环箱代替传统纸箱，减少封箱胶带的使用，让纸箱能够多次流转，并与合作伙伴、商家在全球启用"绿仓"，这些绿色仓库使用的都是免胶带的快递箱和100%可降解的快递袋；继可循环回收的"共享快递盒"后，苏宁物流零胶纸箱也于2018年12月正式问世……

2018年下半年，为迎接"双11"，菜鸟打造全品类"绿仓"，通过循环箱、原箱发货的模式，实现"零胶带、零填充物、零新增纸箱"。同时启动了全新升级的"回箱计划"，范围拓展到全国百城5000个回收点。

与此同时，京东将启用基于磁悬浮技术原理的智能包装设备，来用于完成快速包裹的打包工作。通过视觉识别、自动抓取、自动匹配包装箱、自动校验等先进技术，提升运营效率。

据京东披露的数据显示，该智能包装机的打包效率高达1000件包裹/小时，较传统的打包作业提升10倍；在包装耗材的使用方面，其一年节约的胶带长度累计达到2500多公里，相当于G7高速路的总里程。

充分发挥科技的力量，减少纸箱、塑料胶带的使用是企业发力的重点。而越来越多的"快递垃圾"，也需要整个社会合力解决，而这也是行业发展过程中治理的一大难点。

消费者的诉求无非是收到包裹的速度可以快一点，更快一点。

物流企业下一步怎么走？

在大数据时代，物流企业成长路径已渐渐明晰，数字化转型升级迫在眉睫，科学技术的发展为企业转型创造了重大机遇。

从菜鸟国家智能物流骨干网，京东智慧供应链，顺丰布局智慧物流等不难看出，无论是电商自建物流还是传统物流企业都在加大科技研发力度，在数据驱动、科技赋能下，智慧物流已是大势所趋。

人工智能　探寻未来生活的模样

吴博峰

在《超体》影片中，女主角斯嘉丽·约翰逊随意挥一挥手，原本异常强大的多名毒贩便被甩在空中，任其宰割。这种不触碰就能控制所有东西运动的特异技能，瞬间将影片科技感拉升至新的高度。甚至我们假象，如果她要开口说话，她所拥有的特异技能属性是否会进一步加持？

正因有着非比寻常的"隔空"移动技能，该影片上映多年后，其中的科幻画面仍然为人津津乐道。

其实，素有现实前奏版的科幻电影在带给人们刺激的同时，更让人们憧憬着随心所欲的生活方式，期待尽快迎接更智能的未来。

人工智能概念近期为何集中爆发

2018 年，人工智能概念不断被强化，让人们开始对未来浮想联翩。

这一年，此前始终处于试水阶段的人工智能突如其来发展迅猛，一时间空气里似乎弥漫着的，全是浓浓的智能化气息，以至于各行各业都感受到了掉队的危险，不得不在短时间内推出种类繁多的人工智能产品，以避免被快速发展的市场所淘汰。

人工智能为何受到如此的关注，短时间内发展为何如此之快？未来，在我们的生活中，人工智能又会带来哪些改变？

人类对于人工智能关注与研究由来已久。

与此前不同的是，今年以来，这一听上去科技感十足的概念，通过资本市场的大肆鼓噪，快速进入了更广阔的公众视野。而随着不断涌现的"人工智能"产品出现，似乎人工智能也已经进入了我们的日常生活。快速出现的"人工智能"产品热潮并没有让消费者手足无措，反而以十分快捷的反应速度接纳了这一概念，接纳了相关产品。

人工智能概念起源于 20 世纪 50 年代。当时，美国一位大学数学教授提出"学习的每个方面或智力的其他特征原则上都可被精确描述出来，并被机器所模仿"，"人工智能（AI）"概念由此诞生。

不过，由于这一技术对于科研水平要求极高，所以当时整体科技水平并不具备让理想变为现实的可能。但说来有趣的是，这一概念首先被影视创作者敏锐地捕捉到了，并且被大量地演绎到科幻故事情节中。当然，或许也正是这些天马行空般的幻想，反过来也刺激了各路科技大咖，在日常生活的各种场景中，寻找着人工智能的结合点。智能家居、自动驾驶、无人货架、智慧物流，种种概念层出不穷，不管现实与未来还有多远，这些概念所描绘的蓝图已经深深植入人们心中，仿佛未来一定也必须向这样一幅远景靠拢。

确实，虽然现实和艺术作品有着很大差距，但科技水平快速迭代真的也让人们与理想靠得越来越近。当下，很多企业正朝着人们期待中的生活方向迈进，甚至在全球范围内成立了一些专门研究 AI 核心技术的公司，这样的现象逐渐在市场蔓延，形成事实上的"全民 AI"，对于人工智能的整体发展带来重大改变。

一些特定场景的特定故事，也在强力刺激着人们对于人工智能的认知，并对未来抱以更多的期待。2016 年，谷歌研究开发的人工智能阿尔法围棋（AlphaGo）以绝对优势战胜世界顶尖围棋选手后，虽然引发了人工智能会不会给人类带来灭顶之灾的忧虑，但更多的人则为人工智能的日渐强大欢欣鼓舞，对未来抱以了更多的期待。

在这样的背景下，有关人工智能生活的讨论进一步升温，有人大胆提出了"智能生活近在眼前"，一时之间，人工智能发展何去何从让很多消费者颇为牵挂。不仅如此，关于人工智能的政策也开始密集出台，对于推动人工智能快速发展，对于提振人工智能产品市场，各类有关人工智能的扶持政策，力度也达到了前所未有的程度。

2015年7月，《关于积极推进"互联网＋"行动的指导意见》明确提出，依托互联网平台提供人工智能公共创新服务，加快人工智能核心技术突破，促进人工智能在智能家居、智能终端、智能汽车、机器人等领域推广应用；2016年5月，《"十三五"国家科技创新规划》中指出，明确提出到2018年国内要形成千亿元级的人工智能市场应用规模；2017年12月，《促进新一代人工智能产业发展三年行动计划（2018—2020年)》详细规划了人工智能在未来三年的重点发展方向和目标……

可以看到，政策扶持力度越来越大，当然，这同样也说明未来市场发展空间也越来越大。或许，正是在政策与市场双重刺激下，才会推动人工智能概念在2018年全盘爆发。

过去几十年间，经过多次市场探索，人们对于人工智能的理解程度不断加深，从起初判断机器是否智能的图灵测试实验，一直进化到了如今更高水平的深度学习。比如说，在众人的期待目光中，人工智能水平不仅在日常生活中，以点滴变化让人们开始与智能生活频繁接触，比如最近几年来，人脸分析系统蔚然成风，目前已开始大规模应用于各种门禁、监控等身份认证信息，尤其是很多国内星级酒店，几乎可以随地看到它的身影，同时，人工智能更是以"多级跳"的方式，使得各种打破人们预期的智能产品不断涌现，在语音识别、人脸分析、学习判断等方面给日常生活带来了质的提升。比如远程遥控，比如我们接触的或者听闻的越来越多的智能驾驶。

这一次人工智能全方位爆发，表面上看是因为风投关注度高所致，似乎具有一定的偶然性。但从更深层次来看，其实具有很强的必然性。

长期以来，人工智能一直面临如何更加"智能"的问题，在更早之前，当时计算机有限的内存和处理速度不足以解决任何实际问题，人工智能得不到硬件技术体系的支持，因此很多庞大数据只能通过人工筛选来解决。在过去很长时间里，因为这个瓶颈问题导致数据库迟迟无法建立。人工智能的寒冬，就这么毫无征兆地降临。

人工智能的发展必须建立在海量大数据、强大的计算能力和机器自我理解、学习算法的基础上。随着近年来大数据处理能力明显改变，人工智能的数据以及有它带来的方法、技术有很大的改变，人工智能向着"可深度学习"的方向发展。例如，人工智能能够做出类似于人脑神经系统的反应，进行学习、分析问题，并就事物发展做出自己的判断。目前，随着更高性能人工智能处理器芯片涌现出来，使得数据处理能力大幅提升，海量数据为人工智能积累有效素材提供帮助，而以上应用使得人工智能信息储存和开发问题取得突破性进展。

得益于互联网技术快速发展，国内信息环境和基础设施出现了大的改变。目前，比如互联网、可穿戴设备、移动技术等新技术形态遍及我们生活中的各个角落。

据统计，人工智能领域投资交易和投资额还在持续增长。

智能应用不仅一点点

人工智能涉及的领域有多少？AI＋零售、教育、汽车……在你生活中的各个方面，它的技术都已被人们深度应用，智能生活的到来，给人们带来最快捷的便利生活。如今，智能生活早已不是简单的一句口号，通过在生活化场景中的应用，逐渐从梦想照进现实，让广大消费者真正了解智能产业给人们生活带来怎样的积极变化。

随着技术水平发展以及生活水平提高，人们对于美好生活的追求与日俱增。如何更好地迎合市场需求，为人们带来更智能、便捷的品质生活，已是当前市场面临的下一个风口。

对于广大消费者而言，以智能音箱、智能家居、智能安防为代表的智能家居细分领域最有代表性。其中，智能音箱的概念最为火爆，这一诞生于2014年的产物不仅可以实现语音播放音乐操作，还能控制接入的智能硬件，甚至可以帮你呈现家里实时画面。悄然之间，智能音箱市场销量和关注度达到历史新高。

智能音箱之所以会成为各大企业发力重点对象，很大一部分原因是其"智能家居入口"的地位。而此地位往往会决定着整个生态系统中其他智能硬件的选择。通过这一方式，率先入局智能音箱就等同于先入为主，为未来可见的家居生态打下了一个夯实的基础。

所谓智能家居，其实就是将家居生活相关的硬件设备进行关联，作为整个家庭信息化的表达方式，已经成为社会信息化发展的重要组成。所以，理论上智能家居并不是某一个物件贴上"智能化"的标签，而是多个智能化家居协同发展。

而现实却是，依靠少数智能化产品打天下，无法形成合力打造真正"智慧生活"的设想，也使市场燃起多时的热度有减弱的趋势。经过市场实际检验，一些企业开始认识到单一模式难以培育长期持续用户黏性的问题，纷纷开始联手建设严格意义上的智能家居协同化发展。

未来，让机器能听会说，能理解会思考，是实现人工智能建设美好世界的基础，也是业内努力的方向。眼下，这一蓬勃发展的产业速度超出了人们想象，并不仅是停留在家居的层面上。还值得一提的是，在AI和智能方面，以语音技术为接口，智能化在教育、医疗、交通等领域成为新的发展着力点。在人们看不见、摸不着的公共领域，智能化设备却发挥着不可或缺的重要作用。

据悉，通过智能语音交互技术对医院临床业务进行流程再造，减轻医生文书压力，提高医生工作效率；利用智能影像识别技术辅助医生阅片，提高放射科医生的工作效率，降低人为因素阅片的漏诊率。现如今，虽然我国整体医疗水平有了大幅提高，但在一些偏远地区、社区医院，仍不可避免地存在医师资源紧张的现象。借助这套人工智能辅助诊疗系统，深度切入医生工作流程，在医生诊断治疗过程中给予人工智能的指导和建议，从而提升医生特别是基层医生的诊疗服务能力。目前，该系统已在全国近百家医院落地应用。在 2018 年年底，这套系统可涵盖肺部 CT、乳腺钼靶在内等千余种疾病诊疗，向不断学习的全科医生目标迈进。

除此之外，提高教育质量与效率提升同样成为人们关心的焦点。

与人工智能辅助诊疗系统有几分相似，智能学科教学系统由大数据、云计算、物联网和移动互联网等新一代信息技术打造而成，曾经一名教师需要两个小时左右批阅的作业量，现在只需要花费 10 分钟即可完成，帮助教师省去了大量时间。

在智能学科教学系统的帮助下，通过大数据精准教学，并可根据学生日常学习情况分析知识点掌握情况，帮助教师了解学生知识点掌握情况。据称，该产品覆盖师生数已达到 8000 万，已被包括中国人民大学附属中学、北师大二附中、北京市八一学校等在内的 1.3 万所学校所应用。

如何保障数据安全？

人工智能所带来的，不只是技术上的进步，还有信息安全方面的严峻挑战。

各种应用在享受互联网时代红利时，也必须更有效地应对信息安全挑战。尤其是当前，以大数据、物联网、人工智能为核心技术的工业革命浪潮已经来临。其中，人工智能则被一致认为是未来可能对人们生活产生较大影响的技术。

现阶段面对不可避免人工智能时代的到来，基于数据驱动技术进步应用发展成为社会非常重要的方式。数据驱动要求我们在数据汇聚的同时，对用户的隐私保护提出了越来越高的要求，全世界范围内都在高度关注。

从人们最早广泛接触的智能手机，到近几年逐渐兴起的智能可穿戴设备，体现出智能设备外延在不断扩大。与此同时，用户的隐私问题也伴随而至，成为时下智能领域一个不可忽视的安全问题。对于多数人而言，在我们享受着智能装备便捷的同时，往往忽略了个人隐私信息的保护。

2017 年，一名黑客在短时间内打破四款共享单车系统的新闻引发了众人广泛关注。这位女士通过平台信息漏洞能够轻松进入他人账户，也可随时查阅用户个人资料、位置等信息。在这些特定人群中，个人隐私犹如公开数据，可以随意获取犹如探囊取物，严肃的安全话题对其宛如儿戏。

传统安全观念认为，只有侵犯了人们的生命和财产安全才是触碰了安全的红线。但随着互联网向看不见的移动互联网进化，现在世界已是一个无边界的网络，现在谈及安全的空间比过去扩大。传统思想也由此越来越不适应整个网络发展的现状，因为"万物"都已成为黑客破解的对象。

其实，随着智能设备的不断渗透，智能设备正在通过庞大的后台支撑系统自己记录用户的基本信息、生活习惯、社交爱好等领域个人隐私信息。如果这些信息无法得到有效保护，泄露给不法分子，无疑会给个人生活带来巨大影响。针对这一话题，如果没有国家法律强制约束，仅靠企业自律以及尊重用户和市场规律，或许不能说服消费者可以放心使用。

试想一下，在未来，不法分子通过病毒攻击你所使用过的硬件设备，获取你的个人信息，正常生活节奏遭到破坏，而作为使用者的你，只能眼睁睁看着这一切的发生，束手无策。

人工智能产业应用越是普及，人们的生活将越能看见它的身影，关于信息安全问题就越容易对使用者乃至整个社会造成一定伤害。放眼未来，信息安全技术发展不能滞后于人工智能发展，从根本上解决人工智能产业发展过程中的信息安全环节。

　　此外，通过技术改进赋予用户选择权同样是保护个人信息的重要手段。为了更好地保护用户隐私，目前科大讯飞率先推出了离线语音识别，通过离线方式，把用户不愿意上传至后台的语音数据传到自己的本机上，避免后顾之忧。当然，如果用户执意在线上传数据也无须过于担心。后台在线数据是工信部颁布的"安全可靠语音云"，依靠这个可靠的"保护伞"，可以极大程度保证用户隐私不外泄，确保用户合法权益不受侵害。

共享经济　风口过后的稳健合规前行

王小月

　　1978 年，"共享经济"这一概念由美国社会学家费尔逊和斯潘思提出，然而直到近几年，受移动互联网技术发展和经济结构转型的影响，共享经济才真正进入大众视野。

　　共享经济一般是指以获得一定报酬为主要目的，基于陌生人且存在物品使用权暂时转移的一种新的经济模式。其本质是整合线下的闲散物品、劳动力、教育医疗资源。也可以理解为，人们公平享有社会资源，各自以不同的方式付出和受益，共同获得经济红利。

　　尽管位处风口上的"共享经济"问题不断，但其对消费生活的影响也日渐深远。

"共享＋"引爆消费市场

　　2015 年以来，共享经济在我国开始了爆发性增长，各类共享平台如雨后春笋般涌现。根据国家信息中心信息化研究部与中国互联网协会共同发布的《中国分享经济发展报告 2017》显示，2015 年中国的共享经济市场规模已经高达 19560 亿元，2016 年快速增长至 34520 亿元，增幅高达 77%。

　　共享经济的蓬勃发展，不仅促进了互联网和经济社会融合发展，也催生了经济活动的新业态新模式。

2017 上半年共享经济成为热门风口，资本纷纷入局，吸金总额达 104.33 亿元。作为共享经济的集中爆发之年，投资者和创业者纷纷奔向这一领域，各种创意不断涌现：共享单车、共享健身房、共享充电宝、共享雨伞、共享健身房等各类共享模式如春笋般破地而出，"共享＋"产品层出不穷。

立足于"解决最后一公里出行"的共享单车带火了共享经济。一时间整个共享经济市场呈现出一派齐头并进的繁荣景象。在资本的助推之下，众多共享经济企业出现在市场上。

而风口来去如风，2018 年以来，从点对点网络金融（P2P）平台接连暴雷、"滴滴"顺风车频频出事，到共享单车少量企业苦苦支撑。不到两年时间，共享经济进入洗牌期。

共享单车在资本抢占市场的惨烈竞争后正经历大规模退潮，现存车辆过剩造成的管理不当令人触目惊心，甚至一定程度上，沦为城市"垃圾"。

而互联网金融行业曾经的引领者，以链接金融需求为目的的网贷平台 2018 年频繁暴雷，多家百亿级交易资金的平台跑路。据网贷之家统计，2018 年上半年 P2P 问题平台多达 296 家，行业陷入停摆状态，7 月更是出现近 3 年首次无新增平台出现的状况。

滴滴出行一家独大，几乎垄断了共享出行市场，2018 年问题频现，甚至出现女乘客乘坐顺风车被害事件。在舆论影响下，无奈下架顺风车业务。

随着市场规模的扩大，弊端也日益显现。

共享单车由暴热到趋于冷静

毫无疑问，共享单车是共享经济的缩影，一度也成为共享经济的代名词。

王庆坨距天津市区 40 余公里，被称为"中国自行车第一镇"，而共享单车的兴起让这个北方小镇一度火了起来。

2013 年 9 月，王庆坨镇被中国自行车协会授予"中国自行车产业基地"的称号，但它的产业历史却可以追溯到改革开放之初。

2016 年下半年，王庆坨成为共享单车的"兵工厂"。2017 年初，不断有企业入局共享单车市场，而这似乎也成就了王庆坨的"光荣与梦想"。

入局的企业纷纷向当地自行车厂家抛来订单，在自行车产业凋敝之时，王庆坨的人们以为迎来了"春天"。

然而不到一年时间，随着资本收缩，政策收紧，行业加速洗牌，产业链生锈……很多自行车厂商还没来得及完成交付，一半左右的企业已经关闭停产或等待通知。

曾经的"兵工厂"恢复了往日的冷清，如此小镇也用这样的经历见证了共享单车"过山车"似的历程。

2017 年 6 月，重庆悟空单车、3Vbike 等小型共享单车公司宣布倒闭；7 月，南京町町单车传出跑路，车还在，老板和用户的押金不见了；8 月，北京小鸣单车、小蓝单车先后传出押金难退的问题；9 月，北京酷骑单车 CEO 高唯伟因押金风波被罢免，酷骑单车也被四川一集团 10 亿元收购；10 月，北京小鹿单车宣布在北京停止运营……

野兽骑行旗下的共享单车小蓝单车一度被公认为"最好骑"的单车，但也成为失败的经典案例。

2017 年 1 月，成立不过三个月的小蓝单车刚拿到 4 亿人民币 A 轮投资，并且率先出海美国旧金山。小蓝单车 CEO 李刚称，小蓝单车目前已累积投放了 15 万辆，累计用户数量 253 万。从市场占有率来看，小蓝单车排名仅次于 ofo 小黄车、摩拜单车。

鼎盛时期的小蓝单车也曾拥有 2000 万注册用户，而 2017 年 6 月起，小蓝单车融资失败导致资金链紧张，早在 9 月底小蓝单车已经出现退押金难的问题，直到 11 月 15 日，运营刚满一年的小蓝单车宣布倒闭。

一度风光无两的小蓝单车为何会走向"末日"？

野兽骑行专注于为骑行者服务，生产高端自行车，而旗下的小蓝单车则延续了这一"传统"。高舒适度的小蓝单车也带来了高成本，甚至带有变速器的变速单车 Bluegogo Pro 成本高达 2000 元以上。可能让李刚没有想到的是，主打的"高端"也是断送了小蓝单车的"元凶"。

小蓝单车定位于最优质的用户体验，但它忽略了共享单车的服务对象并非骑行者，共享单车出现之初就是为了解决消费者"最后一公里"出行的痛点，有车可骑是被摆在首位的。而主打高品质的小蓝单车面临着高投入，成为制约其发展的绊脚石。

摩拜、ofo 等头部企业快速抢占市场，抢夺流量，短时间内占据市场绝对优势地位。而小蓝单车资金短缺、市场份额较小，更看重企业市场占有率的资本市场不会轻易投入资金，没有资本的加持让小蓝单车陷入谷底。

2018 年 1 月初，滴滴和小蓝单车同时发布声明称，由滴滴托管，滴滴 App 为其开放入口，押金可以兑换滴滴单车券和出行券，债务问题由小蓝单车自行承担。

第二梯队的企业们有的选择了下沉到二、三线城市，有的早已悄无声息。

大浪淘沙，回看摩拜、ofo 两大巨头也没做到独善其身。2018 年一度传出两家合并的消息，4 月初，ofo 发布了一份《关于网络不实传言的声明》，否认网上关于 ofo 与摩拜商谈合并传闻。

2018 年 4 月，美团正式宣布收购摩拜，媒体报道称，摩拜以 37 亿美元的总价出售给美团，包括 27 亿美元的实际作价（12 亿美元现金及 15 亿美元股权）和 10 亿美元的债务。

反观 ofo，就没有摩拜那么幸运，经历了屡次传出资金链断裂之后，负面消息不断，裁员、高管离职、退押金期限延长、员工搬离北京总部等等，昔日独角兽形象已然不再。

然而，无论当下的共享单车出现什么状况，也无论共享领域的这些先行者面临了什么样的窘境，要认清的一点是，不管是从家门到车站的"最初一公里"还是由公交车站到单位的"最后一公里"，刚需仍在，市场仍在，而共享的核心需求也就在。

当失败的案例累积出经验，当先行者的试水寻找出方向，下一刻，在街头，会有一辆更新颖的共享单车等候着你我，风里雨里，陪你到底。

行业未来向合规发展

共享单车经历"倒闭潮"后，共享汽车从一路被唱衰，到 2018 年赶上了第一波资本寒冬带来的洗礼。早在 2018 年 5 月，共享汽车企业麻瓜出行宣布，由于公司业务战略调整，麻瓜出行共享汽车将于 5 月 20 日停止服务。紧随其后，2018 年 6 月，作为进驻济南市场较早的共享企业品牌"中冠共享汽车"败走泉城。同时，有多位用户反映，2000 元押金难以退还，客服电话无人接听，涉事企业也早已人去楼空……

2017 年，共享业态层出不穷，抓住传统健身房的痛点，共享健身房主打 7×24 小时，消费者可办理月卡或年卡，没有推销人员再兜售私教课、推销产品。从缴费、选课、预约到进门，使用器械均可以通过 App 自助完成。

但运动器械单一，没有专业人士指导，缺乏严格的规范标准和监管方式。同时，环境卫生也饱受诟病，运动过后不能冲洗也成为一大"痛点"。

一份最新的市场调查称，越来越多具有健身消费能力的人已经从浅层次健身人群转向中、深度健身人群。即使刚入门，他们也会更重视健身房整体的规模与专业度。更加看重健身体验，例如完整的配套设施及服务，社群互动及师资力量。

而对于初级大众健身人群来说，往往还没有形成每天必须运动的需求，由于工作忙碌运动时间不固定，他们偏向于更灵活的健身方式。其中更多的人选择在街头跑步、在家运动这种完全不用收费的运动方法。

也曾有企业被曝出占用公共用地，被强制拆除的新闻，2018 年以来关于共享健身房的消息已是寥寥。用户的忠诚度能保持多久？没有传统健身房大量的"休眠卡"作为流动资金的支撑，运营成本、管理能否达到收支平衡？这些都是摆在共享健身房眼前的问题。

共享充电宝从发展初期商业逻辑的饱受质疑，到资本入场后的高歌猛进，再到尾部企业的纷纷阵亡，从 2017 年到 2018 年，短短一年间便完成了行业的迅速迭代与梳理，由狂热回归冷静。

一方面是行业退潮，另一方面是头部企业盈利的利好消息逐步放出。在倒闭的企业中，部分存活时间仅半年左右，由于资金链断裂、使用频次低回本困难等原因，逐步被市场淘汰。

目前留存下来的企业中，小电、来电、怪兽充电、街电等第一梯队企业在供应链、企业运营、资源获取等关键要素上实力较强。

依托于实体经济、身处人流密集区域的高用户规模产品，可赋予场景模式更多的想象空间。部分企业开始与自助贩卖机实现场景融合，正逐渐向广告业延伸。

当下，智能手机的普及使得人们对于续航能力的要求不断提升，移动电源成为生活必需品。同时，由于共享充电宝是轻资产运营，资本投入相对较少。

近几年，从共享单车到共享汽车，从共享充电宝到共享雨伞等，一系列的共享经济新形态不断涌现，带动了共享经济的快速发展。不一而足，风口过后，凛冬已至，如何在逆境中成长？

平台企业的盈利模式如何定位、要有怎样的社会责任、用户的合法权益如何保护、协同治理体系如何跟得上、如何维护公共数据的安全等。这些新问题，很大程度上影响着共享经济是否能够健康持续发展下去。

2018年5月，国家发展改革委等部门联合印发了《关于做好引导和规范共享经济健康良性发展有关工作的通知》（以下简称《通知》），这是继《关于促进分享经济发展的指导性意见》之后，指导我国共享经济更好更快发展的又一重要政策文件。《通知》指出，为有效应对近期共享经济发展出现的新情况新问题，要构建综合治理机制、推进实施分类治理、压实企业主体责任等。

很明显，从2017年以来，尤其是进入2018年，以网约车、共享单车等为代表的共享经济企业在经营管理上暴露出许多问题，监管措施也在持续完善，共享经济已由过去的"高歌猛进"阶段进入到关键的调整阶段。

可以预见的是，经历快速发展与洗牌期，未来的市场，会向更有序的方向发展。

移动支付　未来这片云该往哪儿飘

王小月

如今，对许多人来说，在便利店、商超或者机场、火车站，乃至街边的煎饼摊都可以拿出手机来进行支付，甚至在很多国家旅游，也一样可以享受移动支付的便利。不得不说，移动支付已经遍及生活的方方面面。

手机＋充电宝，已经成为出门必备拍档。出门可以兜里没钱，但是不能没手机，手机不能没电。

随着智能手机的普及，物联网的发展以及大数据赋能，移动支付来了，手机也变成"电子钱包"式的存在。

移动支付进入千家万户，出门不带现金，用手机动动手指也毫无违和感。

但普通民众似乎很少去追根溯源，移动支付是何时进入我们的生活？

两大"巨头"的发展历程

回看移动支付的发展历史，以十年为单位来度量都会显得过长，甚至把目光放在五年之前，移动支付仍很少出现在公众的视野中。

而谈及移动支付，无论如何是避不开支付宝和微信支付这两大"巨头"的。

或许，以时间顺序来梳理会更直观些。

2003 年，淘宝集市出现，逐渐引领了中国网络购物的潮流。"网购上淘宝"，成为年轻人的时尚。而作为第三方移动支付平台的支付宝也根植于淘宝出现。

2004 年，随着电子商务的发展，中国的第三方支付机构像雨后春笋一样蓬勃发展。

2011 年 5 月，包括支付宝、财付通等第一批 27 家支付机构获发牌照；截至 2013 年 1 月，分六批累计发出 223 张支付机构牌照。

2011 年初，腾讯推出微信这款聊天软件。就在 2013 年 8 月，微信支付正式上线。微信支付的横空出世，也结束了支付宝一家独大的时代。

从 2014 年开始，微信推出的微信红包开始流行起来。凭借着和春晚的合作，微信红包改变了人们过年方式，无数人在红包大战中玩得不亦乐乎。

中国人本就有新年发红包的习俗，微信钱包为现金红包到电子红包的转变立下汗马功劳。2014 年春节期间，24 小时内微信支付平台上流转了 1600 万美元的红包。抢红包的刺激与趣味性，一下子将大批用户圈到移动支付平台上。

有人指出"微信支付一夜干了支付宝 8 年的事"。而微信和支付宝的"对决"从未结束。

2016 年、2017 年春节支付宝策划了集五福活动。2016 年当年集齐五福的 79 万人平分了 2.15 亿元现金，每人获得 271.66 元。在奖金的"诱惑"下，一家老小全部行动起来，注册支付宝账号，加入到移动支付的行列中。

从 2014 年到今年春节期间的"摇一摇""咻一咻""集五福"，微信支付和支付宝这两大第三方移动支付巨头花样翻新，一次次开启了全民狂欢。

不难看出，移动支付的爆发，与中国春节期间的习俗和传统也是分不开的。

2015年微信支付发起首个"8.8无现金日"，号召消费者使用移动支付、刷卡等更低碳、便捷的支付方式。2016年近70万家线下门店参与活动，参与商户数是2015年的8倍以上。

2017年8月8日，微信支付迎来第三个无现金日，直接用了"接入全行业"作为这次无现金活动的规模概括。覆盖了全国各主要城市，遍布吃喝玩乐行各个领域。

另一边，支付宝也不甘示弱，在8月1—8日举办全国"无现金城市周"，和杭州、武汉、天津、福州、贵阳等多个城市合作，成立了"无现金城市"。

除此之外，8月1—3日，支付宝还在杭州和武汉两座城市开启免费乘坐公交活动。

走进任何一家大型商超，随处可见支付宝、微信支付送奖励金及随机立减的海报。

直到今年7月13日，根据央行公告，任何单位和个人不得以格式条款、通知、声明、告示等方式拒收现金，银行业金融机构、非银行支付机构不得要求或者诱导其他单位和个人拒收或者采取歧视性措施排斥现金。

此外，央行有关负责人指出，任何单位和个人在推广非现金支付工具时，不得炒作"无现金"概念。

由此，2018年8月无现金活动似乎不复往年风光。即便如此，移动支付在消费者心中早已埋下了种子。

易观发布的《中国第三方支付移动支付市场季度监测报告》显示2018年第一季度，中国第三方移动支付市场交易环比增长6.99%，总交易规模首次突破40亿元。其中，支付宝占据了53.76%的市场份额，包含微信支付、财付通在内的腾讯金融则是以38.95%位列市场第二。

从数据不难看出，支付宝和微信二者的市场份额超过95%，占据绝对主导地位。

面对微信、支付宝的猛烈攻势，即使银联闪付、壹钱包、苹果支付（ApplePay）、三星支付（SamsungPay）等移动支付平台都加入了这场没有硝烟的战争。但它们入局还是太晚了，支付宝和微信支付的双寡头市场格局已经形成。

国内外的大协同

2014年的"双12"，是一个值得书写的时点，这也是二维码支付最早的一次大规模线下推广。

当天，支付宝联合约2万家线下门店推出支付宝钱包付款打五折活动。支付宝在"双12"下午3点半的交易数据显示，支付宝钱包全国总支付笔数超过400万笔。相当于全国消费者买了超过90万个面包、100万瓶牛奶、15万个毛毛虫蛋糕、35万个水饺、2万个比萨、21万个馄饨、5万个甜筒和50万包芒果干……

比这些数字更值得惊奇的，是人们对一种完全陌生的支付方式所展现出的巨大热情。

消费者对奖励金、随机立减的认可，让第三方支付平台屡试不爽。2017年12月6日，"'双12'口碑·支付宝全球狂欢节"正式启动。12月12日，除了商家折扣，今年用口碑App消费买单，还能折上五折（封顶25元）。

据了解，全球参与"双12"的商家共有100万家，几乎覆盖所有领域，超市、餐厅、商场，还有休闲娱乐、美容美发、健身、母婴、地铁票、加油站等。实现线上线下的狂欢。

在国内，支付宝和微信支付的优势仍然明显，消费者在补贴的刺激下早已形成了支付习惯。

而这些变化也渗透在每个人的生活之中。以公共交通为例，早在2015年，广州地铁便已在全国率先支持通过支付宝、微信等方式购买地铁票，继而推出二维码单程票、银联信用卡闪付过闸、ApplePay 过闸等服务。

在广州，在地铁站自助购买临时卡的一位乘客表示："使用移动支付避免了购买时没有零钱的尴尬。"

移动支付带来的影响已不仅仅局限于中国消费者。随着消费升级，海外购和海外旅行也受到众多消费者的追捧，以微信支付和支付宝为代表的第三方支付平台成为大多人首选的支付方式。

以往去日本旅游，相信很多人都会带回来一大堆硬币。如今，随着支付宝、微信支付跨境布局步伐的加快，出国旅行省去了诸多不便。

自 11 月 27 日，支付宝芝麻信用分在 700 分以上的用户，可以在美国洛杉矶、泰国曼谷、清迈和普吉以及新西兰基督城用支付宝免押金租车，并且也不需要刷信用卡担保。

不仅如此，支付宝和微信支付的版图也在向世界范围内扩展。

知乎网友小鱼爱对眼分享了在美国旅行的经历，他在回国前将美国银行卡注销，导致优步（uber）打车无法付款。随后他惊喜地发现支付宝也可以叫车，惊呼有种"他乡遇故知"的感觉。

今年 6 月腾讯在马来西亚推出微信支付功能，腾讯副总裁刘胜义曾表示，微信支付计划于今年初开始在马来西亚提供服务。届时，马来西亚用户可以在交易场景中使用当地货币林吉特进行支付。

马来西亚是腾讯扩展其微信生态链的首个海外市场。据腾讯方面透露，此前马来西亚的微信用户数已达 2000 万，近 2/3 人口，且该数字还在不断增加。

微信发布最新数据显示，微信支付已支持在 19 个境外国家和地区合规接入，支持 12 个外币直接结算，未来还将有更多国家和地区支持微信支付消费。

相比微信支付，蚂蚁金服在东南亚的扩张速度更为迅速。支付宝在欧美、日韩、东南亚等超过 40 个国家和地区接入了数十万家境外线下商户门店。

移动支付要往哪儿去

2017 年年初支付宝和微信相继推出无感支付高速过路费，收费站的摄像头在识别过路车牌后，会自动从车主的账户扣取高速通行费用，现在也有更多的省市接入；去年 9 月 1 日，支付宝在杭州肯德基餐厅上线刷脸支付。

短短五年时间，微信支付已成为可以同支付宝对标的第三方支付平台，在去年 11 月 9 日的腾讯全球合作伙伴大会上高调宣布，微信月线下支付次数较去年大涨 280%。

而微信支付并不满足于线下支付，去年 11 月 25 日微信正式推出零钱通，正式与支付宝的余额宝"宣战"。与余额宝的功能很相似，可直接用来消费，还可以用来转账、赚取利息、发红包、还信用卡、扫码支付等。

未来，零钱通能走多远？

物联网、大数据的蓬勃发展，大大冲击了现金支付和银联支付，第三方移动支付的兴起是否是移动支付的未来趋势，目前都很难得出答案。

在第三方移动支付平台"舍命狂奔"的同时，如何规范这一行业的发展，成为国家层面亟待思考的问题，也是悬在第三方支付平台头顶的"达摩克利斯之剑"。

央行新规，使用支付宝、微信等扫码支付，将正式迎来支付限额，静态二维码付款不能超过 500 元。日前，人民银行发布《中国人民银行关于印发的通知》，配套印发了《条码支付安全技术规范（试行）》和

《条码支付受理终端技术规范（试行）》，自 2018 年 4 月 1 日起实施。

与之相比，银行关闭第三方支付，即断直连也被认为是第三方支付平台的"致命弯道"。

去年 8 月，央行支付结算司下发《关于将非银行支付机构网络支付业务由直连模式迁移至网联平台处理的通知》，要求自 2018 年 6 月 30 日起，支付机构受理的涉及银行账户的网络支付业务全部通过网联平台处理。

除了"头部玩家"，一些中小支付机构也深受影响。支付行业主要通过支付手续费和资金沉淀进行盈利，此前第三方支付机构监管放松，容易出现有牌照的不如没牌照的情形，也易使市面上不合规机构造成私设"资金池"的问题。

电子商务中心特约研究员董毅智认为，基于合规机构的生存压力、资金风险、违规通道、过程不透明等问题，在现阶段严管控的驱使下，支付机构的整顿是必然。

2018 年伊始，"支付宝年度账单事件"将支付宝推上舆论的风口浪尖，《中国消费者报》率先曝出，支付宝、芝麻信用在用户不知情情况下获取个人信息，涉嫌违反相关法律。

随后，网信办第一时间约谈了支付宝、芝麻信用相关负责人。网络安全协调局负责人指出，其不符合《个人信息安全规范》国家标准的精神，违背了签署不久的《个人信息保护倡议》承诺。

即使支付宝、芝麻信用公开表示"肯定是错了"，但关于大数据如何保护个人隐私的问题，也成为市场关注焦点。

从揣着一沓钞票到移动支付解决衣、食、住、行的便利，移动支付的行业规范与标准仍在路上。

十年之前，很难想象移动支付如此深刻地影响我们的生活。或许再过十年，今天的主角都会成为历史，而新势力则已早早站上风口。

新零售　科技赋能让新消费智能又便捷

王小月

说起零售，每个人都不陌生，它反映着人们日常生活中衣食住行的变化，乃至整个社会的变迁。

近年，零售业的发展经历了三大阶段：传统的钱货交易方式、网上购物方式及全新的"新零售"方式。

当下，伴随着互联网的快速发展，在大数据、云计算等不断加持下，打通线上线下的新零售方式正以快速的迭代，给消费者带来不断翻新的消费体验。包括同样在大数据与人工智能赋能的便利店，也正在给消费者带来全新的购物感受。

百货业的凋零与网购的无奈

"过去一两年间，中国零售业发生了近四十年来最巨大的一场变革。这场变革的驱动力是技术和资本，背后的根基是新消费时代的到来。"中国连锁经营协会副秘书长王洪涛去年在谈及零售业时曾如此表示。

"一手交钱一手交货"的交易方式自古传承至今，没有人不熟悉。一个人从学会辨别物品，到有了金钱的概念之后，便掌握了这种古老而传统的交易方式。

而商品相对分散，精品相对稀少，也让交易在很长的一段历史时期内，相对集中于农村的大集、城市的集贸中心以至后来的百货大楼。

追溯到 20 世纪八九十年代，作为零售业的典型代表，百货大楼无疑是高大上的代名词，甚至也是众多城市的地标建筑。

以北京北辰购物中心为例，距离该中心北苑店转手不足半年后，其亚运村店也于 2018 年 1 月 8 日停止营业。

要知道，20 世纪 90 年代，作为北辰实业在北京的第一家百货商场，北辰购物中心亚运村店曾红极一时，是北京北部地区规模最大的百货商厦，一度跻身于北京市亿元商场行列。1997 年，其最高销售额达到了 12 亿元，利润达 6000 余万元，年均投资回报率始终保持在 30% 左右，创造了"北辰现象"。

然而，就是这样一家盛极一时的零售巨头，悄然之间，走到了关停的时点。

这并不足为奇。北辰购物中心的闭店绝非个例，这已成为百货行业的普遍现象。

2015 年，万达百货一半门店处于亏损状态，进行大规模闭店、调整后，引发实体百货业的一阵恐慌。

近几年，无论国内国外，实体店关闭似乎成为一种"风潮"。沃尔玛两个月累积关店 11 家，百佳超市累计关店 7 家，华润万家累计关店 68 家。北京、上海、天津等地多家大型知名百货商店相继爆出关闭门店的消息，传统百货商店正陷入"关门潮"，这也让实体百货人人自危。

不只是国内，国外同样面临着同样的窘境。

据 FGRT（前分析机构 Fung Gloal Retail & Technology）公司的数据跟踪显示，到 2017 年为止，全美已有 6985 家零售业店面关闭。调查结果显示，这一数字比一年前增长了 200% 以上。

与此同时，20 世纪末中国百货、超市等实体零售业的快速扩张，也带来了诸多问题。一些地区实体店重复建设，同一个品牌，在商业街上存在不止一家，高度同质化，令店铺缺乏竞争力。同时，商业设施过剩严重，且服务业态单一。

不得不说，这也为当下实体百货的困境埋下了祸根。

集娱乐、购物、餐饮于一体的购物中心（shopping mall）进入更多人的生活，置身其中，享受逛、吃、玩的乐趣。同时，也为购物中心提高了客单价。

实体百货专柜逐渐成为网店的试衣间，而唱衰实业百货的声音一直存在。

北京商业经济学会常务副会长赖阳曾表示，很多传统百货都是参照日本的经营模式，例如华堂、北辰都是"一站式"购物，百货＋超市的模式相结合，呈现多样化的趋势。但是随着互联网的发展，在云消费时代，网上购买可以跨时区、跨地点，实现零时差、零距离，消费者所需可以第一手获得，同时价格更便宜，这也使得消费者去百货商超的购物需求下降。

传统百货的成本高居不下，除了需要人员、租金、渠道等支撑外，互联网的冲击也是其黯然退场的一大要素。

然而，网上购物也就是这十几年兴起的新物种，其飞速发展，导致很长时间以来，实体店沦为网店的试衣间。

1987年9月20日，中国第一封电子邮件漂洋过海，飞向世界，揭开了中国使用互联网的序幕。直到1998年3月，我国第一笔互联网网上交易成功，这也标志着网上购物在中国的兴起。

可以说，1987—1998年是我国网上购物的萌芽期。

1999年3月，首批"商对客"（B2C）网站正式开通，网上购物开始进入专业化阶段。因此，人们一般把1999年称为"网上购物元年"。但上网用户基数较小，直到1998年底，用户仅为210万人。

而据中国互联网络信息中心（CNNIC）数据显示，中国网民数量在2007年6月就已经突破了1.62亿，平均每分钟就新增近100个网民，成为仅次于美国的全球第二网络大国，有25.5%的中国网民有过网络购物经历。

2018 年初，中国互联网络信息中心发布第 41 次《中国互联网络发展状况统计报告》。报告显示，截至 2017 年 12 月，我国网民规模达 7.72 亿，全年共计新增网民 4074 万人，互联网普及率为 55.8%。

从这一数据不难看出，十余年，网民数量大幅提升，网购日渐成为生活中的一部分。但当网购进入千家万户时，因购买时看不到实物，假货、山寨、图片和实物不符等问题也日益暴露出来。

网上还不时流传着调侃"买家秀"和"卖家秀"两种截然不同风格的图片和文字。

新零售引领下的新消费

传统零售渐被颠覆，未来消费如何发展？

"纯电商时代已经过去，未来十年将是新零售的时代。传统零售也即将被颠覆，必须线上与线下紧密结合起来。"2016 年 10 月，阿里巴巴集团董事局主席马云在云栖大会上提出"新零售"这一概念。

此后，京东集团 CEO 刘强东也撰文指出，下一个 10 年到 20 年，在大数据和人工智能技术的驱动下，零售业将迎来继百货商店、连锁商店和超级市场之后的第四次零售革命，即"无界零售"。

2017 年 11 月，网易创始人丁磊也提出以人为本的"新消费"。

无论是新零售、无界零售，抑或新消费，都是从商家和用户出发所进行的消费升级下电商逻辑的全新谋篇布局。

简言之，新零售就是随着互联网的发展，大数据和人工智能赋能，加之现代物流，打通线上和线下的边界，实现人、货、场的重构。

而 2017 年作为新零售元年，各大互联网巨头、实体零售也开始跑马圈地，进入零售市场，目前，新零售已经成为中国乃至全球面向未来商业变革的重要风向标。

当然，对于新零售这一概念，一度仍有不少人觉得晦涩，如何将这一概念落地，让普通消费者切实感到便利？

阿里巴巴率先给出了答卷。

2016年，阿里嫡系盒马鲜生在上海开店；2017年，入主北京及多个城市。盒马鲜生不是超市，不是便利店，不是餐饮店，也不是菜市场，但是，阿里打造的这个"四不像"业态，却也着实火了一把。它把零售业中最难做的生鲜商品推到了最受关注的位置，其中海鲜类商品销售占比达到传统超市的10倍以上。与此同时，它满足的并不只是让你能够便利地买到，更让消费者可以在现场便利地吃到。

消费者挑选完海鲜，先到加工柜台称重，选择加工方式，下单并通过App购买后，就可以在就餐区等待厨师烹饪刚刚挑选的生猛海鲜。

盒马鲜生的出现，真正圆了吃货们"边逛边吃"的梦，它最大的特点在于"生熟联动"，选购区域都会有标识提醒顾客，大部分海鲜都是可以加工烹饪，为"逛吃"型顾客，提供了简单且干净舒适的就餐环境。

作为阿里巴巴孵化孕育了两年多的新零售试验田，盒马鲜生成为满足消费者购物、饮食需求的一个"餐饮联动"的零售平台。

众所周知，生鲜类产品因价格不透明、品质难以保障，一直是消费者购买的痛点。而渗透率低、物流成本高、品控难是生鲜电商面临的难点。

而有了这样线上线下结合的新零售方式，一道新消费的闸门也就此打开。

此后，"线上＋线下＋餐饮"的零售模式"挑逗"起无数人的神经，永辉旗下超级物种，京东7FRESH等纷纷入局生鲜新零售。

超级物种更像"小而美"的精品超市，分为鲑鱼工坊、盒牛工坊、麦子工坊、咏悦汇、生活厨房、健康生活有机馆、静候花开花艺馆等板块，海鲜挑选后可以现场加工，清蒸、蒜蓉、椒盐等多种吃法，满足了"吃货"的口味需求。

京东 7FRESH 则采用前店后仓的设计，其中生鲜占比达到 75%。

店内运用大量的黑科技让 7FRESH 刚一开业就颇为吸睛。京东自主研发的"黑科技"——智能购物车得到应用，消费者下载 App，扫描车身二维码，就可以与购物车完成绑定。

绝不局限于店堂的消费，所谓的线上线下结合，还包括这些新物种还有一个共同特点，就是消费者通过 App 下单，就可以实现 3 公里范围内 30 分钟送达。

就此，生鲜新零售实现了对线下超市进行重构，新零售业态为消费者带来了随时随地都能购买到安全、优质的生鲜食材和食品的全新体验。

此类餐超合一的购物模式，颠覆了传统的餐饮业，这些全新模式也在重塑着消费者的生活方式和消费理念。购买食材后，就可以方便地完成三三两两聚餐的需求，不论是家庭小聚，还是朋友相约。这也是"以人为中心"的一种创新，为家庭、好友、办公人群提供了更丰富的消费场景。

随着线上流量见底，人工智能和移动支付的飞速发展，不难看出，解决消费痛点、难点，并带来较好消费体验的生鲜新零售会成为未来发展的主流。

科技赋能后的智能与便捷

和生鲜新零售同样火热的是，无人+智能的便利店。

以前谈到便利店，对于大多数消费者而言，耳熟能详的还是"快客""7-Eleven""全家"等老牌便利店。

从 2017 年开始，随着线上和线下的融合发展，便利店也成为互联网巨头和创新型企业争夺的场景。自 2016 年底亚马逊 Amazon Go 无人便利店打响第一枪，"拿了就走"成为其核心卖点。虽然只是半成品，但丝毫没有影响国内资本的运作与布局，有开出标准店展示其技术的店铺，也有一鼓作气开出多家可运营的无人店，一时间"无人""有人"成为焦点话题。

随着快闪店"淘咖啡"、缤果盒子、F5未来商店、EATBOX等无人便利店，如雨后春笋般不断涌现，消费者体验到了全新消费业态。人工智能、面部识别、图像处理以及移动支付等技术的成熟，将无人便利店推向风口。

而现实是风光过后的无人便利店，正面临着"成长的烦恼"，大多无人店只是实现收银环节无人，较高的运营成本、不可言说的收入让无人便利店处境尴尬。

大浪淘沙，一些仅依靠资本和噱头的店铺，最终还是停滞在去不了的明天。

经历了试错、资本热捧，不同于无人便利店的"无人"模式，更多便利店通过积极运用人工智能、人脸识别、物联网、大数据等新一代信息技术提升竞争力。

以阿里巴巴、京东为首的互联网巨头开始大量布局天猫小店、京东便利店，利用强大的数据平台和供应链优势为传统夫妻小店改头换面。

而苏宁利用自身在线下、供应链的优势，索性自己开起了便利店，从2016年开出第一家门店，到2018年8月，苏宁小店将近有1300家，呈现爆发式增长。

苏宁小店负责人鲍俊伟透露，2018年苏宁小店设定了全国新开1500家门店的目标，在未来3年里，苏宁小店的门店总数要达到5000余家。

而像便利蜂、猩便利等后起之秀，也开始跑马圈地。

通过走访不难看出，这些便民小店都具有互联网基因，积极引导用户下载App，虽沿用了便利店人员的常规配置，但也引入了自助扫码购物、微信小程序自助购物等功能。靠近收银台的门口位置排摆放了自助购物机和扫码购复核机方便顾客进行自主购物，出门扫码复核即可免排队。

不得不说，在无人便利店的影响下，拥抱科技的小店越来越多，只服务于有限的商圈和用户，通过为用户精选高性比的商品和服务，来形成竞争力和差异化。长期发掘固定用户的多元化需求和价值，从而获得叠加收入。

从众多巨头和资本纷纷入局中不难看出，便利店领域已成为炙手可热的"香饽饽"。即便技术更迭，"有颜有料"并且能够解决消费难点和痛点的智慧型小店也会迎来长足的发展。

"目前服务＋科技型小店确实比较有发展空间。"招商证券零售行业首席分析师许荣聪认为，与无人店相比，这类店铺的技术门槛相对较低，相应成本也比较低。

纷繁复杂的零售市场，巨头的每一个动作都会引发不少企业的追捧，对于消费者而言，商品和服务才是吸引他们的不变法则，便利店的本质归根结底还是便利。

"所有零售形式的演变，不论从服务、销售还是陈列方式，都源于对用户需求的理解，这是一切的原点。"网易CEO丁磊曾指出，消费的1.0，解决的是让商品丰富，种类齐全，让用户随时随地找得到、买得到商品。而消费的2.0，核心诉求就是让消费者买得更好、更优质、更便宜、更省心，同时富有生活美感，注重环保健康。

零售是表层，物流和支付是中层，那么技术、数据和制造则是支撑新零售的底层。之所以新零售不同于传统零售，就在于它和互联网的深度融合，以及这种融合带来的海量数据。

回首，零售业此前所发生的种种变化与进步，是前所未有的；

未来，若干年后零售业又会发生怎样的巨变，我们不敢预言；

但是，可以预见的是，随着科技的发展与赋能，零售业带给消费者的，一定是越来越智慧、越来越便捷的消费体验。

教育：正在进入人才强国行列

莫里臣

改革开放40年，中国教育发生了天翻地覆的变化。从"没学上"到"有学上"再到"上好学"，中国教育走出了一条快速发展道路。40年来，中国教育优先发展，教育质量不断提升，教育公平受益面不断扩大，全民受教育程度和创新人才培养水平明显提高，正在进入人才强国和人力资源强国行列，朝着教育现代化大步迈进。

改革开放的标志性事件

直到今天，北京大学教授陈平原依旧记得40年前《人民日报》头版头条文章：《高等学校招生进行重大改革》。那一天，是1977年10月21日。文章透露了一个振奋人心的消息：教育部在北京召开全国高等学校招生工作会议，决定恢复已经停止了10年的全国高等院校招生考试，以统一考试、择优录取的方式选拔人才上大学。凡是工人、农民、上山下乡和回乡知识青年以及应届毕业生等，符合条件均可报考。

恢复高考的消息立即传遍了山村、渔乡、牧场、工厂、矿山和营房。在四川省会东县，县文化馆28岁的青年干部詹国枢从广播里听到了恢复高考的消息。他1969年下乡，1971年到县里起工作，到1977年已经工作了6年。他已经成家，孩子已经3岁，爱人杨乔勋正在生病。考不考呢？詹国枢有点犹豫。但杨乔勋坚持："你一定要去参加高考。"

在湛江农垦局，30岁的知青蔡东士白天写学大寨的材料；晚上为出生不久的女儿煮米糊，深夜才能匀出时间复习。没有复习材料，他也和别人一样，千方百计找来以前的高考试卷，相互传阅复习。"参加高考"成为当时有志青年的不二选择。570万考生不再受限于"出身成分"，从车间田地、山林工厂走向考场，获得了用知识改变命运的机会。

那一年，潮州民办老师陈平原和湛江农垦局知青蔡东士考进了中山大学，四川会东县文化馆的青年干部詹国枢考上了复旦大学。毕业后，陈平原继续攻读硕士、博士学位，成了北京大学教授；蔡东士和詹国枢都选择了记者工作，之后，蔡东士成为中共广东省委副书记，詹国枢担任了《人民日报》（海外版）总编辑。高考改变了他们的人生轨迹。

2018年11月6日，教育部党组书记、部长陈宝生在"将改革开放进行到底"系列论坛透露，1977年恢复高考当年，全国高招仅录取27万人，2017年录取人数增至761万，增加27倍多。40年来，我国累计有2.28亿人报名参加高考，高等教育已培养了9900万名高素质专门人才。

优先发展教育成为国家发展战略

以1977年全国恢复高考为起点，中国的教育开始走上正轨。40年来，教育改革全面深化，一系列指导措施和规划意见相继提出。从教师队伍建设到考试制度，从职业教育到创新创业教育，从中小学教学改革到地方高等本科院校转型，改革之风，吹遍教育领域的任务每一个角落。

1991年5月，北京崇文区文化馆摄影干事解海龙到安徽省金寨县采访、拍摄了一个大眼睛的女孩苏明娟正在上课的照片。这张《我要读书》的照片发表后，在社会上引起了极大反响，成为希望工程的宣传标志，苏明娟此后的人生也被人称为"一张照片改变命运"。

1989 年 10 月 30 日，中国青少年发展基金会于发起希望工程，改革开放的总设计师邓小平曾两次以"一个老共产党员"的名义向希望工程捐款并题词。邓小平先捐了 3000 元，后来又捐了 2000 元，捐赠人落款是"老共产党人"。

总设计师对教育的重视引发了全社会的关注，教育在国家发展中的地位得到空前提高，优先发展教育逐步上升为国家的战略。40 年来，中国教育无论是基础教育、职业教育还是高等教育，都取得了跨越式发展。把教育放在优先发展的位置，是改革开放 40 年教育发展的一个最显著的特征。

教育经费大幅增长。改革之初，我国教育支出只有 79.39 亿元，到 2017 年全国教育经费达 42562 亿元，连续 6 年占 GDP 超 4%。（资料来源：国家统计局和财政部联合发布的《2017 年全国教育经费执行情况统计公告》）。2018 年，全国教育经费总投入为 46135 亿元，比上年增长 8.39%。其中，国家财政性教育经费为 36990 亿元，比上年增长 8.13%。（资料来源：教育部《2018 年全国教育经费统计快报》）

学前教育有了跨越式的发展。2017 年我国学前 3 年毛入园率达到 79.6%，超过了中高收入国家的平均水平。2017 年，全国共有幼儿园 25.50 万所，比上年增加 1.51 万所，增长 6.31%。（资料来源：教育部、国家信息中心大数据发展部）

中小学教育普及率大幅度提高。1978 年小学阶段净入学率为 94%、初中阶段毛入学率为 66.4%，而 2017 年这两个数据已分别达到 99.9% 和 103.5%。（资料来源：《2017 年全国教育事业发展统计公报》）

2018 年，全国共有普通高校 2663 所（含独立学院 265 所），其中，本科院校 1245 所，比上年增加 2 所；高职（专科）院校 1418 所，比上年增加 30 所。另有研究生培养单位 815 个。各种形式的高等教育在学总规模 3833 万人。我国已建成了世界上规模最大的高等教育体系，高等教育毛入学率达到 48.1%，我国即将由高等教育大众化阶段进入普及化阶段。（资料来源：教育部教高司函〔2018〕12 号《关于印发教育部高等教育司 2018 年工作要点的通知》，教育部 2019 年 2 月 28 日新闻发布会）

中国教育模式逐渐走出国门。2017 年，英国全套引进中国《真正上海数学》的学生用书、教师用书和练习册，中国教材开始正式进入英国部分小学课堂。

中国的教育成果逐渐被世界认可。2016 年，在华学历生人数达 21 万人，占来华留学生总数的 47.4%；硕、博研究生人数达 6.4 万人，占总人数的 14.4%。（资料来源，2018 年 3 月 20 日，《中国教育报》）

2016 年，中国成为国际本科工程学位互认协议《华盛顿协议》的正式会员。这是中国高等教育发展的一个里程碑，意味着欧美等发达国家更加认可中国工程教育质量，中国高等教育将真正走向世界。

全面实施免费义务教育

农家子弟张胜利一直没有忘记 1989 年 10 月 17 日，在希望工程首次资助就读证颁发仪式上，他幸运地成为希望工程救助的第一批学生之一，能够重返校园学习。

后来，张胜利从上海第一师范学校毕业后，选择了回乡任教。但他发现，随着改革开放的发展，农村学生接受的资助已经开始制度化——从 2007 年开始，张胜利的学生就已经全部享受了国家"两免一补"政策。2011 年，张胜利所在的涞源县率先在保定市实现高中阶段免费教育。2013 年，涞源县又在农村实现了包括学前 3 年教育在内的 15 年免费教育。

从免除农村学费开始，然后到城市，我国逐步实现了义务教育的全免费，特别是对农村义务教育阶段贫困家庭学生实施免杂费、免书本费、补助寄宿生生活费的办法。2018 年，义务教育阶段的全部在校生享受了免学杂费政策和国家免费教科书政策；而在高等教育阶段，共资助学生 4387.89 万人次，资助金额 1150.3 亿元，比上年增加 99.56 亿元，增幅 9.48%。2018 年，全国累计资助学前教育、义务教育、中职学校、普通高中和普通高校学生（幼儿）9801.48 万人次（不包括义务教育免费教科书和营养膳食补助），加上营养膳食补助受助学生 3700 万人，合计资助学生达 1.35 亿人次。（教育部 2019 年 2 月 28 日新闻发布会）

我国已基本实现"不让一个学生因家庭经济困难而失学"的工作目标：从 2012 年至 2018 年，全国共资助学生 6.2 亿人次，资助总金额累计突破 1 万亿元，达到 10907 亿元，成为一项重大、重要民生支出。（教育部 2019 年 2 月 28 日新闻发布会）

2017 年 12 月 1 日，新疆作为"15 年免费教育"的改革试点，成为全国首个实行 15 年免费教育的地区。这项政策重点扶持农村地区，将惠及 85.72 万名学生。这意味着新疆将基本普及 15 年教育，全面实现县域内义务教育均衡发展，各族儿童、少年和青年都可以"不花钱受教育"，都享有公平接受教育的机会。

不仅如此，2020 年新疆还将达到如下教育目标：将全面普及学前三年免费教育，毛入园率达到 98% 以上。义务教育学校办学条件实现标准化，九年义务教育巩固率达到 95%，全面消除辍学现象。普及高中阶段教育，毛入学率达到 90%。加快发展现代职业教育，基本建成具有新疆特点的现代职业教育体系。高校布局和学科专业进一步优化，高等教育毛入学率达到 40%。学前和义务教育阶段双语教育覆盖面达到 100%，少数民族学生基本掌握和使用国家通用语言文字。三类残疾儿童少年义务教育入学率达到 90% 以上。主要劳动年龄人口平均受教育年限达到 11 年，新增劳动力平均受教育年限达到 13 年。（资料来源：《新疆维吾尔自治区教育事业发展"十三五"发展规划》）

让人民享有更好更公平的教育

教育公平是社会公平的重要基础。近年来，习近平总书记多次指出要促进教育公平，努力让每个孩子享有受教育的机会，努力让13亿人民享有更好更公平的教育，让教育改革发展成果更好地惠及最广大人民群众。

2015年春节前夕，正在陕西考察工作的习近平总书记专程来到延安杨家岭福州希望小学，察看学校办学情况，同老师们进行交流。离开学校前，习近平勉励校长加金梅一定要办好这所学校。总书记对大家说，教育很重要。革命老区、贫困地区要脱贫致富，从根儿上还是要把教育抓好，不能让孩子输在起跑线上。国家的资金会向教育倾斜、向基础教育倾斜、向革命老区基础教育倾斜。（资料来源：新华网2016-03-01）

习近平总书记还指出，到2020年全面建成小康社会，最艰巨的任务在贫困地区，我们必须补上这个短板。扶贫必扶智。让贫困地区的孩子们接受良好教育，是扶贫开发的重要任务，也是阻断贫困代际传递的重要途径。党和国家已经采取了一系列措施，推动贫困地区教育事业加快发展、教师队伍素质能力不断提高，让贫困地区每一个孩子都能接受良好教育，实现德智体美全面发展，成为社会有用之才。（资料来源：新华社北京2015年9月9日电）

乡村教育是我国整体教育的"短板"，乡村教师又是我国乡村教育的"短板"，为补齐这块"短板"，近年来，我国采取了诸多措施，加强乡村教师队伍建设。我国增加的教育经费开始优先向农村倾斜、向贫困地区倾斜、向民族地区倾斜、向特殊困难的学生倾斜、向职业教育倾斜，让教育改革发展成果更好地惠及最广大人民群众。

2010年出台的《国家中长期教育改革与发展规划纲要》，明确把

"促进公平"作为教育改革与发展的方针，把教育公平作为社会公平的重要基础。残疾儿童和农民工随迁子女的受教育权利得到重视。

2015年，中国发布《乡村教师支持计划（2015—2020年）》，提出逐步形成"越往基层、越是艰苦，地位待遇越高"的激励机制。

2019年，教育部决定启动实施中西部乡村中小学首席教师岗位计划，为中西部乡村地区造就一批基础教育领军人才，在安徽、河南、陕西、甘肃等四省先行试点。（资料来源：教育部《关于开展中西部乡村中小学首席教师岗位计划试点工作的通知》）

近年来，我国均衡配置教育资源，全面改善贫困地区义务教育薄弱学校基本办学条件，扩大农村义务教育学生营养改善计划实施范围，2017年实现国家扶贫开发重点县全覆盖。目前已经有90%以上残疾儿童享有受教育机会；80%以上的农民工随迁子女在流入地公办学校就学。（资料来源：2018年12月18日《中国教育报》）

继续推进教育体制改革创新

改革开放40年，我国的教育事业取得了巨大的成就。但也要看到，我国教育还存在一些突出问题和短板。要解决这些问题，就必须大力推进教育体制改革创新，及时研究解决教育改革发展的重大问题和群众关心的热点问题。

2018年9月，习近平总书记在全国教育大会上发表重要讲话。习近平总书记的重要讲话全面系统总结了党的十八大以来党在教育理论与实践方面的创新成果，明确提出了加快推进教育现代化、建设教育强国的总体部署和战略设计，为坚决破除制约教育事业发展的体制机制障碍指明了方向和路径，对于加快推进教育现代化、建设教育强国、办好人民满意的教育具有重大意义。（资料来源：新华社北京2018年9月10日电）

随着习近平总书记在全国教育大会上的重要讲话精神的贯彻落实，可以预见，我国教育事业的发展将进一步推进教育体制改革创新，形成充满活力、富有效率、更加开放、有利于高质量发展的教育体制机制，让人民更加满意。

教育发展大事记

1977 年：恢复高考。

1986 年：《中华人民共和国义务教育法》颁布并实施。

20 世纪 90 年代：为应对 21 世纪人才需求，我国重点建设 100 所左右的高等学校和一批重点学科、专业使其达到世界一流大学水平，称为"211"工程。

1999 年：扩大高校招生规模。

2001 年：教育部出台新政策，允许 25 周岁以上公民参加高考，彻底放开高校招生的年龄限制。

2002 年：国务院印发《关于完善农村义务教育管理体制的通知》，保证农村义务教育投入。

2010 年：中共中央、国务院印发《国家中长期教育改革和发展规划纲要（2010—2020 年)》，提出到 2020 年，基本实现教育现代化，基本形成学习型社会，进入人力资源强国行列。

2012 年：国家财政性教育经费首次突破 2 万亿元，占 GDP 比例首次超过 4%。

2015 年：国务院印发《关于进一步完善城乡义务教育经费保障机制的通知》，要求整合农村义务教育经费保障机制和城市义务教育奖补政策，建立统一的中央和地方分项目、按比例分担的城乡义务教育经费保障机制。

2018 年：中共中央、国务院出台《关于全面深化新时代教师队伍建设改革的意见》，明确提出要不断提高教师的地位待遇，真正让教师成为令人羡慕的职业。

创新理念　做中华传统文化守护者

伊　吾

故宫建成到现在，已经将近 600 年。

明永乐元年（公元 1403 年），明成祖朱棣将北平升为陪都，改称北京。翌年即公元 1404 年，朱棣下诏营建北京宫苑。史料记载，为修建这座巨大的"城中之城"，当时曾征集 10 万能工巧匠，逾百万民夫。至明永乐十八年（公元 1420 年），皇城告竣。建成后的这一规模宏大的建筑群坐落在北京的南北中轴线上，占地 72 万平方米，共有房舍号称 9999 间半，到 2002 年大修之前，存 8000 余间，约 15 万平方米。迄今，故宫成为中国保存最完整的帝王宫阙。

从清室出宫，到建立故宫博物院，再到成为景点名胜，故宫身份在变；

从金碧辉煌，到飘摇于风雨，再到还原经典，故宫的面貌在变；

从宫城禁地，到文保重镇，再到成为输出传统文化的"最专业的""最具国粹内涵的""最好玩儿的""最有生意头脑的"传播中心，故宫的功能也在变。

大修故宫　如何为雕梁画栋再绘朱颜

经历了 580 多年风雨的北京故宫，2002 年开始，进行了一次当时预计将历时 7 年的大规模维修。

这不是也肯定不是故宫历史上唯一一次修缮，不过，这次维修工作是故宫历史上规模最大的一次。

有关专家介绍，自建成以来，故宫经历了很多自然、人为的破坏。而至少自1840年以后的百多年间，故宫从未进行过特大规模的维修，大部分建筑已经陈旧，甚至破败。

新中国成立后，有关部门曾对故宫陆续进行过600余项古建筑维修、修缮。但因为工程涉及面广，财力不够，每次都没能从根本上解决问题。

1998年4月，故宫曾进行过一次全面治理。一些被占用的房间退回给了故宫，筒子河两岸的泊岸和御墙得以修复。但这也未能从根本上对故宫进行维修、维护。

既然这次维修工作是故宫历史上规模最大的一次，那到底要修哪里呢？

对此，国家文物局文物保护司有关负责人当时介绍，希望在2008年以前，故宫能有一个大的变化，能呈现给大家一个古老壮丽的古代建筑群：它既不是凄凉破败的，也不是焕然一新的；最终将使故宫博物院由目前以展示宫廷史迹、藏品为重点，改造为集中展示清朝宫廷原状；对外开放的面积由现在的40万平方米扩大至50万平方米，以向参观者提供更多的历史文化信息。

据介绍，基于对故宫博物院价值的重新论证和定位，这次修缮对以下五个方面进行了维修：

一是将大面积的地面与道路恢复原状，将混凝土砖、沥青柏油地面、路面更换成原来的黏土砖地面；

二是对于藻井、天花板、花罩、隔扇等古建筑内装修进行保护修缮；

三是对大量露天石质和铜质文物进行科学清洗和保护；

四是修缮已经老化残破的城墙及部分院落围墙；

五是完善已经落后老化的基础设施，如消防报警和技术安全防范系统，地下水系统和供电系统也将进行相应的改造。

此外，除以上维修内容外，对结构发生损坏、内外装修残破的武英殿、寿康宫、慈宁宫及慈宁花园等重点古建区域，进行抢救性修缮。

武英殿为前朝西翼主殿，明代皇帝居此斋戒，召见大臣纵论天下，谈经讲学。明末李自成攻占北京后，即入此殿称帝。满清入关，顺治皇帝曾在此举行登基大典。

寿康宫是清开国之初，奉养太皇太后颐养起居之所，先朝太后太妃也一起居住，实际上就是个养老院。

慈宁宫以及慈宁花园是老太后居所。在当下的不少影视作品中，一提老太后，就多半与慈宁宫有关。慈宁宫后还有一佛堂，是后妃们的礼佛之所。

国家文物局有关领导介绍，维修前的故宫博物院只是作为一种展室或者建筑空间来使用，主要展示故宫丰富的藏品。这次大规模地维修后，博物院将尽可能完整地恢复故宫宫殿原状，让参观者不仅看到精美的藏品和恢宏的建筑，还可以更清楚地了解皇宫内的一切，看到中国封建王朝是如何运作、外朝内廷是如何生活的。

材料人工　怎样用心去做文物复原

目标是结果，但能够呈现出一个什么样的结果还在其次。面对这样的一个古老壮丽的古代建筑群，过程如何完成，其实更重要。怎么修？修什么？材料有没有？工匠有没有？等等疑问，在当时维修之初，引起了各方巨大的好奇。

古建专家介绍，故宫初建之时，木料采自湖广、江西、山西等地，汉白玉则出自北京房山，墁地金砖烧制于苏州，砌墙用砖则来自山东临清，可谓一时取尽天下良材。

但这种取材方式，却给今天的古建维修出了一道难题。

由于中国古代建筑中的木构件具有特殊的承重性能，所以古建维修拆换时，应采用与原材料一致的木材。但专业人士介绍，一般情况下，这种可能性已很小。如明朝的宫殿、陵寝，多用南方特产的黄楠、金丝楠木，到明后期修建工程时，对木材砍伐无度，结果使很多上等木材绝种。因此，到清代，全部用楠木的架构已经很少见到，多数采用松木了。至于室内装修，则多用红木、花梨、铁梨、杉木、椴木等等，但即使是这些材料，如今也已匮乏。

不过，专业人士介绍说，在古建施工中，也会采用烫蜡套色等手段进行硬木仿制。比如用松木、枳子、黑矾熬成颜色，刷在木基上，就是紫檀色。当然，对一些有特殊要求的部件，所需木材还可以通过进口解决。

修故宫除了需要木材外，还有石材。据了解，1998 年故宫维修时，在"不改变建筑法式和风格、不改变古建筑所用的材料、不改变施工的传统工艺"的整修原则下，修复仿照原来的建筑法式和工艺进行。据介绍，施工中补配的 1800 块泊岸条石，全部采自北京市房山区，因为当年建故宫时一部分泊岸条石就出自那里。但是，以出产上等汉白玉闻名的北京房山，汉白玉价格常常以开出来的石方当场讲价，2002 年时，一般要 6000 元 / 米^3 ～ 8000 元 / 米^3。就是用来顶替汉白玉的白石，也要每立方米两三千元，这对工程造价，是一个不小的考验。

至于维修中所需要的古砖，有关人士说，故宫附近的民居家中还有不少古砖，居民们拆迁之后，这些古砖只要大小合适，都可用来砌宇墙和维修围房，不够的部分可以用仿制古砖代替。

在古建中，除了木作、瓦作、石作等工艺外，彩绘作、油漆作也是重要的行当。古建彩绘研究专家马瑞田曾撰文指出，中国的古建彩绘是建筑装饰上的一个重要部分，同时对建筑本身还起着三个重要作用，即保护作用、装饰作用、等级标志作用。而其中的保护作用，有一点指的就是，彩绘的颜料本身带有一定的毒性，可以防虫。在彩绘的施工中，颜料对于施工人员的身体健康会造成影响。

是否有替代这种传统工艺的新技术新材料？是否可以引进科技手段？马瑞田介绍，由于彩绘在古建中的三大作用，适用于中国民族建筑的需要，所以几千年来一直沿用至今。前些年，有些地方在古建彩绘时改用了其他颜料，不仅彩绘效果不理想，而且那些彩绘很快就开裂、剥离。因此，此次维修中，改换彩绘材料与技术是不大可能的。所以，当时在施工过程中也采取了更先进、更有效的劳动保护措施，尽最大可能减少对施工人员的影响。

与现代钢筋混凝土建筑施工相比，古建施工有着极其严格的传统工艺。是否能够坚持传统手工工艺，将决定古建维修的水平。

在以往的一些古建筑维修中常出现这样的情况，一处建筑修好不久就又出现问题，而且还是老毛病，是不是我国缺乏古建维修的专业技术人才呢？一位从事古建维修的业内人士指出，古建维修的专业技术人才还是比较充足的，他举例说，比如进行砖墁地的拆揭及整修，做到找好平整，并使缝子合适，也就是要找好松紧程度并不难，却需要有很强的责任心才能做好。

对此，打了几十年石雕的北京市建筑艺术雕塑厂的马奎山深有同感。他介绍，在目前的古建维修工程中，存在着竞相压低施工报价以抢得工程的情况，而在施工中又存在偷工减料的现象。比如本应该手工一刀一刀做出来的雕件花纹，有的工匠竟使用电动工具，一打了之，这样做出来的作品生气全无，出活儿快但艺术性很差，这样的操作不应出现在故宫的维修中。

传承传播　让观众看到更多的故宫

按照国家文物局有关专家的说法，故宫博物院将不仅只是一个简单的文物标本，还将是生动的文化载体。

对此，时任故宫博物院院长单霁翔深有感触：

"五年前故宫博物院的午门广场是这样的：人们挤在不大的空间里边，买票验票安检，因为服务窗口少、设施设备设置不合理，导致人满为患，挤成几个大疙瘩。"

不仅如此，过去故宫门前之乱，也曾让人非议颇多。

稍早些年去过故宫的人都知道，还没进故宫，在端门午门广场的经历，就足够让人啼笑皆非，并且被折磨得筋疲力尽。

单霁翔介绍，当时，端门外一侧，原有一长溜48间房子被出租出去，承租人在此弄了一些乱七八糟的展览，比如太监展、宫女展、武则天展等等诸多格调不高的展览。进去看10分钟就失望出来的游客，不禁对故宫产生抱怨；而在广场上，原本充斥的是一些买全国卖全国的旅游纪念品小摊贩，人们接触到的，也基本与故宫没有关联；杂乱的环境中没有更多公共服务设施，疲乏的游客只能争抢不多的树坑席地休息。

而今，经过用心整饬，清退了承租者的房间被用来提升服务；广场上大树下的树坑被填平了，设置了树凳和长凳；验票安检等环节中工作人员所处位置、安检设备等进行了合理化归置，人们比以往要少用半个小时甚至一个小时就能进入故宫。"为观众省出来的半个小时、一个小时，可以让他们多看一两个展览，我们辛辛苦苦办的展览也能有更多的观众来欣赏，观众和我们都受益。"单霁翔强调。

以往的故宫，给人们留下印象的，大概就是三大殿加上寝宫御花园，这里边有开放区域少的问题，也有导览不到位的原因。如今，增加的导览指示牌，大幅增加的开放区域，给游客提供了更多了解故宫的机会。

单霁翔介绍，原来进了故宫看完三大殿皇帝寝宫后花园就算完事儿的游览，如今已经被更广阔的开放空间、更多的专题展览、众多的文化创意产品所吸引。而常年沉睡在库房中的文物，如今也正在以不同的形式走进人们的视野，甚至进入人们的生活当中。

其实，对于故宫而言，提升服务质量、创新文保手段之外，如今还有一个让人津津乐道的细节，就是文创。

没有人没见过月份牌，但你见过故宫日历吗？几乎没有人没有手机，但你有故宫几百上千图案之一的手机壳吗？不少人家里会有猫宠猫大人，但你知道故宫的"故宫猫"吗？

在单霁翔眼里，白天的故宫由他们值守，到了晚上，"这些故宫猫们就成了故宫最忠诚的卫士，所以故宫里没有一只老鼠"。或许听到这里，你会会心一笑或哑然失笑，但是当你看到故宫文创的那些故宫猫的图案和那些活灵活现的造型时，或许你会开怀大笑。

你可能不会想到，在人们眼里严肃拘谨的故宫，会这么顽皮、风趣甚至戏谑。"朕知道了""尽管胖下去，朕为你做主"这样的句子怎么看都不像是故宫人说出来的，但又只能是故宫人说的；有着江牙山海图案的胶带、"逢考必过"的书签、充满皇家色彩的丝巾和手提包，甚至是有着故宫特色的一支口红，等等，没法一一道来，最好的办法，就是你自己去故宫，看看无时无刻不人头攒动的文创用品商店、木艺工坊、丝绸工坊，看看在那里，能不能淘到你心仪的故宫文创。

酒好也怕巷子深。没有人不知道故宫，但没几个人能详述故宫。为了更好展示故宫，单霁翔介绍，故宫和中央电视台合作拍了专题纪录片《我在故宫修文物》，没想到豆瓣评分非常高，很多在纪录片里出现的文物修复大师成了人们追逐的偶像，修复钟表的王津老师甚至成了粉丝的"男神"。因为拍摄相关影视片，王津甚至成了国外电影节的获奖者。

"有一天，王津找到我说要出趟国。我问他干什么去，他说去领电影奖。我问他，你演啥了你得奖？他说就是咱们的《我在故宫修文物》。"单霁翔笑言，他就是能把一大堆散乱的零件重新组成一个完整的钟表，而且还能运转起来，但是没想到电影节给了他一个奖。

故宫老一辈守护者的兢兢业业得以展示世间，固然可喜；而故宫以焕发无限生命力的姿态吸引更多年轻人加入其中，更令人开怀。单霁翔介绍，近年有大批年轻专业学子报考故宫，以致人满为患。而在故宫博士后工作站出站的一批博士后，几乎全部申请留在故宫。

新老结合的队伍，让文保的传承，让今天的故宫，正以一种全新的姿态，以一种充满勃勃生机的状态存在延续，以一种让人喜闻乐见的方式承载传播。

新时期戏曲传承与发展　看梨园春色又如许

黄　磊

　　灯牌、海报、应援贴纸，这些元素的组合，会出现在什么样的场景里？湿漉漉的青石街道向晚，舞台上的那个女人，一步，两步，走出那片她默默守候了 35 年的徽派建筑。大幕落下，场灯亮起，伴随着掌声雷动，观众席里不少年轻的女孩穿着印有主角 Q 版头像的 T 恤，兴奋地喊着主演的名字，一句"我爱你"，直白而又真挚。这样的画面，无数次出现在黄梅戏《徽州女人》演出谢幕的现场。

　　后台门口被拉起了警戒线，通道两边，连同通往二楼的楼梯上都站满了拿着戏票和宣传册的戏迷。伴着两位主演穿过前厅走到车边的，是戏迷们紧紧跟随、越缩越紧的包围圈，几位安保人员手拉手开路，主演的车才得以开出梅兰芳大剧院的院门。这是京剧《帝女花》北京首演后的场景。

　　很长一段时间里，人们的印象中，看戏是老年人才做的事情。而如今，戏曲演出的观众席里，"黑头发"的比例越来越大，年轻的观众们不仅贡献了相当一部分票房，而且毫不吝惜表达他们的热爱。

　　从优孟衣冠、百兽率舞，到踏谣娘、参军戏；从宋杂剧、金院本初具雏形，到元剧、南戏规模显现。翻开层层历史的书页，引领数百年艺坛风流，穿越了"十七年"，经历过"样板戏"，中国戏曲一路走来，懵懂有过，思索有过，压抑有过，辉煌有过。

沉默——
在舞台的边缘徘徊

　　1978 年 4 月，文化部决定恢复所属艺术表演团体的建制和名称。在此之后的几年里，不仅传统剧目恢复上演的步伐加快，各地一度消逝的剧院，也如雨后春笋般渐次恢复。在 1979 年召开的第四次全国文代会上，邓小平指出："文艺这种复杂的精神劳动，非常需要文艺家发挥个人的创造精神。写什么和怎么写，只能由文艺家在艺术实践中去探索和逐步得到解决。在这方面，不要横加干涉。"伴随着一大批旧戏解禁，新时期之初，中国戏曲新的黄金时代似乎初露端倪。

　　然而，短暂的热闹之后，危机接踵而至。时光进入 20 世纪 80 年代，人们赋予戏曲的关键词是"没落"。包括京剧、评剧、黄梅戏、越剧、豫剧等我们如今常说的五大剧种在内，诸多的戏曲剧种几乎无一例外地面临着市场萎缩、演员流失、观众群老化等问题。王蕴明、李准在其《时代潮流与戏曲改革》一文中写道："从党的三中全会以后，特别是从 1979 年下半年以来，当小说、诗歌、话剧、电影、音乐等艺术继续深入发展，读者和观众越来越多时，戏曲的观众，尤其是青年观众却减少了。传统热开始变冷，有的戏辛辛苦苦排出来，演几场就卖不出票了。于是，在北京，有人惊呼'京剧存在着危机！''京剧脱离了时代，脱离了整整一代人！'在上海，连最有名的越剧演员连续演出，也不能像过去那样保证场场满座了。在广州，有人问'八十年代粤剧前途如何？''南国红豆经风雨，问是否绿暗红稀'。""不演不赔，一演就赔，越演越赔"如同一道魔咒，紧紧束在戏曲院团的头上。曾经一度，在低谷里迷茫挣扎，为谋生计，戏曲演员下海经商，或者拍电影、电视剧，也不乏在新的领域做出成绩的佼佼者，而戏曲的舞台则陷入寒冬。

复苏——
"兵荒马乱"的创新时代

期待已久的戏曲新的黄金时代夭折，历史的、现实的，无数的原因错综纠缠。是我们的艺术不够好吗？是我们要传递的内容不够有价值吗？抑或是我们的节奏无法企及这个时代前进的脚步？无论是戏曲从业者、爱好者，还是艺术事业的领导者，回望历史、观照现实、探知前路、明辨方向，成为当务之急。一方面找寻戏曲衰落的缘由，一方面着手重整戏曲的旗鼓。应该"纵向继承"还是"横向借鉴"？危机中，一场关于戏曲未来何去何从的论争悄然展开。

1980年，全国戏曲剧目工作座谈会召开，同年，开始全国话剧、戏曲、歌剧优秀剧本评奖；1983年，全国中青年戏曲作者读书会举办；1984年，中国戏剧"梅花奖"评奖开始；1986年，京剧振兴系列座谈会召开，并于1988年举行全国京剧新剧目会演；1988年，中国戏剧节开始举办；1990年，举办纪念徽班进京200周年京剧观摩、艺术展览和学术研讨。一系列的活动无不是在呼唤戏曲舞台的复苏。

中国戏曲学会于1993年下半年为浙江小百花越剧团排演的越剧《西厢记》颁发"中国戏曲学会奖"时，郭汉城在颁奖致辞中说，《西厢记》的突出成就在于"把古典名著与现代审美意识和谐地结合起来，赋予了时代的新风貌"。对这一版本《西厢记》的评价当然众说纷纭，但这句评语，确乎是此后不少戏曲新作所追求，或者说是求而不得的目标。

戏曲艺术传承数百年的气质，饱含着民族和历史的基因，在文化艺术西学东渐的潮流中，如何求存、求新、求变，成为摆在戏曲工作者面前的一道难题。相继的，一些剧种中拥有较广泛观众基础的演员开始尝试创新与变革，各大剧种也涌现出了一些不同于传统的新剧目，譬如越剧《孔乙己》、黄梅戏《徽州女人》等。当尹派小生茅威涛一反从前风流倜傥的公子哥造型，转而剃了光头、梳上辫子、梗着脖子，以破落书生孔乙己的形象出现在舞台上的时候，有人开始质问，这还是茅威涛吗？这还是越剧吗？当黄梅戏舞台上少了"山野的风"，转而以现代的舞美、音乐，吟唱一个女人倾尽一生的等待与期盼，或者以一个深宅大院的女性叩问三个革命者的理想信念时，人们开始疑惑，这还是我们记忆中的黄梅戏吗？像与不像，是与不是，质疑、争论，接踵而来。

而事实上，除了这些甫一出现就因主题的变革夺人耳目的作品，现代的声、光、电，正在大面积地进入传统的戏曲舞台，成为大势所趋，伴随着质疑，同样，也伴随着戏曲从业者在一次次实践中不断地调整、总结、融合。

回首——
向传统借一盏长明灯火

2018年10月14日，周日，19点30分，国家大剧院戏剧场。西安秦腔剧院易俗社正在这里演出秦腔传统剧目《三滴血》。此次与京城观众见面的《三滴血》，已是该剧在易俗社的第八代传承。演出结束后，该院与西安市艺术学院联合招收的委培班学员登台亮相，这些看起来只有十多岁的小学员，穿着统一整齐的练功服从两侧走上舞台，昂首挺胸，齐唱了《三滴血》中的经典唱段"祖籍陕西韩城县"。全场观众一齐鼓掌应和，一曲终了，观众席中还不时有人喊出"再来一个"。

易俗社由同盟会成员李桐轩、孙仁玉联合160多人于1912年共同发起成立，原名"陕西伶学社"，通过将文化教育、戏曲训练、演出实践结合的运营方式，培养了大批戏曲人才，创作和演出了许多剧目。进入新时期，经风历雨的易俗社也走出西安、走出国门，还招收了第二十期"易俗社传承班"，为秦腔艺术的后继有人铺路。

团带班的模式在中国戏曲界并不鲜见,其中不乏成功的案例。上海越剧院与上海戏剧学院联合培养了全国第一批越剧本科班学员。今年,这一批大多为"95后"的年轻演员已经入职上海越剧院,成为该院最新锐的力量。他们的主要任务不是在老师们担纲主演的大戏中跑龙套,而是承担了经典剧目的复排、新剧目的创作,还开拓了专属演出品牌"锦瑟年华",可谓是走出校门便站在了舞台中央。

2018年6月,"薪火传程——中国戏曲学院张火丁京剧程派艺术研习班汇报演出"在北京长安大戏院鸣锣开演。学生开专场,尽管依然打着老师的旗号,但毕竟是5名年轻的程派新秀实实在在地站在了舞台中央。透过这场演出,我们不妨一窥当下戏曲艺术传承发展的更多模式和可能。张火丁,当代极具票房号召力的京剧演员,曾有人为买她的戏票彻夜排队。2015年,张火丁程派艺术传承中心在中国戏曲学院成立。中心的主要工作包括教学、实践、创作、科研。台上,年轻的学生演绎着白蛇仙山盗草、梁祝比翼双飞、唱不尽荒山有泪、赠不完锁麟锦囊;台侧,张火丁搬把椅子坐在上场门,为学生把场。艺术传承不止于一场汇报演出,却无疑会记录下这一笔口传心授。

戏曲的观众是恋旧的,这一点,从当下不少优秀的演员曾被称为"小某某"也可见一斑。观众热衷于在年轻的演员身上寻找其师门的影子,并以此来判断其艺术的根基与厚度。无论是潜心校园,还是以团带班,各个剧种都在找寻适合自己的传承之路,戏要常演,人要常新。系统化、模式化的学习,为新人们打下扎实的基本功。而度过了求新求变这一最初阵痛期的戏曲,也让我们欣喜地看到,它并未因新而废旧。

不到园林,怎知春色如许?不登舞台,又怎知究竟传承到了几分功力?五十五折的原本删减为二十九折,保持昆曲抽象写意、以简驭繁的美学传统,利用现代剧场的种种概念,传世经典《牡丹亭》以青春靓丽的形式再现了一段跨越生死的爱情,并由此掀起一番昆曲的热潮,且至今未退。青春版《牡丹亭》选中了俞玖林、沈丰英分饰柳梦梅、杜丽娘，这两位青年演员属于苏州昆剧院的"小兰花"班，是极具潜力的两块璞玉，但玉不琢不成器，于是，该剧的主要制作人白先勇大力敦请浙江省昆剧院被称为"巾生魁首"的汪世瑜及江苏省昆剧院有"旦角祭酒"美誉的张继青跨省跨团进驻苏州，亲自传授。一部戏的排演，同时也是一次师徒传承的机缘。2004 年 4 月，青春版《牡丹亭》开启世界巡演。年轻的演员、年轻的舞美，收获的是诸多的年轻"粉丝"。伴随着古老昆曲的"翻热"，一些原本已经淡出舞台的老一辈艺术家重又回到观众的视线、走进大学的讲堂。

创新的基础是传承，"死学"，而后方能"活用"。这一盏灯火，是当下的戏曲从业者们，从师门中继承，从"传统"手中接过的。

盛放——
成就色彩斑斓的梦想

2013 年 12 月 30 日，由中央财政拨款，同时依法接受自然人、法人或者其他组织捐赠的一项公益性基金——国家艺术基金正式成立，旨在繁荣艺术创作、培养艺术人才、打造和推广精品力作、推进艺术事业健康发展，重点围绕创作生产、宣传推广、征集收藏和人才培养四大方向进行资助。时至今日，不少炙手可热的戏曲演出，我们都会在宣传册上看到"国家艺术基金支持"的字样。而除了这些由名家、名团演出的作品，更多原本不为人所知的剧种和剧目，因为国家艺术基金的支持，得以走上更高的舞台，被更多的观众欣赏和接受，同时，也参与更广泛的艺术交流，得到更长足的艺术发展。

2018 年 10 月 22 日，由文化和旅游部艺术司与重庆市文化和旅游发展委员会共同主办的首届名家传戏——当代地方戏名家收徒传艺工程成果汇报演出在古城重庆川剧艺术中心举行。首场演出包括了评剧《花为媒》、川剧《打神》、黄梅戏《女驸马·洞房》、淮剧《团圆之后·认父》、豫剧《大祭桩·哭楼》、婺剧《断桥》六个名段。"名家传戏——当代戏曲名家收徒传艺工程"是文化和旅游部实施"中华优秀传统艺术传承发展计划",支持戏曲繁荣发展的一项重要内容,其目的是最大限度地将老艺术家的戏与艺保留下来。自2005年实施以来,该工程每年扶持100位戏曲名家以"一带二"的形式向两名学生传授两出经典折子戏,涵盖了京剧、昆曲、地方戏各个门类,已经资助230余名地方戏表演艺术家向470余名青年演员传授各自的表演精粹。

年轻的演员们站在舞台中央,除了展示戏曲传统的魅力,也不曾忘记创新的使命。只是,经历了上一番实践与争论之后,戏曲创新的家底已经愈发厚实,有成功值得借鉴,有失败足以为戒。而另一方面,随着戏曲观众年龄层的不断翻新,对舞台实践的包容度也愈发扩大。于是,浪漫的、前卫的、荒诞的、惊悚的,各种类型的小剧场戏曲作品轮番上演,上海、北京等地也相继有了小剧场戏曲节。

一路走来,各地、各级提出的戏曲文化政策和措施,无不反映了当时当地戏曲发展的新动态、新思路,也无不对剧种乃至整个中国戏曲的发展产生着深远的影响。立足改革开放的大背景,我们讨论更多的当然是改变、革新,但在戏曲领域,开放与变革,不是简单地意味着除旧迎新,而是一次次涅槃、一次次新生。复兴的路途上,旧戏与新编,谁能先行;发展的历程里,传承与创新,谁更重要;于是,思考与实验,借鉴与融合,相拥而舞。也许没有人能说得清,曾经没落时,选择坚守或者另寻出路谁更正确;也许没有人能辩得明,如今轰轰烈烈的发展热潮里,继承传统与开拓创新谁更重要。但戏曲还在,也应当有更好的明天,因为有那么多的人在为它痴迷,为它喝彩,为它追寻,为它求索。

大潮澎湃中　消费者权益保护的缘起

任震宇

2018 年，中国的改革开放进入了第 40 个年头。

纵观改革开放以来的中国经济的发展轨迹，我们可以清晰地看到：市场经济实质是"消费者主权经济"，改革开放 40 年来，随着市场经济运行机制逐渐发展，必然会催生出一个与其相适应的消费者权益保护机制，中国的消费者保护运动正是伴随着改革开放的步伐，逐步建立并完善的。

改革大幕初启，大潮澎湃中，中国的消费者保护事业也悄然诞生。

消费者权益保护是件新鲜事儿

1980 年 6 月 1 日，香港。

重新打开国门的中国人用好奇、羡慕、疑虑的目光打量着这个已经陌生的世界。也许是天然的血缘联系，在封闭了多年之后，重新开眼看世界的中国人总喜欢将目光落在香港这颗"东方之珠"上，一批又一批的考察团南下香江，从企业运营方式到流行文化，乃至经济运行机制，重新开放的中国人默默地观察着，学习着。

这天，又一个考察团来到了维多利亚湾之畔，这是刚刚恢复建制仅两年的国家工商局的一个考察团，带队的是时任国家工商局局长魏今非，正是在这次考察中，他们接触到了一个从未接触过的民间组织——

香港消费者权益保护委员会。

回国后，考察团把考察情况向国务院递交了一份书面报告，介绍了香港消委会的一些基本情况，建议仿效香港消委会，在一些大中城市成立消费者协会。

1981 年 6 月，国家商品进出口检验局局外事处处长朱震元在参加完联合国亚洲太平洋经济社会理事会在泰国曼谷召开的"保护消费者磋商会"后，又写了份报告建议建立消费者保护组织，这份报告最后得到当时六位副总理的圈阅同意。但由于种种原因，一直到 1984 年年底，中国消费者协会才正式组建。

"在当时，消费者保护绝对是件新鲜事。"中国消费者协会原副秘书长武高汉曾参与了中消协的筹备、成立，他说："要知道，在改革开放前，我国实行的是计划经济，买盒火柴都需要凭票，而且物资匮乏，在这种背景下，根本谈不上消费者保护。"

在改革开放之前，我国的计划经济实行的是凭票供应的制度，从最基本的需求吃饭、穿衣，到那个时代的奢侈品"三转一响"（手表、自行车、缝纫机、收音机），无不需要相应的票证：吃饭要粮票，穿衣要布票，吃油有油票……各种票证加起来共达 60 多种，票证成了城乡居民吃饱穿暖的一种保障。

应该承认，从 1953 年我国开始对粮食进行统购统销，实行票证制度与计划经济在生产力低下的年代有其合理性与必要性，但这种制度也在很大程度上抑制了生产力的进一步发展，更抑制了消费需求的扩大。而且在计划经济时代，各类商品一直处于短缺状态，供不应求，想买到所需要的商品已经很困难，更谈不上自由选择。当时，"消费者"这个词都十分冷僻，甚至带有贬义色彩，"消费者权益保护"更是无从谈起。

随着党的十一届三中全会的春风吹遍神州大地，改革开放的大潮荡涤着 960 万平方公里的国土，陈旧僵化的计划经济体制开始走向解体，解放的生产力和消费需求，催生出商品经济的幼苗，在不久的将来，它将成长为参天大树。

商品经济突出了消费者的地位

值得注意的是，也正是在 1984 年 10 月 20 日的党的十二届三中全会上，第一次明确提出：社会主义经济"是在公有制基础上的有计划的商品经济"，突破了把计划经济同商品经济对立起来的传统观念。

"我国过去是高度集中的经济模式，是不结合消费的生产型模式。"早在 1985 年，第七届全国人大常务委员会委员、法律委员会副主任委员顾明就曾表示："改革开放不仅要把经济搞活，也要把人民群众生活安排好，更好地满足人民的消费需要，调动人民的积极性。因此，保护消费者利益的问题就提到了日程上。可以说，消费者协会是应运而生的。"

"建立消费者协会当时还有一个大的背景。"中国消费者协会首任秘书长王江云说："随着市场的逐步开放，商品多了，也出现了许多坑害消费者的事件。"

改革开放的大幕拉开后，经济大潮汹涌澎湃，被压抑许久的创造力和消费欲望，也正逐渐被激发出来，掀起了一个又一个的消费热潮：电风扇、洗衣机、电冰箱、电视机、时装……逐渐走进了人们的生活。

由于商品经济市场体制刚刚开始建立，从法律到监管体制都不完善，一时间各种损害消费者合法权益的事件和行为不断发生！

作家霍达在其创作于 1986 年的报告文学《万家忧乐》中记载了一位购买了假冒"佳丽彩"彩电的消费者的经历，这位用攒了一辈子辛苦钱买下一台冒牌彩电的消费者在向售假者提出退货要求时，却遭到了冷漠的对待，而他却欲告无门。

"当时，中国还没有走出计划经济的旧有模式，市场经济仅仅作为计划经济的一个补充，人民群众对于保护消费者利益这一概念还缺乏认识，多数人甚至闻所未闻。假冒伪劣、坑蒙拐骗等等侵犯消费者利益的现象大量存在，许多普通百姓蒙受了经济损失和精神折磨却欲诉无门，不知道该到哪里去'讨个说法'。"霍达回忆当年的创作背景时说道。

显然，如不认真解决这些问题，不仅影响社会的安定，政府的形象、改革的声誉、决策的权威也会因此受到了不同程度的误解和损害。

"在这样的背景下，有关部门认为必须要加强对消费者权益的保护。"王江云说："当时的决策者也认识到，加强保护消费者的利益，不是仅仅依靠行政机关的力量就能解决的，消费者自己也要组织起来维护自己的合法权益。"

"商品经济突出了消费者的地位。"北京工商大学洪涛教授表示，"在进入商品经济后，由于政府权力在经济运行的部分领域中逐渐退出，留下的权力空白必然需要新的公共管理机制来填补；而作为商品经济主导者的消费者，也需要在这个空白领域拥有一个代表自己利益的团体。因此，消费者组织也就应运而生了。"

1983 年，河北省新乐县出现了我国第一个消费者协会，接着在1984 年 8 月，广州市也效仿香港成立了消费者委员会，到 11 月，哈尔滨市也成立了消协。

这些地方消协的建立为全国性消费者保护组织的建立做了探索，1984 年 12 月 26 日，中国第一个全国性消费者保护组织——中国消费者协会终于成立了。时任全国人大常委会副委员长兼财经委主任的王任重出任中国消费者协会名誉会长，时任国家工商行政管理局副局长李衍授担任会长。

对它的成立，《香港商报》当年曾这样评价："中国正在进行一场消费革命，一个突出变化是：政府纠正了限制消费的做法，鼓励人们吃好、穿好、用好、住好。在此情势下应运而生的中国消费者协会，除维护消费者利益外，还担负着指导城乡人民的消费，促进社会主义商品经济发展的任务。"

《风赋》有云："夫风生于地，起于青苹之末，侵淫溪谷，盛怒于土囊之口。"

在当时，这个叫"中国消费者协会"的社会组织成立就像改革大潮中掀起的一个小小浪花，并没有引起多少人的注意。但在今天回望那个时刻，我们却发现：日后开展得轰轰烈烈的中国消费者保护运动，正是在那个时候开始正式踏上历史舞台。

消费者的社会保护之路

1985 年的一天，一位名叫李晓星的北京市民给中国消费者协会写来了一封投诉信，这位辛辛苦苦攒了 300 元钱买了一台"夏友牌"冷暖风机的消费者发现，这台机器质量极其低劣，而对这样的劣质产品，销售单位却表示不负责维修，也不负责退换，这让消费者十分气愤。

这样的来信来访，在短短几个月间，中消协已经接到了数十起，这很快引起了中消协的注意。中消协调查发现，仅 1985 年以来，广东、广西、福建等省都大量进口此类家用冷暖风机，仅广东省就耗用近一亿美元，进口整机 400 万台。而且这些冷暖风机大多数未经过检验，质量低劣，甚至连起码的超温保险装置都没有。

对于各类消费品质量低劣的问题，当时的中消协曾做过一些分析：从大的背景上说，刚刚面对商品大潮冲击的中国社会，一些传统的商业伦理道德迅速崩溃；当时生产力的低下使家电、自行车、摩托车等都成为供不应求的紧俏商品，在卖方市场占主导的背景下，质量低劣的商品也就有了生存空间。

"在商品经济和市场经济发展初期，确实会出现产品质量下降和企业不诚信的现象。"北京工商大学商业经济研究所所长洪涛表示："随着商品经济的发展，市场竞争的无形之手会最终促使企业提高质量和诚信。"

中国人民大学法学院的刘俊海教授说："但是在这个比较混乱的时期，包括消协在内的公共管理部门并非无所作为，它应该尽可能地保护消费者的利益，并规范企业的行为。从而推动企业依靠竞争进步，促进整个消费品市场和经济的发展。"

消费市场的混乱也引起了中央的注意，1987年的十三大报告首次提出："保护消费者合法权益。"

而在七届全国人大二次会议的《政府工作报告》中，更特别强调"要发挥消费者协会的作用"。

但是消费者协会要如何发挥作用？

"这就需要我们来解决消费者最关心的问题。而消费者投诉就是和消费者直接利益最密切相关的。"王江云表示。

但是作为一个社会组织，消协并没有行政权力，不能直接对企业行使管理职能。

"当时我们明确了一点，中消协不能用行政机关的工作作风和工作方式，要用群众组织的工作方法来开展工作。"王江云曾在共青团中央工作，这让他在进行群众工作时驾轻就熟，"那么靠什么呢？就要靠搞各种活动和宣传，因此一开始我们就注意密切联系新闻媒体。"

1985年6月27日，中国消费者协会就冷暖风机的问题，通过新华社向全国发布了"提请消费者注意，切勿购买进口劣质冷暖风机"的消息，这是中消协发布的第一个消费警示，消费警示发出后，中消协又穷追猛打，很快，冷暖风机在各地的销售降了下来。1985年9月19日，当时的对外经济贸易部、商业部、国家进出口商品检验局联合发布了《进口家用电器检验管理暂行办法》，对加强进口家用电器检验管理起到了重要作用。

就在中消协发出第一个消费警示不久，又开始了第一次比较试验活动。

"当时消费者能获得的消费品信息还比较少，我们考虑，消费者协会不仅仅要向消费者提供警示信息，还要指导消费者如何消费，提供有用的指导信息，让消费者具备选择能力。"王江云回忆："当时社会上对酸奶的质量意见比较大，我们考虑，如果能有科学鉴定结果，那么向消费者提供指导信息，也就有底气多了。"

于是，中消协工作人员在市场上抽样购买了10个有代表性的酸奶产品，委托北京市进出口商品检验局和中国人民大学商品学系食品检测化验室进行检测，按照当时的酸奶国家标准衡量，基本合格的仅有两家。结果出来后，中消协又顶着压力，于1985年9月2日召开了首次新闻发布会，公布了检测结果。检测结果公布不久，北京市政府给中消协发来一封感谢信，并附上市政府向国务院递交的"关于进一步提高酸奶质量问题的报告"，其内容是对中消协的"曝光"予以肯定和接受，对中消协的监督批评表示感谢，来信还对酸奶质量存在的问题进行了分析，并提出了具体的改进措施。

中消协开展的社会活动也越来越丰富多彩。1986年3月15日，王府井大街的东风市场（今东安商场）西北门摆开了几张桌子，几个工作人员向经过的群众散发着印刷好的资料，上面印着在自身消费权益遭到侵害时如何向消协投诉，如何维护自己权益的资料。

中国历史上第一次"'3·15'维护消费者权益宣传咨询服务"活动就这样简单而朴素地开始了。

"其实，当时中国消费者协会还没有加入国际消费者组织联盟，我们是在一些资料上知道国外有这个'"3·15"国际消费者权益保护日'，因此也在这天搞了个活动。"王江云笑言："而搞这个活动的主要目的，则是要让群众知道有消费者协会这么个组织，可以帮他们解决身边的消费问题。"

1987年10月15日，中国消费者协会和原国家工商局、原国家商检局、原国家标准局联合在北京革命军事博物馆联合举办了"全国打假保优商品展览会"，集中展示了几年来发现的假冒劣质产品，揭露了假冒伪劣的危害，形成了打假的舆论高潮。这次展览会在国内产生了巨大的反响。

1991年，第一届由中消协和CCTV（中央电视台）主办的"3·15"晚会开播，"3·15"晚会迄今已经举办了28届，已经成为中国消费者保护事业的一个著名品牌。

在通过新闻媒体维护消费者权益的同时，中消协还担负起了消费者和政府有关部门桥梁的作用，及时向有关政府管理部门提供消费市场信息，以及消费者最关心的问题。

1986年5月，中消协针对当时市场上紧俏商品预售中存在的问题，向有关部门发出了《应该刹住以预售为名坑骗消费者的邪风》的简报，此后，中消协还先后针对白孔雀艺术世界违反物价纪律乱收费、假冒东芝彩电的"东珠"劣质进口彩电、虚假邮寄广告、进口的法国汤姆逊彩电严重质量问题……或是进行了曝光，或是通报有关部门进行处理。

轰轰烈烈的消费者保护运动在神州大地上四处开花，随着各地消费者保护组织的建立，消费者保护运动正在向基层深入发展，也越来越多地得到政府、社会以及消费者的拥护与肯定。1987年8月，《福建体制改革调查研究报告》第十四期刊发了福建省顾委常委李敏唐撰写的调研文章《消费者组织在社会经济生活中的重要地位》，认为消费者组织是经济体制改革的产物，充分肯定了消协组织在促进经济体制改革深入上发挥的作用，并指出，消费者组织所发挥的社会监督作用，对发挥人民群众参与社会管理，加强社会主义民主，乃至推进政治体制改革，都有启示作用。

由于消费者协会在改革开放初期在保护消费者权益方面所作出的杰出贡献，1990年1月15日，时任国务院总理的李鹏为中国消费者协会成立五周年题词："消费者协会要成为政府联系广大消费者的桥梁"。

改革开放大潮中诞生的这朵小小浪花，在短短几年时间里，正在逐步汇聚成汹涌澎湃的大浪，荡涤着中国的市场，除污去垢！

法治之路：为了市场主体的合法权益

任震宇

　　市场经济的发展让企业主体之间开始出现了竞争，竞争给经济生活带来了活力，推动了生产的发展和社会的进步。但是，有竞争就会出现不正当竞争，商业贿赂、制售假冒产品、制作发布虚假广告、擅自使用他人的商标……这些现象不仅侵犯了消费者的权益，对于正在向市场经济转型的中国经济而言，也有极大的危害。提高商品质量、打击不正当竞争行为、维护商标知识产权，本质上都是维护消费者的权益，促进经济的健康发展，为改革开放保驾护航。

　　在这样的背景下，完善与市场经济相适应的法律法规，保护包括消费者在内的各市场主体的合法权益，成为中国立法工作的重点任务。

转型时期的消费者权益侵害与维权

　　20 世纪 80 年代末 90 年代初的中国，正处在一个痛苦而困惑的转型期，国际形势风云变化，不少传统国企濒临倒闭、通货膨胀、市场疲软、假货横行……是坚持商品经济，甚至完全走向市场经济？还是转回计划经济？无数的中国人在思考着、摸索着。

　　1992 年的春天，改革开放的总设计师邓小平在视察武昌、深圳、珠海和上海时发表了一系列谈话。在南方谈话之后，曾一度惶惑、迷茫的中国人再度坚定了沿着改革开放之路走下去的决心，市场经济的主体地位开始逐步建立，改革开放再度向纵深发展。

1992年10月12日到18日召开的中国共产党第十四次代表大会在新中国的历史上具有划时代的意义，正是在这次会议上，我国确立了建立社会主义市场经济体制的改革目标。

市场经济的大潮，势不可当地冲破了一切阻挠，沿着历史的河道，汹涌前行。

"与有计划的商品经济相比，市场经济更加强调消费者的主权地位。"北京工商大学教授洪涛说："计划经济其实是政府安排企业生产什么，消费者就被动地去消费什么，是一种有计划的消费。而市场经济，就是消费者通过自己的需求引导企业调整生产方向，在竞争的压力下，企业会生产出消费者需要的商品。市场经济地位的确立，也等于确立了消费者的'上帝'地位，从经济运行层面，确立了对消费者权益的保护。"

在市场经济大潮的冲击下，作为社会组织的中国消费者协会又该如何确定自身的定位？又能发挥什么样的作用呢？

"当时我们对此有个判断，在市场经济条件下，消费者组织的地位不是削弱了，而是加强了。"时任中消协秘书长张明夫说："市场经济时代，更加需要消费者组织发挥其作用。"

时任中消协会长的曹天玷在中消协二届三次理事会上所作的工作报告中，也指出："国家的监督是不可能无所不包的，作为补充和完善的措施，还需要社会监督与其配合……由于市场经济要比计划经济运行复杂得多，加之市场经济还有其自身弱点和消极方面，这就更需要加强社会监督。而这个社会监督的重担，相当一部分要落在消费者组织身上。在市场经济条件下，消费者组织对商品和服务的社会监督不是可有可无的，而是需要加强的。"

进入市场经济之初的中国，在汹涌而来的市场经济大潮中，中国人的腰包鼓了，消费的需求也愈发迫切。但当时的商品质量依然不容乐观，消费者对耐用消费品的投诉每年以数万件次递增，食品、饮料抽查合格率每况愈下，假酒、假药谋夺人命的事件屡有发生。伪劣商品不断，给消费者生命财产安全带来极大威胁。

1995年3月8日，北京女孩贾国宇和家人在一家餐厅吃火锅时因卡式炉发生爆炸导致严重烧伤。为了能给女儿讨一个说法，贾国宇的父亲将餐厅、气雾剂及卡式炉的生产厂家告上了法庭，北京市海淀区人民法院判决卡式炉生产厂家除了赔偿治疗费17万余元外，还判决精神损害赔偿在内的残疾赔偿金10万元。这也是人身伤害中的精神损害赔偿首次被写入判决。

1996年，福建省龙岩市技术监督局的干部丘建东发现当地邮局的公共电话没有落实邮电部关于节假日、夜间电话长途费减半的政策，于是打起了索赔1.2元的官司，并最终取得胜利，这成为我国第一例公民为捍卫公共利益所提起的诉讼，也成为消费维权公益诉讼最初的尝试。

1999年7月，黑龙江省牡丹江市皮革厂下岗女工郑丽华为准备读大学的女儿配制了一副角膜塑形镜（"OK镜"），结果女儿的近视不仅没有得到矫正，反而因此落下伤残。为给女儿讨回公道，郑丽华变卖家产，花费十几万元，历经磨难，揭穿了不法分子伪造所谓"美国视康眼科视学中心"材料，在申报"OK镜"企业注册时提供虚假文件、违法生产的内幕。

2000年，宁夏地矿厅司机黄国庆驾驶的三菱帕杰罗越野车出现刹车油管漏油现象，在山区道路上险酿成重大交通事故。根据多年的技术经验和当地检验检疫局出具的检验报告书，黄国庆认定三菱越野车在刹车油管设计上存在不妥当之处，并向三菱公司提出了索赔要求。黄国庆的索赔行为直接导致了随后席卷全国的三菱汽车召回事件，成为缺陷汽车产品在中国的第一次召回事件。这一事件也成为日后出台的我国首部《缺陷汽车产品召回管理规定》的导火索。

法规以集束型方式颁布实施

在诸多事件的推动下，一系列具有深远意义的法律出台了。

1993 年，《产品质量法》《反不正当竞争法》《消费者权益保护法》先后出台，1982 年出台的《商标法》也进行了第一次修订。

一年后的 10 月 27 日，《广告法》出台，再过一年，1995 年 10 月 30 日，《食品卫生法》也颁布并实施。

与消费者权益保护相关的法律法规在这两三年间密集出台并非偶然。

"如果我们回顾历史就可以发现，《消费者权益保护法》等法律的出台和我国进入市场经济几乎是同步的，这不是偶然现象，这说明我国在发展市场经济之初就注意到了消费者和经营者是存在矛盾的，因此制定了这部消费者权益保护法。"外经贸大学法学院的苏号朋教授表示。

而中国政法大学的吴景明教授更进一步阐述了此类法律的意义："初级阶段的市场经济，正在进行原始资本的积累，它就像一头桀骜不驯的怪兽，而保护消费者权益的法律，则是给这头怪兽套上的缰绳，束缚它的行为。"

如专家所言，早在改革开放开始不久，中国政府就已经认识到了保护消费者法律的重要。

1985 年 1 月 30 日，中国消费者协会刚刚成立，首任中消协会长李衍授专门向时任全国人大常委会副委员长的王任重同志汇报了中消协成立的情况，"当时王任重同志就说了，保护消费者权益，没有法律不行。"陪同李衍授汇报工作的中消协原副秘书长武高汉回忆道："当年两会期间，就有人大代表向全国人大提出了立法申请，建议出台保护消费者权益的法律。但由于出台一部法律需要花费的时间比较长，因此后来考虑可以先出一部消费者保护条例之类的法规。"

219

为了出台这部法规，中消协从建立之初就开始做准备，早在1985年2月8日，中消协召开第二次常务理事会，研究讨论上半年工作安排，在决定的六项工作安排中，排在第二位的就是"着手进行制定保护消费者权利法规的准备工作"。

"制度上的侵权是最大的侵权，因此，作为消费者组织，在立法过程中，代表消费者的利益参与立法，能从制度层面上保护消费者的利益，这是对消费者最大的保护。"刘俊海说。

"当时的程序是，由中消协起草这部消费者保护条例，然后上报给国家工商局，再上报给国务院法制办。"中消协前秘书长张明夫回忆："因此我们用了很大的精力来起草这部法律。"

到1991年前后，中国消费者协会已经起草了一部消费者保护条例。但是社会的进步，市场的需要迫使着消费者保护法律也必须升级。1991年夏，一份关于申请制定《中国消费者权益保护法》的文件几经辗转，交到了全国人大常委会法制工作委员会。全国人大常委会法制工作委员会遂委派何山等民法专家开始参与消费者权益保护法的起草工作。

曾担任全国人大法工委副巡视员的何山认为，当时决定立《消法》是时代发展的必然，随着中国逐步转入市场经济，必然出现保护消费者权益的问题，只有保护消费者权益才能更好地促进社会生产的发展，而保护消费者权益又需要法律作为保障。

"在多年的维权实践中，我们了解了消费者需要什么样的法律保障。"武高汉回忆："我们积累和整理了大量的消费领域里侵害消费者权益的典型案例，这些案例为立法的专家们提供了许多感性认识和立法的依据。"

他记得当时有几个案例引起了何山等专家的极大兴趣。比如20世纪80年代在我国出现的一种名为电子增高器的产品。有关部门撤销了这个假专利并责令禁止生产和销售此类产品。但是由于信息的不对等，消费者并没有找不法经营者退货。再有就是一位消费者使用蒙妮坦生产的"奇妙换肤霜"后，造成毁容。消费者几经交涉，最后只退还了买换肤霜 79 元价款中的 63 元。这些案例对《消法》中的民事赔偿，特别是关于伤残赔偿和精神赔偿等条款的确立都提供了重要的依据。

1993 年 10 月 6 日下午，全国人大常委会法律委员会审议消费者权益保护法草案，在会上，对于是否加入惩罚性赔偿条款，中国消费者协会前任会长曹天玷和原国家工商局的田云鹏等同志做了感人至深的发言。讨论后，法律委员会主任委员薛驹逐一征询意见，在项淳一、孙琬钟等多数委员支持下，法律委员会决定将惩罚性赔偿条款写入草案。

1993 年 10 月 31 日，第八届全国人大常委会第四次会议以 127 票的满票通过了《中华人民共和国消费者权益保护法》。

"这部法律创造了我国立法史上的几个第一：一是《消法》成为我国改革开放以来首部全票通过的法律；二是规定了退一赔一的加倍赔偿，这在大陆法系国家保护消费者权益法典中是首次出现的惩罚性赔偿条款；三是在历次社会调查中，消法的知名度排在刑法、民法、劳动法、婚姻法之前，名列榜首；四是第一次在立法中用契约正义的立法思想取代了传统民法中契约平等的思想。"武高汉这样评价消法的意义："从这个角度来说，消法的立法精神万岁！"

平凡英雄推动中国消费者保护运动发展

消费者权益保护法颁布后，一开始其知名度并不高。1994 年，中消协在北京的一项调查显示，对消法有比较详细了解的人只占被调查人群的 18%，不了解甚至不知道消法的则有近 30%。

"不被消费者所掌握的消法，就无法发挥其作用。"中消协认识到了这一点，因此早在消法正式公布之前的 1993 年 10 月 25 日，中消协就向各级消协发出关于开展宣传"消法"的紧急通知，要求各地开展消法的宣传工作。消法颁布后，各地消协（消委）立刻开展各种活动，和新闻媒体合作，宣传消法。但是由于各种原因，依然有很多人不了解这部和自己利益最为密切相关的法律。

但令人意想不到的是，一个平凡的消费者一次大胆的尝试，却在社会上掀起万丈波澜，不仅让《消费者权益保护法》迅速为人所知，也让越来越多的消费者敢于拿起武器维护自己的权利，涌现出无数的平凡英雄。

1995年，时任中消协投诉部主任的武高汉无意中听说：一个年轻人发现北京隆福寺商场销售的索尼耳机有假，就故意购买了多副，要求商场按照消法"退一赔一"的规定进行赔偿，被商场拒绝。

这个年轻人就是王海，武高汉知悉后，马上告诉了《中国消费者报》当时的总编李学寅，不久，《中国消费者报》就刊发了一组报道《是刁民，还是聪明的消费者？》，这是国内对王海买假索赔最早的报道，由此展开了关于"王海现象"的大讨论。

王海等人"知假买假"的行为在社会上引起了激烈的讨论，甚至迄今仍有争议，由此出现的"职业打假人"更是成为一个充满争议的群体。但一个不可否认的事实是，正是在这次大讨论中，消法得到了普及，尤其是其第四十九条，更是在这次讨论中广为人知。

"在历年的对法律知晓度的调研中，消法都是排在第一位的。"武高汉表示："这一方面说明了消法是符合老百姓需要，保护其利益的法律，另一方面也说明了，消法的普法工作做得比较好。"

"市场经济也是法制经济，消费者懂法了才会用法律维护自己的权益。"中国人民大学法学院教授刘俊海评价道："作为一个社会团体，消协不仅仅要积极参与立法，也要积极普法，这样才能更广泛地帮助消费者维护自己的权利，避免受到侵害。"

"王海现象"的出现不仅仅宣传了《消费者权益保护法》，更重要的是，它预示着，普通消费者正在走上消费者保护运动的舞台，他们不再是被保护的对象，他们更是消费者保护运动的主角！

1994 年，石家庄消费者郭振清发现某化妆品公司组织抽奖促销时存在弄虚作假行为，他坚持讨个"知情权"和"公平交易权"，最终迫使厂家同意重新组织抽奖。此后，郭振清就走上了一条雷锋式打假的道路，从一块奶糖、一件羊毛衫这样的小物件引发的小纠纷，到叫停市电信局对全市 100 多万固定电话用户收取 2 元钱"代维费"的公益维权，到几百万元的房产合同纠纷——10 多年的时间，以帮人讨公道为己任的郭振清代人打赢消费官司 1 万多起，义务提供法律咨询 10 万多人次。

2001 年 2 月，时任河北省石家庄市三和时代律师事务所律师的乔占祥就春运涨价向铁道部提起行政复议。同年 4 月，乔占祥向北京市第一中级人民法院提起行政诉讼，将铁道部告上法庭。2002 年 1 月，第一次价格听证会在京举行，中国价格听证制度由此确立。

北京国际友谊花园的楼盘业主们发现房屋面积存在缩水的问题，业主委员会主任于亚非毅然辞去工作，带领业主们坚持维权，经过两年多的维权斗争，最终开发商补偿业主 3000 多万元。"北京国际友谊花园维权案"被中消协评为 2002 年十大维权事件之一。

2004 年 9 月，因火车用餐、退票、售货不开发票，以及 2006 年春运涨价不开听证会等问题，还在中国政法大学上研究生的郝劲松连续提起民事诉讼，状告当时的铁道部。最终，他几乎凭借一己之力结束了中国火车消费不开发票的历史，并促成原铁道部宣布停止实行多年的春运涨价行为。

2005 年 9 月，法学博士李刚状告全国牙防组，到 2007 年 5 月卫生部提出清算性质的审计报告，历时一年零八个月，一个存在了 18 年的"权威机构"轰然坍塌。此后，社会上追查"类牙防组"、监督"伪公权力"的诉求应声而起，从而把认证资格、商业贿赂、专家的职业操守、基金会管理等一连串问题都放到了舆论的聚光灯下。

2008 年 9 月 11 日，《东方早报》记者简光洲采写的《甘肃 14 名婴儿疑喝"三鹿"奶粉致肾病》报道刊发，他首次在报道中点出"三鹿公司"的名字，由此揭开了震惊全国的"三鹿奶粉"事件的内幕，也间接挽救了无数婴儿的生命。

《消费者权益保护法》以及其他和消费者权益保护相关的法律的横空出世，让中国消费者的正当权利终于有了法律庇护，成为消费者权益保护运动的基石。

但消费者权益保护并不仅是政府部门、消协组织的事，它是每一个消费者自己的事。中国的消费者保护运动，真正的力量来源正是所有的消费者。

随着法律的完善以及消费者权益保护运动的发展，一个个平凡的英雄从消费者中脱颖而出，他们把大家隐忍的小事变成了人人关注的大事，他们刨根问底为消费领域带来了不一样的改变，他们不仅改变了自己的命运，还改变了无数人的境遇，他们用自己的行动告诉每一个消费者：

在消费市场上，每一个消费者都是主角，每一个消费者的权益都可能受到侵犯，每一个消费者也都可以成为英雄。

构筑三大体系　推动消费者权益保护纵深化

任震宇

时间很快到了 21 世纪，在经过 20 世纪 90 年代后期宏观调控"软着陆"后，中国经济再度驶上了快车道。

2003 年 10 月，中共十六届三中全会上首次提出了"科学发展观"，提出"坚持以人为本，树立全面、协调、可持续的发展观，促进经济社会和人的全面发展"。而在次年的中共十六届四中全会上，又提出构建社会主义和谐社会的任务。

新形势下，中国消费者协会开始探索新的消费者社会保护方式；

新世纪里，中国中国的消费者保护运动也正在向纵深方向发展。

用三大维权体系贯彻消费活动始终

2004 年 12 月 26 日，在中消协三届四次理事会上，时任中国消费者协会常务副会长兼秘书长的母建华作工作报告时指出：深刻理解"以人为本，全面协调可持续的科学发展观"，就消协工作来说……坚持统筹兼顾，既要重视消费维权的事后救助，更要重视消费维权的事前教育和事中监督；既要重视抓好城市的消费维权工作，也要重视抓好农村消费维权工作。

中消协开始打造贯穿消费活动始终的消费者保护方式，也就是所谓的"三大体系"：首先是构筑消费者教育和咨询服务体系；其次则是构筑对商品和服务的社会监督体系；还有就是构筑保护消费者合法权益的救助体系。对这"三大体系"的作用，中消协是这样定义的：教育和咨询服务体系主要是事前消费维权，社会监督体系主要是事中消费维权，救助体系主要是事后消费维权。三方面相互联系，相互促进。

与此同时，随着中国加入WTO，越来越多的国际消费品也随之进入中国的消费市场。外国消费品的涌入，不但促使国内的企业提高自身的质量和产品附加值，也让中国消费者有了更多的消费选择。不过，"洋品牌"并不必然意味着高质量，随着外国企业生产的消费品越来越多进入中国市场，各类"涉洋"消费纠纷也多了起来。

2000年以来，中消协连续接到多起投诉，三菱帕杰罗V31、V33两款型号的汽车由于设计上存在缺陷，这两款汽车在使用中多次出现事故。于是，中消协就其所涉及的消费者权益问题同日本三菱公司进行交涉，

在中消协的努力下，最终促使三菱公司召回了7.2万辆三菱车，并明确了有关赔偿条款。在和三菱的纠纷中，我国消费者处于劣势的主要原因是立法的滞后。为解决中国立法的滞后所带来的保护消费者合法权益的障碍问题，中消协积极开展工件，最终促成《缺陷汽车产品召回管理规定》的出台。

三菱事件尚在处理之中，又一起涉及国际大型企业的重大投诉出现了。2001年1月27日晚上8点钟，由北京起飞经日本赴美国等地的日本航空公司JL782航班因下雪无法降落而转载至大阪。日航一直未能为中国乘客提供最基本的食宿、通信保障。2月17日，乘客向中消协投诉，要求日方赔礼道歉，赔偿。中消协建议乘客以日航服务不周为由进行维权，并向日航提出交涉、要求其对中国消费者赔礼道歉和赔偿。在中消协的调解下，日航最终表示道歉并予赔偿。

就在同一年，中消协又接连处理了角膜塑形镜（"OK镜"）损害眼睛投诉、东芝笔记本电脑事件、铁路春运涨价事件等，都在社会上产生

了很大影响。

"其实我们当时处理这些事件,其目的并非仅仅为了解决一些案件的投诉。"中消协原秘书长杨竖昆表示:"我们更注重的是一些制度层面的建设问题。比如三菱事件,我们的目的就是要推动《汽车召回管理规定》的出台。东芝笔记本电脑的投诉处理也是如此,50万美国东芝用户获得了东芝10.5亿美元的赔偿,而在中国由于缺乏相关法律法规,东芝没有实施补偿。我们就想通过处理这类社会关注度很高的投诉,把这种法规介绍到中国,让中国消费者知道,并最终推动国内此类法规的出台。"

在规则层面而非个案中合法维权

侵犯消费者权益的不仅仅是跨国企业,作为计划经济的残余,垄断企业依然通过其垄断地位侵犯消费者利益,其具体体现之一就是霸王条款。

"我国是由计划经济转向市场经济的,难免带有一些计划经济的残余,在市场化改革中,一些因自然、历史等条件形成的垄断企业,其改革步伐落后于社会,并常常用市场垄断形成的优势地位,强迫消费者接受其制定的格式合同。"北京工商大学的洪涛教授告诉记者。

从2003年开始,中消协连续对电信、房地产、汽车、金融、保险等领域的"不平等格式合同条款"发表了点评意见。据中消协原副秘书长董京生回忆,在此之前,中消协也点评过一些非法广告和不平等格式合同,但没有组织过全国消协全面、系统地点评此类不平等格式合同条款。直到2002年年底举行的中消协办公会议上,有关同志提出,应该创新点评形式,向一些不平等的格式合同条款发起挑战。

这个建议得到了协会理事的赞同,也被写进理事会工作报告,成为中消协2003年计划中的工作重点,并定下了目标与计划:点评目标是不平等格式合同条款，点评工作将分领域逐步推进。

2003 年年初，中国消费者协会公开发布了征集公告，向全社会征集不平等格式合同条款，在收集了大量社会意见和分析投诉的基础上，中消协确定了四个点评领域：公共服务业、商品房、金融保险业、汽车、商场超市。

而这些不平等格式合同条款，后来被媒体安上了一个形象的代称："霸王条款"。

2003 年 7 月，中国消费者协会发布了对电信服务不平等格式合同条款的意见。对电信服务中存在的"欠费停机却继续计费""不公平的设立免责条款""电话卡到期余额不退"等霸王条款做了点评。并给相关企业发去了督促整改函，并向有关部门提交了建议函，建议对这些霸王条款进行调查、整改。接着，中消协又陆续点评了购房合同中存在的霸王条款和汽车随车文件中的霸王条款，以及金融行业的霸王条款。每一次的点评，都在社会上产生了不小的反响。

但事实证明，不管对中消协来说，还是对消费者来说，挑战霸王条款的道路，是漫长而曲折的。

点评意见发表后，银行、电信、房地产等企业却"任尔风吹雨打，我自岿然不动"，霸王的王霸之气显露无遗。

这无疑让消协面临着尴尬，当时社会上的舆论一度对消协不利，有人说消协点评霸王条款是拳头打在棉花上，还有人质疑消协点评霸王条款的意义。当时有媒体公开评论："这不得不让人对消协'点评'的效力产生怀疑。消协轰轰烈烈开炮之后，社会各界反应强烈，而被点评对象往往不动声色。很多人为消协叫好的同时，也开始反思：消协的效力到底如何？消协真的能为消费者讨回公道吗？"

"如果我们进行了点评与通报，却被漠然冷对的话，这不是消协的尴尬，而是整个社会的尴尬。"2004 年 9 月 18 日，时任中国消费者协会副秘书长董京生向社会做出了回应，他强调，不管受到怎样的待遇，消协仍然会把这样的点评继续下去。

此时，有关行政管理机关也向霸王条款宣战。浙江省工商局向社会公示了本省 13 家银行的 79 份消费贷款合同中的八大类问题条款，并向银行发出限期修改并必须到工商局审查备案的"最后通牒"。到 2004 年年底，该省 14 家所有省级银行的 52 份消费贷款合同终于全部通过省工商局的备案审查。

此后，有关行政主管部门、行业协会、涉评企业分别与消协组织进行了沟通，反馈了意见，探讨解决方案。

顽固如万年寒冰的霸王条款，终于迎来了坚冰初融的第一声脆响。

2005 年 12 月 28 日晚，在"CCTV 2004 中国经济年度人物"的颁奖盛典上，中国消费者协会走上了领奖台，作为当年"年度中国经济人物"中唯一的一个法人组织，它获得了"年度社会公益奖"。

在颁奖典礼上，评审委员会对中消协是这样评价的："长期致力维护社会公平。2003 年到 2004 年，它不断针对一些垄断行业的格式合同相继做出点评，涉及金融、房地产、保险、旅游等各个方面，维护百姓权益立场十分鲜明。"

正如"CCTV 2004 中国经济年度人物"评委会成员，华南理工大学工商管理学院院长蓝海林所言："（中消协）以一种顽强的使命感维护着社会的正义，其不畏强势的维权行为不但诠释了消协的存在价值，也表现了中国政府力图整治市场的坚强决心。"

而新华社新闻研究所所长陆小华认为："能够从规则层面维权，而不仅仅是挽救个案中的消费者的利益，中消协以及中国消费者群体才真正成为经济生活中的角色。"

在消费领域实现社会的公平正义

中国进入新时代，消费者权益保护运动也迎来更有力的支持与保障，它将伴随着改革开放的大船，驶向更加广阔的天地——

2012年11月8日，中国共产党第十八次全国代表大会在北京召开。党的十八大报告提出："必须坚持维护社会公平正义"①，还指出："公平正义是中国特色社会主义的内在要求；要在全体人民共同奋斗、经济社会发展的基础上，加紧建设对保障社会公平正义具有重大作用的制度，逐步建立以权利公平、机会公平、规则公平为主要内容的社会公平保障体系，努力营造公平的社会环境，保证人民平等参与、平等发展权利。"②

人民的权益是具体的、现实的，体现在经济、政治、文化、社会、生态等各个领域，也体现在人们的日常生活当中。贯彻落实《消法》，保护好消费者合法权益，正是这一法治原则的重要体现。保护消费者权益，改善消费环境，就是要在消费领域实现社会的公平正义，它是社会主义市场经济的内在要求；是实现市场公平竞争、扩大内需、推动经济发展的必需；是保护人身权、财产权，推进民主法制建设的要求；是推动社会进步、加强社会主义精神文明的有效途径；是新时期我党全心全意为人民服务宗旨的体现；是维护社会稳定，确保改革、发展大局的一个重要方面。它不仅是一个经济问题、社会问题，更是一个政治问题，意义非常重大。

党的十八大以来，国家从多个层面入手，采取措施加强消费者权益保护，建立起政府主导、工商牵头、企业为主、群众参与、社会监督

---

① 《十八大以来重要文献选编》上，中央文献出版社 2014 年版，第 11 页。
② 《十八大以来重要文献选编》上，中央文献出版社 2014 年版，第 552 页。

"五位一体"的消费维权社会共治工作模式。

在政策层面，2015 年 11 月 23 日，国务院发布了《关于积极发挥新消费引领作用加快培育形成新供给新动力的指导意见》，这是我国政府在经济发展进入新常态后充分发挥新消费引领作用，满足居民消费需求，提高人民生活质量的一个全面、系统的政策性文件，也是充分发挥新消费引领作用，加快推动产业转型升级、实现经济提质增效的总体部署。《意见》专门列出一个章节"全面改善优化消费环境"，并将"健全消费者权益保护机制"作为全面改善优化消费环境的措施之一，并提出了包括"推动完善商品和服务质量相关法律法规，推动修订现行法律法规中不利于保护消费者权益的条款"等在内的多项具体措施。

改善消费环境，保护消费者权益也被写入了"十三五"规划，《"十三五"规划纲要》提出："适应消费加快升级，以消费环境改善释放消费潜力，以供给改善和创新更好满足、创造消费需求，不断增强消费拉动经济的基础作用"，"实施消费品质量提升工程，强化消费者权益保护，充分发挥消费者协会作用，营造放心便利的消费环境"。

2018 年 9 月 20 日，中共中央 国务院下发了《关于完善促进消费体制机制 进一步激发居民消费潜力的若干意见》，9 月 24 日国务院办公厅又下发了《关于印发完善促进消费体制机制实施方案（2018—2020 年）的通知》，《意见》和《通知》都强调了消费对释放内需潜力、推动经济转型升级、保障和改善民生的重要意义，并要求"健全消费者维权机制"，强调了消费者权益保护在扩大消费中的作用。

在法律层面，党的十八大以来，各种和消费者权益保护相关的法律法规部门规章密集出台、实施，为消协组织开展消费维权公共产品供给侧改革提供了法律保障。

其中最重要的是 2013 年新修订的《消法》做了许多适应时代发展、消费新形态新模式的修改，在新《消法》的框架之下，消费者协会的职责更加明确，任务更加艰巨。

除了新《消法》之外，自党的十八大以来，新《食品安全法》、新《广告法》、《电子商务法》、《侵害消费者权益行为处罚办法》、《网络购买商品七日无理由退货暂行办法》等多项涉及消费者权益保护的法律法规部门条例地方法规得到修订、颁布实施。《消费者权益保护法实施条例》等一系列法律法规也正处于制定、修订的最后阶段。已经有12个省完成了对地方消保条例的修订。

这些新出台或者新修改的法律、法规、部门条例、司法解释、地方法规，织就了一张越来越严密的法律之网，为消协组织改进消费维权工作的方式方法提供了法律依据。

在行政保护层面，一些新的消费者权益保护部门也陆续出现。中国人民银行、中国保监会、银监会等"一行三会"纷纷建立消费者权益保护机构，金融、保险消费者权益已经被纳入行政保护范畴。

2016年8月8日，为提升消费维权工作效能，更好保护消费者合法权益，根据《全国人大常委会执法检查组关于检查实施情况的报告》的要求，国务院正式批准建立由原工商总局牵头，发展改革委、工信部、原质检总局、原食药监总局、中消协等22个成员单位组成的消费者权益保护工作部际联席会议。2016年10月13日，原工商总局牵头召开了消费者权益保护部际联席会议第一次全体会议。消费者权益保护工作部际联席会议的建立加强了对消费者权益保护工作的组织领导，是部门间协作机制的顶层设计和制度创新。

原国家工商总局发挥市场监管主力军的作用，深化商事制度改革，强化事中事后监管，严肃查处假冒伪劣、虚假宣传、商标侵权、垄断和不正当竞争等违法行为，开通"全国12315互联网平台"，促进了消费者投诉举报便利化，出台《七日无理由退货暂行办法》，推进《〈消法〉实施条例》制定，为新《消法》落地积极创造条件；原工商总局还研究制定了《"十三五"时期消费者权益保护工作规划》，明确了"十三五"时期工商和市场监管部门消费者权益保护工作的指导思想、基本原则和规划目标，提出了"十三五"时期工商部门消费者权益保护工作的重点任务和保障措施。

其他行政部门，如发改委、公安部、交通部、商务部、工信部、质检总局、食药监总局、国家旅游局、人民银行、银监会、证监会、保监会等，也在自己职能范围内积极开展保护消费者权益的工作，取得了良好的效果。

在 2018 年的国务院机构改革中，原国家工商总局、原国家质检总局、原国家食药监总局、原国家知识产权局被整合为国家市场监管总局，新的国家市场监管总局还整合了国家发改委的价格监督检查职能和商务部的反垄断审查职能，监管能力大大提升。

在司法保护层面，最高人民法院不仅制定出台了《关于审理食品药品安全纠纷案件适用法律若干问题的规定》《审理消费民事公益诉讼案件适用法律若干问题的解释》等直接涉及消费者权益保护的司法解释，还全在实际审理案件过程中，坚持重典治乱，严惩重处，着力解决消费者维权难，对于消费者维权简易纠纷案件，实行快审快结，尽快实现消费者权利，深受消费者欢迎。

最高人民检察院于 2015 年 7 月出台《检察机关提起公益诉讼试点方案》，对检察机关就环保、食品药品领域损害社会公共利益的行为直接提起公益诉讼，或建议、支持有诉讼主体资格的组织提起公益诉讼做了探索。

在社会保护层面，中消协及各地消协组织作为消费者权益保护"五位一体，社会共治"中的重要一员，在对消费者进行社会保护中发挥了尤为重要的作用。随着消费者权益保护"五位一体，社会共治"体系的建立，不同的单位、部门从各自的领域发挥作用，一张保护消费者权益的大网基本形成。在这张大网中，中消协以及各地消协组织连接起各个节点，发挥着无可替代的重要作用。

对于中消协以及各地消协组织在社会经济发展中的作用，党和政府都给予高度重视。中共中央政治局常委、国务院总理李克强曾作出重要批示，他指出："30年来，中消协和各地消协组织积极履行职责，为保护消费者合法权益、维护市场公平秩序、促进社会和谐做了大量富有成效的工作。希望各级政府和有关部门继续重视和支持消协组织工作，提供必要保障。各级消协组织要围绕更好维护消费者合法权益主动作为，创新维权机制，注重教育引导，推动社会各方共同努力，积极营造安全放心的消费环境，为促发展、惠民生作出新贡献。"

从计划经济到市场经济，改革开放以来，中国的经济运行机制发生了巨大的变化，也深刻地改变了我们每一个人的生活。

党的十九大开启了中国特色社会主义新时代，描绘了未来宏伟蓝图。习近平总书记指出："中国特色社会主义进入新时代，我国社会主要矛盾已经转化为人民日益增长的美好生活需要和不平衡不充分的发展之间的矛盾。"① "我们要在继续推动发展的基础上，着力解决好发展不平衡不充分问题，大力提升发展质量和效益，更好满足人民在经济、政治、文化、社会、生态等方面日益增长的需要，更好推动人的全面发展、社会全面进步。"②

在决胜全面建成小康社会进程中，我国经济增长格局发生深刻变化，消费对经济增长的贡献率越来越高，成为拉动经济增长的主要动力。同时，新一轮科技革命、产业变革方兴未艾，新的消费领域、新的消费模式、新的消费热点不断涌现，对维护好消费者权益提出了更高的要求。在这种背景下，进一步强化消费者至上的理念，加大消费维权力度，创新消费维权方式，完善消费维权机制，营造安全放心的消费环境，对于提振消费信心、释放消费潜力、扩大消费增长，提升人民群众

① 习近平：《决胜全面建成小康社会　夺取新时代中国特色社会主义伟大胜利——在中国共产党第十九次全国代表大会上的报告》，人民出版社2017年版，第11页。
② 习近平：《决胜全面建成小康社会　夺取新时代中国特色社会主义伟大胜利——在中国共产党第十九次全国代表大会上的报告》，人民出版社2017年版，第11—12页。

的幸福感和获得感具有重要意义。

而早在 1988 年，作家霍达就在《万家忧乐》的结尾这样写道：

十亿中国人在生产，也在消费，在生活，也在思考。

中国人希望自己生活得更好，更奋发，更有秩序，更有理想。他们呼唤消费者运动在每一寸国土上生根、开花，开得浓烈、娇艳，开得五光十色。它诞生于改革，也将成长于改革！

双反为桨　维护市场公平竞争航向

李　建

从春天播种到秋天收获，从催生培育市场主体到科学监管维护市场秩序。刚刚过去的 2018 年，注定要承载市场监管与竞争执法春华秋实的烙印：

这一年，是《反垄断法》实施十周年，是新修订的《反不正当竞争法》实施一周年。

用数据解读历史，"两个 100 亿"或许是市场监管人逐梦笃行、砥砺奋进的有力注脚：截至 2018 年 10 月底，反垄断执法累计罚款金额超过 110 亿元，《反不正当竞争法》罚没金额 100 余亿元。

一个"10＋1"、两个"100 亿"，是数据，更是成绩：新中国用 20 余年时间，走完了欧美国家历经数十年甚至百余年的规范市场竞争的法制建设之路。

重拳响鼓，执法为民。一个规则更明确、竞争更有序、行为更规范、消费者合法权益权重更写实的"大市场"，让中国走向世界、走向未来的步子迈得更加坚实、自信。

用法治规范竞争：从"一瓶陈醋"开始

1978 年，改革开放的号角吹响。摆脱计划、拥抱市场，中国开始探索经济发展的新机制、新路径。百业待兴，时代踌躇满志；交易活跃，市场千帆竞发。

然而，大河奔流，难免泥沙俱下。突如其来的侵权假冒、无序竞争，让时代的欢唱陷入市场混乱失衡的阵痛。

"还是要讲法制，搞法制靠得住些。"① 历史转折的关键时刻，总设计师邓小平一锤定音、拨乱反正。闯市场不能因噎废食，搞开放必须尊重法治。

1993 年 12 月 1 日，我国第一部调整市场竞争行为的基本法律——《反不正当竞争法》施行，而对"成都三圣"以身试法的"陈醋王虚假宣传案"的查处，则历史性地拉开了我国反不正当竞争执法的序幕：

1993 年 12 月 5 日，一则声称"明天吃醋不要钱"的广告出现在当年发行量逾百万份的《成都晚报》和《四川晚报》等报纸版面上。谁也没想到，一家广告公司创意人员头脑的"灵光一闪"，把四川省成都三圣调味品厂与市内五家商场同时卷入了一场"醋海风波"。

拥挤攒动的人群、因为推搡踩踏而受伤受损的人和自行车、踩踏摇摇欲坠的卷帘门，让"争醋吃"的市民怒气冲冲，也让因"不知情"而"躺枪"的商场大为光火。

1994 年 1 月 17 日，肇事厂家、广告公司因未经许可借用 5 家商场名义进行虚假宣传，违反《反不正当竞争法》相关条款规定，受到成都市工商局严厉处罚。

规定市场竞争规则，让"言非法度不出于口"；规范市场竞争行为，使"行非公道不萌于心"。市场经济的魅力在于竞争，但市场竞争要自由更要公平。

市场经济"基本法"（《反不正当竞争法》）开宗明义、理清路明；肩负重任的"经济卫士"执法为刃、循法而行。

打击"傍名牌"、查处商业贿赂、惩治虚假宣传、摘除传销"毒

---

① 《邓小平文选》第三卷，人民出版社 1993 年版，第 379 页。

瘤"……市场监管部门攻坚克难、捷报频传：

启动"春雷""利剑"等专项行动，共查处仿冒等侵犯知识产权不正当竞争案件20.3万件，案值42.4亿元（截至2016年年底）。

严查商业贿赂，净化市场环境。从2005年起，围绕中央确定的工程建设、土地出让、产权交易、医药购销等重点领域和行业全面治理，勇夺智取、正合奇胜。

严查虚假宣传行为，倡导诚信经营。以群众反映强烈的食品、药品、日用百货、家用电器、农资等商品为重点，对传播引人误解的信息、扭曲市场交易真实情况的不法行为决不姑息、绝不容情。

开展商业秘密行政执法，促进企业创新发展。探索解决商业秘密执法过程中的发现难、认定难、取证难等问题，创造了事先预防护密、事中提示保密、事后严查泄密的行政执法保护的新思路，破题开篇、拨云见日。

查传销、切"毒瘤"。1998年中央一声令下，全面禁止传销。市场监管部门部署"打传销、反欺诈、促和谐"执法行动，查处"爱联国际""云在指尖"等一批大要案。截至2018年，全国已有28个省（区、市）成立了打击传销工作领导小组或建立联席会议机制，并通过建立直销管理档案、加强直销企业履行社会责任指引。扶优限劣、正气风行。

下实力见真招，扬铁腕出重拳。围绕不正当竞争突出问题的集中整治与专项执法，厘清了秩序与规则边界，遏制了违法与侥幸冲动，"打"出了市场秩序的遵道秉义、风清月明。

据市场监管系统有关数据显示，25年来，全国各级市场监管部门共查处各类不正当竞争案件70余万件，案值437亿元，罚没金额100亿元。

用法治清除壁垒：破除垄断普惠民生

要充分竞争，就必须清除壁垒。要公平竞争，就必须打破垄断。

1993 年底，维护"竞争有序性"的《反不正当竞争法》实施后，维护"竞争公平性"的《反垄断法》立法工作再次"拔锚启航"。

彼时，经济结构调整步伐日益加快，各种形式的资本重组活动频繁，有些地区行业垄断的苗头已然出现。

然而，这对"同胞兄弟"的见面并不顺利。如果从 1987 年国务院法制局成立专门起草小组算起，到 2007 年 8 月正式通过，《反垄断法》立法用了整整 20 年。

作为反垄断三驾马车之一——原国家工商总局处罚的第一起滥用市场支配地位案件，利乐案成为我国《反垄断法》从制定施行到不断成熟的印证：

2003 年秋，北京大学经济法研究所所长盛杰民教授提交给全国人大常委会法工委、国家工商总局等 13 个部门的《警惕跨国公司在华限制性竞争行为》专题报告，最先揭开利乐国际股份有限公司等借助市场支配地位、损害包材市场竞争秩序的冰山一角。

2005 年年初，《反垄断法》再次被全国人大常委会列入立法计划。

2008 年 8 月 1 日，《反垄断法》正式施行。

2016 年 11 月 16 日，国家工商总局公布对利乐集团滥用市场支配地位案件的处罚决定书，处罚金额 6.6 亿元。

以《反垄断法》施行为标志，我国竞争执法工作进入了一个新的历史阶段。围绕有效预防市场垄断，维护市场公平竞争的共同目标，政府"有形的手"和市场"无形的手"紧紧握到了一起。

清除妨害公平竞争的壁垒，既要规范强势市场主体，又要破除形形色色的行政垄断。

6月22日，新组建的市场监管总局公开了一封致内蒙古自治区人民政府办公厅的公函，严厉批评了内蒙古自治区公安厅在印章市场中排除和限制竞争，侵犯公安机关和刻章企业自主选择权的做法，建议内蒙古政府办公厅责令其整改。

6月27日，市场监管总局发布通报称，北京市公安局公安交通管理局在交通违章罚款管理中，未经公开竞争性程序，指定工商银行作为罚款唯一代收银行、线下缴纳罚款只能通过工行卡办理等行为，涉嫌滥用行政权力排除、限制竞争，责令北京市交管局尽快整改到位。

截至目前，市场监管部门会同相关部门共对12.2万份文件开展了公平竞争审查，一批涉及印章、交通、供气、供热等领域的行政垄断行为得到有效纠正，指定交易、地方保护、组织经营者垄断等滥用行政权力，排除、限制竞争行为被及时制止。

10年来，我国相继出台经营者集中审查、反价格垄断、禁止垄断协议行为等部门规章12部、规范性文件3份、办事指南和指导意见10个，反垄断法律规范可操作性不断提升。

敢动行业巨擘，敢动部门奶酪。一系列关系经济民生的反垄断案件查处，见证了法治的决心与力量，增强了人民群众的获得感。

10年来，市场监管部门查结垄断协议案163件和滥用市场支配地位案54件，累计罚款金额超过110亿元人民币，查结滥用行政权力排除、限制竞争案183件；审结经营者集中案件2283件，查处未依法申报案件22件，"防止市场垄断"已成加强市场监管常态。

中外企业同等，执法一视同仁。一系列完善法治化、便利化、国际化营商环境的政策布局与公开、透明、公正的执法办案，加深了国际市场对中国力量的敬重与理解。

10年来，反垄断执法逐步获得国际社会充分认可，中国已成为与美国、欧盟并列的全球三大反垄断司法辖区之一。

用法治守望未来：是里程碑更是新起点

2018 年 1 月 12 日，四川省泸州市一家网络科技公司因冒用国资委名义宣传，被泸州市江阳区工商局处罚，成为新修《反不正当竞争法》施行以来的全国第一案。

8 月 16 日，全国首例大数据产品不正当竞争纠纷案在杭州宣判。

24 年后首次"大修"的《反不正当竞争法》，成为这两起不同程度涉及互联网企业案件查处和审理的利器。

回应互联网时代市场竞争秩序格局与形式变化，新修《反不正当竞争法》既厘清了与相关法律制度的关系、保持了法律规定的协调一致，又实现了与《反垄断法》的清晰划分；既对七大不正当竞争行为进行了完整清晰的界定，又适时明确了对互联网领域不正当竞争行为的规制。

与业态更新同频，与市场发展共振，重新"塑身"的《反不正当竞争法》获得普遍肯定。

7 月 31 日，第七届中国竞争政策论坛在北京举办。给本国经济主体和消费者增添福祉，为世界公平贸易贡献中国力量，10 年深耕，中国《反垄断法》的开创性成就、得到全球多家主要经济体嘉宾盛赞。

矗立新时代，翘首新未来，回应高质量经济发展新要求、对接网络经济业态变化新形势；直面经济全球化和国际化竞争局变化新使命，《反垄断法》与时俱进的修改完善已经拉开序幕：

既要符合中国国情、适应中国经济发展阶段和水平，又要放宽视野、迎接世界经济贸易格局新变化；既要吸纳我国反垄断执法经验和竞争政策最新研究成果的草案，又要合理借鉴欧美发达国家成熟的做法和经验……

经过广泛充分的意见征求和调研论证，一个回应多方期待的《反垄断法》修订研究报告及修订草案已经成型。中国将以更新的姿态与世界各国竞争机构携手，加强竞争政策国际协调，维护市场公平竞争。

立足国情，博采众长，回应时代、迎接挑战。包括反垄断制度规则等在内的竞争政策体系也正在不断完善。

11月3日，国家市场监督管理总局反垄断局陆万里副局长在2018中国汽车流通行业发展论坛上透露，在完成《汽车业反垄断指南》等规则指南起草工作之后，我国正抓紧推进《反垄断法》修订和配套立法，统一执法程序和执法标准，进一步明确相关领域竞争规则和裁判规则，为经营者提供明确的行为指引，为执法人员提供明确的执行标准，不断提高执法透明度和可预见性。促进产业健康发展，增进消费者福利。

10月31日，世界银行发布《全球营商环境报告》，我国营商环境总排名现居190个经济体的第46位，较去年的78位提升了32位。

开放包容严格有序的竞争政策、常态性的竞争执法工作，让我国走向世界的步伐越发自信坚定。

多年来，市场监管部门顺应我国与世界经济深度融合的趋势，深入开展竞争政策和反垄断执法国际交流与合作，与美国、欧盟、澳大利亚等28个国家和地区执法机构商签55个竞争政策与反垄断执法合作文件。在中国—瑞士等8个自贸协定中设立竞争政策与反垄断执法合作专章，实质性完成多个自贸协定竞争政策议题谈判，为培育壮大我国竞争优势提供了保障。

竞争有序，市场繁荣；竞争公平，百业兴盛。40年，凝眸回望。中国市场的形成与壮大离不开竞争机制的有力推动。40年，直面当下。中国市场的兴盛与繁荣更离不开法制护航的有序公平。40年是里程碑，也是新起点，让公平竞争不断激发市场配置资源的决定性作用，让有序竞争不断催动市场的活力和创造力，中国竞争法制体系建设，正坚定信念，阔步前行。

净化信息　用创意与真实广而告之

李　建

这是一个体量如航母般庞大的市场：根据国家市场监督管理总局公布的 2017 年广告行业核心数据显示，全国共有 438 万广告人、112 万家广告公司、以千亿元计且不断增长的年营业额；

这是一个智慧与灵感碰撞交融的舞台：知识技术密集，"生成"创意佳篇。精英才俊济济，书写时代芳华；

这也是一个需要宽严相济、"管""扶"相策的行业：尽管有法治护航，市场秩序持续稳中向好，但业态更迭，真实度与诚信度指标仍需勉力提升。

从 40 年前春潮涌动，舆论"为广告正名"，到 40 年后百舸争流，监管为提质升级、祛除沉疴把脉开方。中国广告监管人始终引领广告产业朝着"先进文化、美好心灵、社会正气、科学精神"的方向阔步前行。

法治护航：广告监管穿云破雾

1979 年，重新登上社会生活大舞台的中国当代商业广告，最先记录了改革开放的春江水暖。

从这一年的 1 月 4 日蓝天牙膏广告登上《天津日报》的版面（第一条报纸广告）开始，从这一年的 1 月 28 日参桂补酒广告画面出现在上海电视台的屏幕上（第一条电视广告）开始，从计划经济窠臼中破茧而出的广告业踌躇满志，意气风发。

立规矩、定方圆，一手促广告发展、一手抓广告监管。与广告业解禁与复出的市场大合唱同步，中国广告业的规范化管理也开始了谋篇布局的"三部曲"。

1982年2月6日，国务院颁布第一部全国性广告管理法规——《广告管理暂行条例》，1987年10月26日，这部暂行法规升级为正式法规《广告管理条例》，1994年10月27日，这部行政法规上升为法律——第八届全国人民代表大会常务委员会第十次会议通过《广告法》。决定1995年2月1日起施行。

改革催生了法治，法治引领着改革。以《广告法》为基础，市场监管部门制定的多项广告管理规章和规范性文件先后发布，各地广告管理方面的地方性法规和规章制度陆续出台。而除《广告法》外，《刑法》《反不正当竞争法》《消费者权益保护法》《食品安全法》《种子法》《药品管理法》等多部法律也写入涉及广告的规定。

从行政法规到国家法律，从简单粗放到逐步规范，从"零"开始的广告法律法规体系建设，点亮了我国广告业行稳致远的明灯，也在消费者合法权益与经营者违规冲动的博弈交锋、在日新月异的时代进步中不断充实、完善。

2005年7、8月间，浙江省杭州华夏医院在各类媒体上发布一则医疗广告，称该院"首家引进香港国际类风湿病研究院独创的免疫平衡调节微创手术，治疗类风湿性关节炎、强直性脊柱炎，手术安全可靠，无痛苦，术后无须长期服药"。

这样言之凿凿的承诺让一些饱受病痛折磨的患者仿佛看到了希望。然而，谁也没有料到：先后在该院接受手术治疗的38位患者不仅病没有治好，还不同程度出现声音嘶哑、咳嗽、恶心的症状。经鉴定，其中14人为九级伤残。

从虚假广告被浙江省工商局紧急叫停、到浙江省工商局查处该案并移送公安机关，从华夏医院反咬工商局行政违法提起行政诉讼、到检察机关正式批捕华夏医院虚假广告案当事人，这起一波三折的案子到2007年11月9日终于做出一审判决：黄元敏等4名医院负责人均被裁定构成虚假广告罪，分别被判处一至两年有期徒刑并处罚金。

这起虚假广告案被称为30年消费者权益保护史上的全国"虚假广告第一案"。此案判决后，管理机关对《医疗广告管理办法》进行了修改，把原来准许在广告中出现诊疗方法一项内容予以禁止。

2015年9月1日，新修订的《广告法》正式实施。当天上午，原国家工商总局召开视频会议，时任总局副局长甘霖要求各级工商、市场监管部门乘势而上，精准发力，持续保持整治虚假违法广告高压态势，对敢于挑战新法权威的虚假违法广告，露头就打，切实捍卫法律权威。

循法而行方向明，持法为刀啸声远。新法实施后两个月内，全国工商、市场监管部门共查处违法广告案件2421件，罚没款1700余万元。

清晰的法律红线，法不容情的执法监管，也提醒广告从业者更加敬畏规则、严守底线。新《广告法》正式实施后第一个月，违法广告数量下降80%以上，违法广告时长下降90%以上。

以网治网："组合拳"虎虎生威

1997年3月，中国第一个网络广告在互联网的舞台上华丽登场，虽然比全球第一个互联网广告晚了三年，但中国广告人在网络上探索实践、深耕细作的速度，却令世界瞠目咂舌。

数据显示，2017年，全国广告业年营业额已达6000亿元，居世界第二位，而这其中，互联网广告份额就占了50%还多，经营额已远超所有传统媒体广告之和。

然而，广阔的市场空间、众多的盈利模式、激烈的产业竞争，也催生了行业乱象，"刷不完、躲不掉"的虚假违法广告向执法监管提出了挑战。

2016年4月12日，22岁的西安电子科技大学2012级学生魏则西因患滑膜肉瘤晚期在咸阳家中去世。离开这个世界半个月前的3月30日，魏则西在知乎网上记录了自己求医的经历，而其中关于武警二院和百度搜索的内容引发网友强烈关注。

5月9日下午，国家网信办、国家工商总局、国家卫生计生委和北京市有关部门公布针对百度公司调查结果。

调查组认为，百度搜索相关关键词竞价排名结果客观上对魏则西选择就医产生了影响，百度竞价排名机制存在付费竞价权重过高、商业推广标识不清等问题，影响了搜索结果的公正性和客观性，容易误导网民，要求百度立即全面清理整顿医疗类等事关人民群众生命健康安全的商业推广服务。

一个年轻人留给这个世界的最后一个的背影渐行渐远，而人们对互联网虚假广告乱象的质疑、反思与诘责却开始越来越清晰、越来越强烈。

扫清老百姓消费升级的绊脚石，打赢市场监管的又一场攻坚战，就必须拿下虚假违法网络广告的堡垒。

牢固"以网治网"理念，善用"数据分析"利器，从互联网广告资料采集汇总到虚假违法广告证据固定，从监测信息发布及结果汇总到执法查处行动，既有疾风骤雨、摧枯拉朽似的雷霆出击，又有久久为功、善做善成的常态坚守……网络虚假广告治理的"组合拳"开始打得虎虎生威。

2016年9月1日，《互联网广告管理暂行办法》施行当天，覆盖全国31个省、自治区、直辖市的全国互联网广告监测中心同步试运行。

2018年2月，原国家工商总局下发《关于开展互联网广告专项整治工作的通知》，开展对全国1000家省级以上主要媒体和1000家主要网站的广告抽查监测，并初步实现对 1000 个 App 和 1000 个公众号互联网广告的监测，互联网广告监管进入"最严模式"。

4 月，国家市场监管总局公布今年第一批典型虚假违法广告案件 20 件，曝光多家知名企业的互联网广告违法行为。

6 月，国家市场监管总局等 8 部门联合发布《2018 网络市场监管专项行动（网剑行动）方案》，网络虚假违法广告等违法行为成为重点打击对象。

7 月，国家市场监管总局公布 2018 年典型互联网广告虚假违法案件，30 家广告责任主体因在微信公号、网店等互联网平台发布虚假违法广告受到行政处罚并被处以罚款。

据统计，2018 上半年，全国工商、市场监管部门共查处互联网广告案件 8104 件，同比增长 64.2%；罚没金额达到 11668.70 万元，同比增长 17.0%。

协同共治：社会空间风清气朗

从"神医演员"包场多家卫视售卖"养生知识"到形式多样的名人明星虚假代言，从抖音调侃历史侮辱先烈到绝味鸭脖低俗媚俗理直气壮……虚假广告的黑色产业链欺骗了善良的消费者，违法宣传的灰色利益圈败坏了风清气朗的良好社会风尚。

6 月初，微博网友"防务微观察""不小心"在某搜索引擎上发现侮辱烈士邱少云的引流广告，广告词条"邱少云被火烧的笑话"让人触目惊心。

6 月 6 日下午，北京市网信办、市工商局针对抖音在搜狗搜索引擎投放的广告中出现侮辱英烈内容问题，依法联合约谈查处抖音、搜狗，责令网站立即清除相关违法违规内容并进行严肃整改。

经查，抖音对其制作的广告内容未尽到依法审核职责，搜狗搜索对其发布的广告未尽到依法审核义务，导致侮辱英雄烈士违法信息在网上传播，造成不良影响。

9月30日是我国第五个烈士纪念日。就在"烈士纪念日"几天前的9月25日，一百多条印有"菏泽万达广场，11月16日盛大开业"字样的广告，却出现在山东省菏泽市开发区丹阳路小学小学生们的红领巾上。

29日上午，菏泽市教育局党组对当事校长给予党内严重警告。同时要求各学校深刻吸取教训，严禁商业广告进校园。

就在媒体披露红领巾上印广告的前一天，西安摩摩信息技术有限公司篡改叶挺烈士《囚歌》涉嫌名誉侵权案庭审锤落，法院一审认定被告在新闻媒体上公开道歉，消除其侵权行为造成的不良社会影响，并向原告支付精神抚慰金10万元。

商业组织创新营销无可厚非，但任何营销方式都不应背离社会公序良俗和国家民族情感。一味追求"眼球经济"，必然伤害其自身商业价值和品牌形象。

"广告宣传也要讲导向"，2016年2月19日，习近平总书记在党的新闻舆论工作座谈会上的指示，为广告从业和监管执法都进一步指明了方向。

消除虚假违法宣传，让广告讲述好品质故事；清理低俗不良文本，让广告传递正能量声音；事关人民群众身体健康、生命财产安全的虚假广告不能容忍，引导人心向善、时代向前的公序良俗同样也不容挑战。

像净化空气、食物和水一样，净化我们的广告。需要"数据雷达"的鹰啄霆击，也需要"朝阳群众"的"站岗放哨"，需要执法监管的穷追不舍，也需要配合默契的协同共治。

2015年6月，虚假违法广告整治工作正式纳入平安建设综治考评体系。8月，虚假违法广告整治工作纳入全国文明城市测评体系。

同月，新《广告法》即将施行之际，原国家工商总局会同中宣部、

248

中央网信办等八部委制定实施《整治虚假违法广告部际联席会议工作制度》。

既要种好"责任田"，又要戳起"消息树"。联席会议制度以落实《广告法》法定职责为着眼点，以各部门依法履职为基础，以各环节无缝衔接为标准，以信息通报和执法联动为手段，从加快完善广告监管法律制度体系、加大重点领域监管执法力度、严格广告审查管理、推动部门信息共享、探索构建失信联合惩戒机制等五个方面强化联合惩戒和综合治理，形成监管合力。

虚假违法广告的触角伸得有多广，"扫描监测"的视线就有多宽，虚假违法广告的"马甲"翻新有多快，执法惩处的力度就有多严。

以强化部门沟通协同配合与综合治理为特征的"体系作战"，逐渐形成虚假违法广告整治的新常态；以坚持严守伦理底线，弘扬良好道德风尚，不断提升广告"精神产品"属性的格调与品位，正在成为广告从业者行业自律与"诚信生态"建设的新常态。

原国家工商行政管理总局数据显示：2016年，全国涉嫌严重违法广告数量同比下降了92%，违法广告时长下降93%。2018年10月，国家市场监管总局发布前三季度市场环境形势分析报告，市场监管部门查处广告违法案件2.5万件，违法广告条次同比下降。全国广告市场秩序持续向好，广告市场环境明显改善。

守得一轮明月在，待到春来满城花。让广告产业的发展丰富新时代文化内涵，让广告行业的风清气朗提升民生幸福、民族自信的刻度与温度。坚定信念，永志初心，中国广告监管正放眼未来，再启新程。

擦亮国家监督抽检慧眼
"看见"民生幸福春天

李 建

有欣喜和自豪，也有遗憾和叹惋。2018年9月29日，看到17种消费品产品质量国家监督抽查不合格名单向社会公开，家住北京市龙翔社区的张毅内心百感交集。

就在一个多月前的2018年8月2日下午5点30分，这个4岁孩子的父亲，作为消费者代表之一，和国家市场监管总局副局长田世宏一起按下鼠标，随机抽取了今年第3批产品质量"双随机"抽查企业和承检机构，包括儿童座椅、学习用品等17种消费品中的116批次不合格产品，就在这次抽查中"现形"。

镜头回放，时间回到1993年。一位名字也叫张毅的老先生因为所购商品"质次价虚"而投书河北省消协。这一年的央视"3·15"晚会，著名词作家阎肃创作的《雾里看花》，唱出了无数和张毅一样的普通消费者渴盼"有双慧眼"的民生期待。

从当年渴望拥有一双刺透消费阴霾的慧眼，到2018年的今天百姓与部长一起启动国家抽查"慧眼"，两代张毅的故事也许只是家国记忆中的雪泥鸿爪，却同样也是最真切的见证：朝着人民生活幸福的美好愿景，我们的时代始终在大步向前。

抽检：让"消费者选择"倒逼商品质量整体提升

消费品与老百姓日常生活息息相关，产品质量的答卷，哪怕只有1%的"减分项"，落到消费者个体身上，可能就是100%的遗憾甚至伤害。

时光流变，撒腿奔跑的商品质量虽然总体稳步上升，但举目人民群众热切期待的目标，仍需勉力冲刺。

回应消费疑虑，锁定问题商品，让质量监管的"聚光灯"照亮众多消费者的诉求。

2014年的3月15日，中国消费者权益保护运动的第30个纪念日，《流通领域商品质量抽查检验办法》与新修改的《消法》同时施行。

原国家工商总局消费者权益保护局负责人如此解读《抽检办法》的出台：落实新《消法》对商品和服务抽查检验的明确要求，统筹消费者诉求与监管执法情况确定抽检范围品种、商品类型和抽检指标，及时向社会公示抽检结果。让严格监管为百姓安心消费筑起坚实屏障，让"消费者选择"倒逼商品质量整体提升。

法规"出鞘"，剑芒惊鸿。原国家工商行政管理总局数据显示，这一年，全国各级工商部门共抽查9.8万批次商品，依法处理不合格商品28.8万件。

流通领域商品质量《抽检办法》的出台，只是整个质量监管体系中的又一次历史跨越。

查市场、溯源头。不断摸索、与时俱进的市场监管机制一直在持续发力，工商、质检、食药……尽管业务条线有异，但扎紧产品质量监管的篱笆，守住消费者合法权益至上民生底线的目标不二。

来自原国家质检总局的数据显示，党的十八大以来，质检系统平均每年消费品监督抽查种类占全年监督抽查计划60%以上，查处质量违法案件43.22万起，涉案货值204.33亿元。

2018 年，新组建的国家市场监管总局成立，分散的市场监管机构职能重新整合，凝心聚力、十指紧攥的质量监管重拳更加猎猎生风。

紧紧把握消费诉求热点，牢牢锁定市场秩序难点，一次次成功的靶向抽检"战斗"，为市场监管部门谋划流通领域重点商品质量监管的"战役"提供了决策参考和有力抓手。仅上半年，市场监管系统共监督抽查 5 万多批次产品，处理不合格产品 3532 批次，查处质量违法案件 2.1 万起。

与公众分享各地商品质量抽检结果，向市场发布商品消费提示警示。抽检数据出炉后，市场监管部门一方面将依法进行的行政处罚情况纳入企业信用信息公示系统，另一方面迅速通过权威媒体、门户网站、新闻发布会等多种渠道及时公开。

给诚实守信、规范经营的红榜企业点赞，把屡屡违规失信的企业"屏蔽"拉黑。一放一收，既及时警示了违法，又有效引导了消费。

让质量监管执法对接民生期待，让抽检监测结果公示指导明白消费，让会说话的数据考验生产企业的品质担当。监管护航民生步入新常态，质量违法行为越来越无处遁形。

创新："你点我抽""你点我验"聚焦民声民意

小人物对大时代的感知，往往源于他们亲身经历的家国故事。

网友 @ "干大事的小人物"的电脑文件夹里保留着一张截图，那是他在"2018 湖北质检，你点我检在行动"专题网页上的留言：荣幸入选"市民观察团"，目睹手扶电梯检验全过程，聆听专家电梯安全知识讲解，受益匪浅！

记忆定格在 9 月 18 日，湖北特检院"商场手扶电梯你点我检活动""我检"环节正式启动，@ "干大事的小人物"和随机选出的 3 位网友组成市民观察团，见证了活动全过程。而在而此前的"你点"环节，共有近 7 万余名网友参与了"商场手扶电梯"抽检场所的投票点选。

20 个品种 100 个抽检项目中,合格样品 95 批次,不合格样品 5 批次。这是河北省廊坊市场监管部门向公众发布的该市第三批"你选我验"食品安全抽检结果。

消费者认为哪类食品安全风险系数较高,食品监管部门就将其列为优先抽检品种重点关注。食品质量监管部门与普通消费者的这种主动"互动",让常态化的"你点我检"成为百姓身边的"安全助手",消费者因此倍感亲切:

互动式抽检不仅让大家对菜篮子米袋子的安全状况有了实底儿,更因为既可以"做主"抽检隐患食品,又能够"做主"抽检采样的场所,公众对抽检结果的关心关注程度变得比以往更高。

回应消费生活疑虑,与民生关切互动。全国各地工商、质检、食药监管部门从 2014 年前后逐步启动的"你选我验""你点我检"活动,见证了质量抽检不断走向公开透明的努力与探索,更彰显了市场监管执法的自信与坦荡。

从"你选我验"的"地方样本"开始,全面推行产品质量国家监督抽查"双随机一公开"模式的"顶层设计"也开始了精彩叙事:

坚持问题导向,紧盯关键环节,不断推进产品质量监管方式改革和创新,100% 实现随机抽取拟抽查企业、随机选定承检机构和监督抽查结果全面公开,实现监督、抽查、成效三个方面不断提升。

和北京龙翔社区的张毅一样,参与今年第 3 批产品质量"双随机"国家监督抽查工作的消费者代表付莹鑫甚至记得"与部长并肩战斗"的每一个细节:

"走入"市场监管总局产品质量国家监督抽查"双随机"工作信息化平台,先随机抽取接受抽查企业,然后随机抽取承检机构,再对拟抽查企业和承检机构进行随机匹配。

两个多小时,每次鼠标的点击都是一份荣誉与责任,每个严谨公正的操作流程都让人对这项饱含温度的制度设计由衷点赞："质惠民生"，与每一个笑靥如花的孩子有关，与每一个白发苍苍的父母有关，与每一个"你我"有关。

2018国庆前夕，第3批产品质量"双随机"国家监督抽查结果和不合格企业名单陆续发布。

一组组翔实严谨的数据，在张毅和付莹鑫等抽检亲历者的脑海中，却是一幅幅让人动容的画面：鼠标点击之后，全国各地1100余组、数千名抽样人员在全程可视化监控下迅速出击、奔赴"前线"。

公示：让抽检结果引导消费者合理选择

"淘衣先看红黑榜，孰优孰劣心里亮"。10月1日，繁华的石家庄市东风路商业街上，消费者陈曦走出一家品牌服装店，随手发了个朋友圈。

陈女士在微信朋友圈里所说的"红黑榜"，其实是石家庄市桥西区市场监督管理局（以下简称桥西区市场监管局）的"创建文明城市　诚信经营红黑榜"公示栏，就摆在这家品牌服装店对面的一家大型超市门口，上面公布了10家红榜商家和3家黑榜商家。红黑分明的色调十分显眼，不时有到超市购物的市民驻足观看。

"红黑榜"让商户的"诚信度"变得更加公开透明，面对一样整齐干净的门脸儿，一样时尚大气的品牌，"奖优罚劣"的红黑榜就成了指导消费者消费选择的"导购牌"。一如陈女士所说："购买同类商品，肯定会优先选择红榜上的商家，而黑榜商家，从迈进门槛儿的那一刻起，心里难免会藏几分警惕。"

"红黑榜"并非一次性结果，而是动态综合评价，榜单每季度发布一次。红榜商户如有违法违规行为将被撤销或列入黑榜。而列入黑榜的商户，监管部门将加大检查频次和监管力度，如后续检查中该商户改掉违法失信行为，就可以移出黑榜。

让消费者用脚投票，给诚实守信、规范经营的红榜企业点赞，把屡屡违规失信的企业"屏蔽"拉黑。"奖优罚劣"的红黑榜在商户中间引起不小的震动。不满开始反思自己的经营行为，诚心接受监管部门和消费者的检验。

"红黑榜"公示制度的影响力越做越强，诚信商圈越做越大，"放心消费商场""放心消费商圈""放心消费综合体""放心消费市场""放心消费街区"等各具特色的放心消费示范群体越来越多。

和石家庄一样，近些年来，全国各地各级市场监管部门通过发布市场主体诚信经营"红黑榜"，将商品质量抽检情况、企业诚信经营情况、"12315"投诉举报信息等依法向社会大众公开公布，通过监管信息透明化强化对企业的信用约束，倒逼商家敬畏规则、诚信经营，让"诚信光荣、失信可耻"的观念逐步深入人心，让营商环境更加风清气正，让消费者的钱花得越来越踏实放心。

加速：让监管与消费新业态赛跑

电商平台"看得见"，网络商品"摸不着"，"神秘买家"如何"逛电商"？

2016年5月27日，位于石家庄市元北路上的石家庄市工商局网络和交通市场监管分局网络交易监管大厅宽敞明亮，来自周边县区工商局的执法人员正认真聆听一场网络商品抽检"公开课"。

"登录网购平台，注册、添加商品到购物车、下单、付款。"石家庄市工商局网络和交通市场监管分局丁杰一边熟练地移动鼠标，一边交代"逛网店"的注意事项：

一是购买商品有针对性。工商执法人员重点关注的是那些投诉多、问题多的网店和商品。

二是全程取证。包括鼠标的每一次点击，网购的全过程都要被同时启动的计算机软件录像取证。

三是要执行严谨、规范的工作程序。网购时，作为买样人的检测机构工作人员与执法人员必须同时在场，商品到货后要通知网购平台主办方，三方共同对到货商品拆封确认后封存、留样，而后填写抽样单送检。同样，这个过程也要录像。

"如果网购平台对商品来源提出异议，就要启动执法工作云系统，请具备出具电子数据司法鉴定报告的外省兄弟部门帮助保存证据。"

伴随鼠标轻巧地移动，监管大厅大屏幕上，整个网购及抽检过程一一呈现，一目了然。

而就在半个月前，首批针对石家庄市本地电商平台"北国如意购"销售的 31 批次小家电抽检结果向社会显示，13 批次不合格商品的退市工作已经全部完成。

2015 年的消费市场监管，就这样因为这些"神秘买家"的出现而充满新意。

网上下单、远程抽样、跟踪物流、全程公证，化身"神秘买家""逛电商"的市场监管人员"闯"入了网络商品交易的新天地。

这是全球最大的网上零售市场，一个发展速度和业态模式都超乎寻常的"新世界"，这也是一个投诉与纠纷不断、假冒伪劣商品魔影频现的重灾区。

市场发展迭代更新，执法监管必须及时跟进。

这一年的 11 月 6 日，《关于加强网络市场监管的意见》审时度势，首次明确提出对网络交易平台实施重点监管的理念。

11 月 12 日，《关于加强和规范网络交易商品质量抽查检验的意见》相机而发，对网络商品质量抽检工作提出更明确、更具可操作性的要求。

2016 年 5 月 1 日，《流通领域商品质量监督管理办法》正式施行：线上线下统一纳入流通领域商品质量监管范围，商品质量抽检结果，线上线下共同适用。

《办法》将线上线下商品一体监管写入部门规章，统一了监管尺度，被誉为顺应时代发展的一项制度创新。

与顺应时代发展的这一制度创新同步，9月27日，原国家工商总局电子商务"12315"投诉维权（杭州）中心、网络商品质量监测（杭州）中心落户电商之都杭州，两个中心承担网络商品质量监测等五项任务，精准打击网上制假售假等违法行为，更快速、更有效地处理网络消费纠纷。

与新业态赛跑，一场严格执行强制性标准，加大网络商品质量抽检力度、促进电子商务商品质量提升的战役开始打响。

这一年，一组振聋发聩的网络抽检数据让电商平台不得不直面行业顽疾：工商总局共计抽检商品503批次，共发现172批次商品质量不合格，总体不合格商品检出率为34.6%，其中内在质量不合格的约占93%。

周密的法规与制度布网、严谨的质量抽检与果断的执法出击，迫使网络市场开始重新审视消费者合法权益至上的底线与规则。

"抽检一种商品，查处一批案件，教育一批企业，规范一个行业"，网络商品抽检的这次"破题"，让新业态监管从攻坚克难开始走向蹄疾步稳。

40年栉风沐雨，40年春华秋实。检视市场监管长卷，"质量篇章"佳句迭出，可圈可点。从筚路蓝缕的探索到新时代的昂首阔步，唯其艰难，才更显勇毅；唯其笃行，才令人尊重。

2014年，一个网名"罗小白"的大学生走进福建省产品质量检验研究院。5年后的2018年6月，这位与市场监管执法多年并肩作战的质检工程师写下这样一段话：

以一颗公正的心，用我们的眼代替百姓的眼，把发现的产品质量问题，反馈给企业，反馈给消费者，反馈给社会。质量监督检验的目的，就是"看见"。

石家庄：诚信红黑榜树立经营新风尚

"红榜"成了诚信导购牌

《中国消费者报》记者了解到，石家庄市东风路商业街"红黑榜"的前身是桥西区市场监管局平安市场监督管理所（以下简称平安监管所）从2015年9月开始设置的诚信守法公示栏。石家庄市创建全国文明城市活动开始后，桥西区市场监管局依托自身职能，利用企业信用公示系统和"12315""12331"网络投诉平台信息收集功能，确立构建了企业诚信"红黑榜"发布制度。

平安监管所所长白涛告诉《中国消费者报》记者，"红黑榜"由基层市场监督管理所根据日常监督检查情况，按照评选程序从合同履约、消费者反馈（是否有投诉）、守法经营（是否存在不同程度违法行为）等方面对商户做综合评估，优秀商户列入"红榜"予以宣传鼓励，而"差评"商户，则被拉进"黑榜"加以警示。

"红黑榜"让商户的"诚信度"变得更加公开透明，面对一样整齐干净的门脸儿，一样时尚大气的品牌，"奖优罚劣"的红黑榜就成了指导消费者消费选择的"导购牌"。

"上红榜增加了我们的公信度，也督促和约束企业更加注重提升服务水平，提升消费者满意度。"北国超市华夏店负责人说，进入红榜名单后，超市不仅投诉比以前少了，营业收入也比以前有明显增加。

截至目前，桥西区监管局已陆续在6个人流密集的商超、商业街、农贸市场等处设立了这样的"红黑榜"。一年来，按照"试点先行、以点带面，点面结合，全面推行"的策略，石家庄市工商局在全市范围内统筹布局的市场主体诚信经营"红黑榜"公示制度正逐步走入快车道，"诚信光荣、失信可耻"，向红榜冲击，让消费者满意，正成为越来越多商户的共识。

"黑榜"倒逼企业向诚信靠拢

"以后甭管价格多低的货，渠道不正规坚决不进，甭管多少钱的便宜，掺杂使假、货不对板的事儿坚决不干。这3个月尽管来看来查，看我改得好不好。"

12月20日，位于石家庄市矿区主城区的汇海综合商店，老板张先生对前来巡查的矿区工商局城区市场监管所两位执法人员拍起了胸脯。

原来，就在两个月前，张先生经营的这家综合商店因为经营不守诚信、服务态度差、消费者投诉多等原因被列入"黑榜"。

位于石家庄市市区西部50公里的矿区是石家庄市直辖区，总人口大约10余万人。目前，矿区工商局已在主城区商企密集的9条大街上设置了20块公示橱窗，每条大街两块，特别繁华街区设置3块，基本实现了红黑榜公示全覆盖。90家红榜企业、商户，27家黑榜企业、商户全部公开亮相。写有汇海综合商店公示信息的红黑榜，就在其中一条繁华的街上。

消费者接连不断的质疑，连连下滑的经济效益，让张先生从最初的愤怒、不满开始反思自己的经营行为。"一锤子的买卖不能干，即使没有红黑榜，自己的那些做法早晚也得让商店失了口碑、没了信誉。"

"红黑榜"并非一次性评价，而是动态综合评价，榜单每季度发布一次。石家庄市工商局消保处张树兴处长告诉《中国消费者报》记者，红榜商户如有违法违规行为将被撤销或列入黑榜。而列入黑榜的商户，监管部门将加大检查频次和监管力度，如后续检查中该商户改掉违法失信行为，就可以移出黑榜。

"奖优罚劣"的红黑榜在商户中间引起不小的震动。和张先生一样，受"红黑榜"震慑和警醒的商户和企业不得不开始加强自律，诚心接受监管部门和消费者的检验。

"红黑榜"力促诚信商圈越做越大

"红黑榜"只是石家庄市开展"美丽省会—诚信商家"活动中的一个亮点。

从2016年开始，石家庄市工商局会同省会文明办等单位，在全市深入推进"美丽省会 诚信商家"放心消费创建活动。通过评选经营诚信单位等手段，组织和引导参创企业自觉公开和履行诚信经营承诺，而红榜商户（商企），将在评选诚信单位时将为优先备选单位。

石家庄市工商局副调研员刘忠厚接受《中国消费者报》记者采访时表示，"红黑榜"是企业诚信发布制度体系的核心组成部分，通过评价、公开"诚信指标"向市场主体宣传讲社会责任、讲守法经营、讲公平竞争和讲诚信守约的诚信营商原则，既实现了工商、市场监管部门实现了和广大消费者的"企业诚信信息共享"，又达到了倒逼市场主体积极主动落实诚信经营，进而实现提高经营者诚信度、消费环境安全度和消费者满意度的目的。

2018年6月，"诚信经营红黑榜"发布制度得到石家庄市委副书记、市长邓沛然的充分肯定，并批示予以全市推广。

"红黑榜"公示制度的影响力越做越强，典型引路最终推动了放心消费创建活动的升级。截至目前，石家庄全市"放心消费商场""放心消费商圈""放心消费综合体""放心消费市场""放心消费街区"等各具特色的放心消费示范群体已初步形成。

据悉，下一步石市各级工商局和市场监管部门将继续推进这一工作，吸引更多踊跃参与创建活动，让诚信经营蔚然成风，让诚信商圈越做越大。

推动监管执法信息公示工作

根据《消费者权益保护法》和《流通领域商品质量抽查检验办法》向社会公布有关执法信息的要求，工商总局组织协调《中国消费者报》

《中国工商报》等媒体集中刊登各地商品质量抽检结果，发布商品消费提示警示。各地通过门户网站、新闻发布会等多种渠道和形式及时发布抽检结果，扩大公众知晓度，提升警示违法和引导消费的作用。工商总局积极开展信用体系建设有关工作，督促各地依法将行政处罚情况通过企业信用信息公示系统及时公布。

各地根据实际情况采取信用分类监管、发布"红黑榜"、依法披露"12315"投诉举报信息等方式强化了对企业的信用约束，社会监管水平进一步提升。

黄金十年　需求与政策博弈的思考

伊　吾

2000 年开始，中国汽车消费市场开始进入增长期。

据中国汽车工业协会有关数据，2000 年，中国汽车消费市场产销超过 200 万辆，同比增长均超过 13%；2002 年，产销均在 325 万辆左右，同比增长达到惊人的 38% 左右，之后也被称为中国汽车消费市场"井喷元年"；2003 年继续保持 35% 左右的超高速增长；2008 年，尽管增幅明显收窄，但产销逼近千万大关；随后便是 2009 年产销暴增；此后，2010 年，更是迎来了产销 1800 万辆以上，同比增幅均达到 32% 以上的增长。如此井喷式的增长，在中国汽车发展史上，人称"黄金十年"。

而尽管此后时有起伏，但总体上，中国汽车产销数字，一举成为全球的产销风向标。

历史有时就是这么爱跟人开个小玩笑：全球汽车工业大步跨越的 20 世纪六七十年代，中国汽车工业缘于种种原因，一时脱节；而起自 70 年代后期及至 80 年代，中国汽车人期待实现造车梦想，开始到处寻求发展路径的时候，等来的又是不断的内外磨难；90 年代，唤醒了家庭轿车梦，市场却在面临入关时，倍感忧虑。

但是进入了 21 世纪，中国汽车市场历史改写了。

这一笔改写，让人不无意外；这一笔改写，其实也是必然；这一笔改写，当然，也留下了太多的故事、太多的思考。

黄金十年的成因：居有屋与出有车

2010年1月11日，按照惯例，是中国汽车工业协会发布上一年度中国汽车市场产销数据的日子。

没有人会对这一天的天气有特殊的印象。北京的1月照例寒冷，不少跑口汽协的记者，此时也还没有自己的私家车辆，坐公交、打的是它们的主要出行方式，在寒风里辗转四九城跑到位于西城区三里河的协会办公楼，不无辛苦。而这份辛苦，只为拿到一份经过确认的、上一年度的汽车产销数据。

不过，那些参加过此次发布的记者，无疑会对这一次的数据记忆很久。

中国汽车工业协会在当天发布，2009年，中国汽车汽车产销分别完成1379.10万辆和1364.48万辆，同比增长48.30%和46.15%，使中国一举超越美国，成为世界第一汽车生产和销售国家。

一位当年的跑口记者回忆，时任中国汽车工业协会常务副会长兼秘书长的董扬，当时一改往日严肃，在接受记者采访时，有些兴奋地断言，"我国汽车工业在今后仍将呈现一个快速增长的发展态势"。

之后的发展证明董扬的判断并非妄语。而这一切，则是源于2009年之前，中国汽车市场的高速发展。以此为标志，前后相加大约超过十载的红火汽车市场，人称"黄金十年"。

所有的历史现象从不孤立成行，没有足够的成因，不会结出繁硕的结果。

"黄金十年"的出现也一样。与汽车市场发展几乎同步的过程中，城镇化稳步推进，居民生活水平提升较快。消费从保证生存慢慢向改变生活方向转变，客观地说，这一切，为中国汽车工业发展，以至汽车消费市场的发展，提供了基本保障。

与城镇化进程加快同时，大城市高速发展，两者作用叠加带来的消费人口红利，构成了消费刚需的重要基础。

还有更重要的一点是，人口众多，人均汽车保有量很少，带动市场形成了巨大的刚需潜力，而这股巨大的购买潜力，陆续变成拉动我国汽车工业快速增长的动力。汽车工业随之提振，成为国民经济的重要支柱产业。

要知道，就当时的情况看，所谓人口众多，并不包括三、四线以下地区的消费者，所谓汽车刚需基数，目标人群依旧是城镇居民。而恰恰在此前的近二十年间，伴随城市化进程，城镇人口出现了大幅增长。据兴业银行统计，1991—2008年，中国城镇人口新增2.94亿。新增城镇人口与一、二线城市居民一道，成为带动车市大幅增长的重要的内在动力。

城镇化哪儿来的这么一股魔力，能够形成汽车市场产销上扬的重要推动力？

有一个关于城镇化的解释，准确说明了上述的变化。一方面是人口由农村向城市迁移聚集的过程，同时又表现为地域景观的变化、产业结构的转变、生产生活方式的变革，是人口、地域、社会经济组织形式和生产生活方式，由传统落后的乡村型社会，向现代城市社会转化的、多方面内容综合统一的过程，是一个国家或地区经济社会发展进步的主要反映和重要标志。

所以，解读城镇化，一方面可以看到，其结果是城镇人口大幅增加；而另一方面，则是生活方式发生了重大变迁。

这一变迁并不仅止于城镇新增人口，事实上，对于广大的一、二线城市消费者，这一变迁来得更早更集中，早已形成一股潮流。

比如消费者对商品房需求的大幅攀升，以及住房条件发生的变化，导致出行半径加大，带来了出行效率提升的内在需求。交通不仅不再靠走靠骑行，也不再简单依靠公交出行，自由移动、快速移动、加大出行半径移动，成为这一阶段的必然需求。商品房需求引发的汽车市场需求提升这一连锁效应，成为汽车市场黄金十年发展的一个重要基础，两者互相作用所演绎出来的故事，也成为这一时期市场上一个非常有意思的现象。

2000年前后，中国房地产市场呈现出清晰的商品化趋势。即便并没有被纳入消费品保护范畴，但是，对于对当时的消费者而言，渐渐增加的收入，逐步改变的消费信贷观，初步形成的对美好生活的热切向往，推动了购房热潮。不少期待住有所居的年轻人、期待改善住房条件的城里人，贷款几十万元，去郊区买套更现代化、居住面积更大的商品房，渐成潮流。

不过，买了房，住得远了，出行成为最棘手的问题。

仅以北京为例，最早兴建的房子都在哪儿呢？回龙观、天通苑以至后来的亦庄、望京，在当年看来，这都是郊区的郊区，对于生活半径几公里就已经算是很远的城里人而言，十几公里甚至二三十公里的出行半径，显然超出了他们日常生活的承受度。但是，对比自己当前的住房压力，再远，买房也成为必须。咬咬牙，先买房，再解决交通出行问题。

一时间，房与车的组合，成了一对解不开的矛盾，既对立，又互助。怎么办？

对于敏感的媒体而言，最早嗅到了车市春天的味道。2000年之前，每家与市场有关的媒体都有家电周刊；而今，买楼还要买车？好，有汽车＋楼市周刊。这一点，从当年诸多媒体的版面结构上可见一斑，成为不少媒体版面的必然组合。千禧年后，诸多媒体的版面组合中，《汽车楼市周刊》势如春笋，遍地生芽。

楼市的发展带动了媒体的转变，媒体的影响力也渐渐转化为消费的推动力。

尽管买什么车，怎么买，对于刚刚有了买车念头的大多数消费者而言，还是一道难题。但是，要买车，已经不是一个问题。

车市就在这样一个契机之下，发展得红红火火。车市"黄金十年"，就在房地产市场高速发展的助推下，迅猛向前。

闸门一旦打开，奔涌大潮必将势不可当。

捷达、桑塔纳和富康为代表的"老三样"汽车火了，即便当时出手买一辆"老三样"当中的任何一款车型，投入也得二十万元左右，相当于1/4甚至1/3套三居到四居的大房子；

夏利、QQ火了，不是每个人都买得起"老三样"，买辆夏利、QQ以至那个当时人称"汽车疯子"李书福造的吉利优利欧，都没关系，最关键的是要有一辆车。

其实，也就是在这一时期，利于家庭出行、价格亲民的车型，成为当时购车的必要考量。从这一阶段开始，汽车市场悄悄发生着变迁，车型多了，车的价格也在这些新增的自主品牌影响下，倒逼下，不再居高不下，包括老三样在内，包括以后逐渐推出的合资品牌车型，都在竞争与发展大方向上，向平民化开始靠拢。

汽车就这样以史无前例的发展速度，开始大规模进入中国消费者的家庭。

2009 年的历史契机：宏观与微观利好的叠加

"黄金十年"中，2009年无疑是一个被特别眷顾的年份。

我国汽车产销总数能够在2009年成为全球第一，并非偶然。

没有被国际经济衰退大潮裹挟，而保持稳定经济发展，是内在保证之一。

2008年爆发的金融危机，给全球带来的是经济衰退，对中国而言，由于政府推出了一系列的财政政策和货币政策保障经济稳定发展，因而，从2009年中国宏观经济总体情况看，宏观经济依然保持了良好的发展势头。

除了以上宏观利好，从微观方面看，2009年初中国出台和实施的一系列促进汽车消费的政策，不仅起到了刺激国内汽车市场快速复苏的作用，同时更推动汽车市场实现了跨越式的发展。小排量车购置税减半征收，油价下调、以旧换新、汽车下乡等等因素，直接刺激了汽车消费的增长。应该说，正是一系列有利于汽车市场发展政策的推动，不仅提高了消费者购买力，使得消费群体扩大，而且对提升消费信心，也起到了非常大的作用。

举例看，在所有出台的政策中，1.6升及以下乘用车购置税减半政策影响最大，2009年该类车型销售为719.55万辆，同比增长71%，增长贡献度70%。

当时，《中国消费者报》曾对此做出分析，指出，从2009年第二季度开始，汽车产销增长曲线被陡然拉高，第三、四季度更是以80%的高曲率收尾，反映出正是宏观微观利好叠加，才导致了如此高速度的增长发生。

除了以上政策因素，市场环境所发生的变化，对汽车市场依然产生着关键影响。

对于2009年，我们不得不再次提及房地产市场。因为，在这一年，房地产市场房价高企引发的购房潮，从侧面对汽车的销售进一步带来了强力的推动作用。

通货膨胀预期增强，使房产成为理想的抗通胀产品。金融危机后，为了振兴中国经济，国务院出台4万亿振兴方案，使2009年上半年广义货币供应量M2同比增速高达24%，公众对市场的通货膨胀预期增强。

此时，房地产不再是那个为了简单改善居住的商品房了，不少人发现了房产可住、可投资的灵活性，将存款转化为房产，以求保值增值。2009年，房产受到了公众的狂热追捧。到处都是看房的人。甚至不仅城市居住带，就连一些传统意义上的旅游区域，房地产业也异常火爆。

南到三亚，北到渤海湾，不少地方新增海景房，一时出现抢房"热潮"。房价高速上涨所带来的投机空间，无疑进一步推动了房价上涨。而在房价上涨过程中，消费者对未来收入预期的增加，导致他们对当下汽车价格的敏感度进一步下调，也成为购车热情上涨的推动力之一。

房地产市场火爆，车市火爆，带动中国汽车产销坐上世界第一的宝座，原因不一而足。包括消费环境发生的变化、消费选择出现的变迁，消费偏好的逐渐形成以及消费升级的内在推动等等，都成为推动购车热情上涨的成因。

身边买车的人越来越多，给更多的消费者带来了新的期待：别人家有车了，我们家是不是也该考虑一下，要不要买辆车？

我们甚至不能说这是一种攀比。

寒风凛冽，当别人的孩子坐在车厢里，在温暖的空调中，行进在车流中时，可以放松地吃着早餐，甚至可以补个回笼觉。此时，你愿意让自己的孩子在车站上，等一辆人满为患的公交车吗？苦夏，当朋友带着家人开车远游避暑，你有没有这样的冲动，带自己的双亲也来一次说走就走的旅行？

就是这样的一个个小愿望、小目标的刺激，成全了 2009 年的车市，将"黄金十年"的增长，带入了华彩乐章。

对黄金十年的反思：政策主导与地区发展平衡

2012 年 1 月 12 日，中汽协公布 2011 年中国汽车产销量，数据显示总量略有增长，但增速为 13 年来最低水平。2011 年全国汽车产量1841.89 万辆，同比增长 0.84%；全国汽车销量为 1850.51 万辆，同比增长 2.45%。乘用车好于行业平均水平，但产销增幅也不过在 4%—5%左右。对比 2010 年产销量双双暴增 32% 以上的数字，2011 车市宛若酷暑进入严冬。

是什么原因，能让车市出现如此对比强烈的兴衰更替？

应该看到，在一定程度上，我们的市场依然是政策主导的市场，而没有让市场自身起到更好的调节作用。更关键的是，有些政策自身是不是足够成熟，值得思考。

时逢利好，抓住机会就能成为赢家。当年，对于车市增长带来强有力推动的、至为关键的推动力，是政府积极的产业政策。应该说，正是一系列有利于汽车市场发展政策的推动，不仅提高了消费者购买力，使得消费群体扩大，而且对提升消费信心，也起到了非常大的作用。

但是，当兴奋平复下来，再做冷静的观察，或许人们会得出与此前不一样的思考。今天，当我们回首重新审视一下十年前的购置税减半政策，可以看到，对于2008年底实施的购置税优惠政策（以至于数年之后再次实施的购置税优惠政策）一直都不乏微词，认为，红火了一时，遗患于后市，当然不会是政策制定者所乐见的，但也一定是没有预见的。因而，如何在政策优惠期截止前后，做到市场平稳有序过渡，避免寅吃卯粮，过度透支后续市场，确实需要给予更多的理性思考，寻求更为合理的解决方案。

政策之外，地区之间发展不平衡问题，同样需要理性看待。

1935年，我国著名学者胡焕庸提出了"胡焕庸线"这一划分我国人口密度的对比线。就当年而言，这一对比线清晰地分割了东南和西北两部分人口分布密度与经济发展状况。但是，即便是在车市"黄金十年"之内的2009年，这一对比线所反映出的东西地区差异依然明显。

从当年汽车消费基本数据看，东部地区由于人口基数大，对全年市场拉动效应明显，西部地区明显偏弱。2009年下半年，东部省份出现高达77%的增长幅度，最后被西部拉平至50%以下，东西差异可见一斑。

如何进一步带动西部地区经济消费的快速增长，直到今天，也是一个必须予以关注的重点。

同样是地区发展速度问题，这一回事关东部大型城市。当西部发展缓慢同时，对于车市而言，东部的快速发展又出现了一定程度的失控，以至于部分城市纷纷出台限制措施，人为干预车市过快增长。

　　2010 年 12 月 23 日下午，北京市政府、市交通委等相关部门公布了缓解北京交通拥堵新举措，确定 2011 年度小客车总量额度指标为 24 万个（平均每月两万个）。北京市从 2010 年 12 月 24 日起，北京市将开始对购买小客车实行限制；同时，在全国第一个采取了购车指标通过摇号方式无偿分配的方案。

　　没有任何数据能说明，2011 年整体产销数量锐减与这样的限购措施有关。但是，同样也没有绝对的理由，说明拥堵的全部成因，都应该归结到交通工具身上，这一点谁都明白。但是，举例看，当拥堵的中央商务区林立的高楼大厦之中，再起一座座摩天大厦的时候，又有什么措施，让这样摩天大厦未来一定带来的区域拥堵加剧，去埋单，去付出成本？再比如，当我们所有的商品房都建设在郊区以至远郊区的时候，每天早晚潮汐式的车流一定是城市必有的现象。有没有专业人士，曾经考虑到半小时工作生活生态圈的问题呢？

　　2011 年至 2017 年，尽管整体呈现缓增微增状态，中国汽车消费市场仍以引领全球的数字，位居榜首。而与千禧年后出现的"黄金十年"相比，二者之间，拿来相比，可以见证因果，互证得失。

中国汽车发展大事记

1949 年 10 月，中央重工业部机器工业局开始着手筹建新中国的汽车工业。

1953 年 7 月，第一汽车制造厂举行奠基典礼。毛泽东主席题词"第一汽车制造厂奠基纪念"的汉白玉基石放置在厂区中心广场，第一汽车的制造厂破土动工。

1956 年 7 月，国产第一辆解放牌 4 吨载货汽车在第一汽车制造厂诞生。

1958 年 5 月 21 日，一汽试制成功东风牌轿车，送往北京向党的八大献礼。

1963 年 8 月 31 日，中国汽车工程学会的前身——"中国机械工程学会汽车工程分会"在长春成立，并产生第一届理事会。

1966 年 4 月，第一汽车制造厂首批 20 辆红旗牌三排座高级轿车送往北京。

1967 年 4 月 1 日，第二汽车制造厂正式破土动工。

1979 年，《汽车工程》杂志创刊，是国内唯一综合反映中国汽车行业学术研究水平的学术期刊。

1982 年 5 月 7 日，中国汽车工业公司正式在北京成立，饶斌任董事长。

1983 年 4 月，国家计委正式批准微型汽车定点方案。4 月 11 日，第一辆上海桑塔纳牌轿车在上海汽车厂组装成功。

1984 年 1 月 15 日，北京汽车制造厂与美国汽车公司（AWC）合资经营的北京吉普汽车有限公司举行开业仪式。

1985 年 3 月，中国与德国合营的上海大众汽车有限公司正式成立，9 月该公司正式开业。

1985 年 3 月，中国汽车工程学会经国家体改委批准成为全国一级学会，同时加入中国科学技术协会。

1986 年 3 月，天津汽车工业公司引进日本大发公司夏利轿车许可证转让合同在天津签字。

1986 年 9 月，中法合资广州标致汽车有限公司投产。

1987 年 10 月，我国第一条汽车高速试验跑道在海南汽车试验站建成。

1988 年 12 月，国务院发布《关于严格控制轿车生产点的通知》，明确规定，除"三大"（一汽、二汽、上海大众）和"三小"（天津、北京、广州）以外，不再审批新的轿车项目。

1990 年 11 月 20 日，我国汽车行业规模最大的合资项目——第一汽车制造厂和德国大众汽车公司合资年生产 15 万辆普及型轿车项目在北京正式签约。

1990 年 12 月 20 日，第二汽车制造厂与法国雪铁龙汽车公司合资生产轿车项目在巴黎签约。

1991 年 2 月 8 日，我国汽车工业最大的合资企业——一汽—大众汽车有限公司正式成立，投资额为 42 亿元人民币。

1994 年 7 月 3 日，国务院正式颁布《汽车工业产业政策》，这是中华人民共和国成立以来中国第一部汽车产业政策。

1994 年，上海开始对新增的客车额度实行拍卖制度，是第一个出台限购令的城市，开创国内汽车限牌先例。

1996 年 8 月 10 日，国务院办公厅转发国家计委《关于取消地方限制经济型轿车使用意见》的通知。

1998 年 4 月 28 日，广州和日本本田签署合资合同。1998 年 7 月 1 日，广州本田汽车集团有限公司和日本本田技研工业株式会社各出资 50%成立广州本田汽车有限公司。

2001 年 1 月 1 日，中国开始征收汽车购置税。

2001 年，新能源汽车研究项目被列入国家"十五"期间的"863"重大科技课题，并规划了以汽油车为起点，向氢动力车目标挺进的战略。

2001 年 2 月 9 日，国家出入境检验检疫局发布紧急公告指出，日本三菱公司生产的帕杰罗存在严重安全质量隐患，决定吊销其进口商品安全质量许可证书并禁止其进口。3 天后，三菱汽车公开道歉并宣布召回，这是中国第一起汽车召回事件。

2002 年 4 月 12 日，《德国大众公司和上海汽车工业公司修订和延长合资协议》签字仪式在德国狼堡汽车城进行。重续后的合营合同将上海大众的合营合同延长了 20 年。

2002 年，我国汽车产量破 300 万辆大关。

2004 年 4 月 24 日，国务院颁布《汽车产业发展政策》，废止 1994 年版《汽车工业产业政策》。

2006 年 4 月 1 日开始，按排量不同，在中国购买轿车时所缴的消费税率不再相同，新汽车消费税向小排量车倾斜。

2006 年 7 月 1 日，《机动车交通事故责任强制保险》（简称交强险）实施，原有的商业"三者险"条款和费率全部废止，这是我国第一个通过立法予以强制实施的保险险种。

2009 年 1 月 1 日起，《成品油税费改革方案》开始实施，正式征收燃油税。

2009 年，汽车年产量突破 1000 万辆，首次超越美国，中国成为继美国、日本之后，第三个汽车年产量超千万辆的国家，并正式成为全球第一大产销市场。

2010 年 7 月，国家将"十城千辆"节能与新能源汽车示范推广试点城市由 20 个增至 25 个。

2010 年 8 月 2 日，吉利控股集团正式完成对福特汽车旗下沃尔沃轿车公司的全部股权收购，这是具有历史意义的跨国并购。

2013 年 10 月 1 日，汽车三包政策正式实施。

2015 年 11 月，我国新能源汽车累计生产 27.92 万辆，超越美国成为全球第一大新能源汽车市场。

2016 年 9 月 7 日，江淮汽车与大众汽车（中国）投资有限公司正式签署合资合作谅解备忘录。大众在中国已经有了上汽大众和一汽大众两家合资公司，根据中国的合资规定，一家外国车企只允许在中国拥有两家合资公司，所以大众与江淮的合作一时备受关注。

2017 年 4 月 25 日，工信部、国家发展改革委、科技部联合印发了《汽车产业中长期发展规划》，为未来 10 年汽车产业发展明确了方向和任务。

2017 年 9 月 28 日，工信部、财政部、商务部、海关总署、质检总局联合公布了《乘用车企业平均燃料消耗量与新能源汽车积分并行管理办法》。办法自 2018 年 4 月 1 日起施行，境内乘用车生产企业、进口乘用车供应企业一视同仁。

2018 年 4 月 17 日，中国汽车行业股比限制放开正式划定了时间节点。汽车行业将分类别放开股比限制，2018 年取消专用车、新能源汽车外资股比限制；2020 年取消商用车外资股比限制；2022 年取消乘用车外资股比限制，同时取消合资企业不超过两家的限制。

2018 年 5 月 22 日，财政部宣布，自 2018 年 7 月 1 日起，降低汽车整车及零部件进口关税，这是我国汽车关税从 1986 年开始的第五次下调。

汽车产业：以开放走向世界前列

贾卫中

2018 年 4 月 10 日，国家主席习近平在海南博鳌宣布："下一步要尽快放宽外资股比限制特别是汽车行业外资限制"，并且"将相当幅度降低汽车进口关税"①。

在现场，大众汽车（中国）执行副总裁张绥新博士感到非常高兴。回忆起当时的场景，他坦言："我第一个想法就是中国汽车行业又要发生一次重大变革。这相当于 2001 年加入世贸时候，整个格局都会发生变化。"

从基础薄弱到销量领先

几十年的发展，给中国汽车产业带来了翻天覆地的变化。张绥新介绍说："改革开放初期，中国工业基础非常薄弱，几乎完全没有现代化的汽车制造体系，以至于上海引进桑塔纳技术三年后，国产化率仅 5%，如今中国已建立起了完整的零部件配套体系。与此同时，我国汽车产业经历了由计划经济到社会主义市场经济的深刻转变。计划经济时代，中国实行国家统购统销的经营模式，如今中国汽车年产销量接近 3000 万

---

① 习近平：《开放共创繁荣 创新引领未来：在博鳌亚洲论坛 2018 年年会开幕式上的主旨演讲》，人民出版社 2018 年版，第 11、12 页。

辆，蝉联全球第一。尤其在新能源汽车领域，中国实现了领跑。"

中国汽车工业协会公布数据显示，2017年全年累计销售汽车2887.89万辆，同比增长3.04%。其中，新能源汽车销量为77.7万辆，同比增长53.3%。2018年，全年销量尽管同比下滑，但仍以全年累计销售2808.06万辆位居世界第一。

张绥新认为："改革开放40年来，中国汽车产业从引进外资、技术，加强本土化生产做起，不断扩大开放，建立起现代知识产权保护体系。随着对外开放程度日益加深，参与国际分工日益广泛，中国汽车产业正走向世界前列。"

"中国改革开放创造了世界经济史上的一个奇迹，而中国汽车工业的发展则是奇迹中的奇迹。这是中国汽车企业与国际汽车企业精诚合作的结果。"张绥新5月31日在北京举行的"2018中国汽车新创峰会"上表示。

毋庸置疑，中国汽车产业经过几十年的发展，已经成长为中国经济的重要支柱产业。国家通过不断完善相关法规、标准来规范汽车产业，在不同时期提出适应当前发展水平的方针政策，从而引导汽车产业健康、有序发展。

站在改革开放40周年的新起点上，汽车产业的政策环境愈加开放。首先，合资股比限制将逐步放开。2018年4月17日，国家发改委正式宣布将于2022年全面取消汽车行业股比限制，意味着国务院印发的1994年版《汽车工业产业政策》中"合资企业中外双方50:50的股比限制"将被打破。其次，关税多次下调。5月22日，财政部宣布，自2018年7月1日起，降低汽车整车及零部件进口关税。我国汽车关税从1986年开始经过5次调整，关税不断下调对于促进汽车行业转型升级，满足人民群众的消费需求作用巨大。

对此，张绥新由衷地慨叹道："我坚信这一系列新的举措将进一步推动中国汽车市场的改革开放程度，营造更加公平和良好的环境，继续提振全世界对华的投资信心，并对汽车产业创新能力带来积极的影响。"

的确，开放的发展环境保障了汽车行业主营业务收入持续增长。国家统计局数据显示，2017年，汽车行业主营业务收入为85333亿元，同比增长10.8%。利润总额6833亿元，同比增长8%。与此同时，汽车行业的企业数量高速增长，截至2017年12月底，汽车领域的相关企业数量达到1.47万家，较2016年末增加4.5%。

展望未来，张遂新自信地说："现在要继续开放，开放以后可能形成第四种类型的企业——外国独资企业，中国市场的竞争将会非常精彩。只有通过充分竞争，把所有的限制放开，大家才能八仙过海各显其能。当然，这有一个不可避免的很痛苦的淘汰过程，那些没有竞争力的企业将会被淘汰。但是我相信中国汽车工业还没有达到最高点，中国老百姓的出行需求还没有得到完全满足。而在多种不同企业、不同文化的竞争和创造下，我相信中国汽车工业还会得到更大的发展。这次发展不仅是销量，同时会在技术、各种创新的领域中，中国汽车都有希望站到全世界的最前列。"

在张绥新看来，中国汽车产业之所以能够步入高质量发展阶段，得益于加入世贸组织后，市场经济迅速发展。

保护知识产权促汽车发展加速

中国加入世贸组织，建立现代知识产权保护体系后，汽车产业呈现爆发加速发展态势。

张绥新介绍说："从2001年加入世贸到2005年，中国汽车市场从100万辆年销量增加到300万辆，仅用了5年时间。而德国同样从100万辆的销量增长到300万辆，则用了将近50年。这完全是改革开放带来的结果。加入世贸后的十几年里，中国汽车市场从百万辆到突破2000万辆的规模，这些奇迹都得益于政府与时俱进的改革开放政策，而知识产权在国家对外开放中扮演着不可或缺的重要角色。"

据了解，2005 年中国成立了国家知识产权战略制定工作领导小组，正式启动了国家知识产权战略制定工作，同时中国政府也不断地加大了知识产权保护的力度。2008 年《国家知识产权战略纲要的通知》颁布之后，我国陆续出台了《商标法》《专利法》《技术合同法》《著作权法》和《反不正当竞争法》等法律法规文件。

在计划经济时期，中国采用的是社会主义经济大协作，全社会都没有知识产权保护意识。比如一家企业有了技术创新，那么这个技术将拿到全行业共享，哪家企业给行业共享的技术越多，意味着这家企业对社会主义事业的贡献越大。即便是改革开放之后，仍有很多人并不认为仿冒他人产品是违法行为，随着改革的深化，中国逐步走上了法制化轨道，并逐步形成了完善的保护体系。在建立现代知识产权保护体系的过程中，大众汽车集团起到了重要的推动作用。

张绥新回忆说："中国人以前没有知识产权意识。桑塔纳刚刚引进中国的时期，在配件市场，正规的配件最多占到 20%，其余 80% 包括刹车片这些关乎生命安全的配件在内，都是假冒伪劣产品。为此，大众汽车集团和上海大众联合成立了打假工作小组，追溯假冒配件来源。我记得很清楚，工作小组追到浙江某个很偏僻的小村，一个小作坊正在生产桑塔纳的刹车片，当时的生产现场令我们瞠目结舌。后来，虽然在当地执法部门配合下销毁了生产设备，但假冒伪劣配件依旧层出不穷，打假小组工作了好多年，几乎没有什么太大效果。直到中国加入 WTO，知识产权保护成为非常重要的议题，大众汽车集团配合有关部门制定了相关法律，这些年情况有了极大改善。"

知识产权保护体系的建立促进了零部件配套产业加速发展。张绥新介绍说："随着我国知识产权的立法以及执法逐步完善，大众和中方合作伙伴一起动员大众汽车全球 300 多家零部件厂商，鼓励支持他们到中国转让技术，建立合资企业，实现本土生产。这些零部件企业也成为中国汽车零部件体系的核心，成为目前中国汽车工业发展的基础，也为后来进入中国的合资企业国产化打下良好基础。"

当初，德国企业则把一部分技术含量不高的零部件放在中国本土生产，中国零部件企业正是利用这一机会由小做大，逐渐具备了自主创新和前瞻性技术开发的能力，甚至在一些领域成为全球的龙头老大，成功走向海外。

对此，张绥新肯定地说："对于汽车工业来讲，整车厂固然很重要，但整车厂创造的附加值只有20%，其余80%是由零部件企业创造的。中国建立现代知识产权保护体系后，国外零部件企业走进中国，一方面带动了汽车零部件的国产化，提升了整车本土化率，也提升了我国汽车工业的整体水平。另一方面，知识产权保护体系也成为本土零部件企业发展壮大、走出国门的重要保障。"

改革开放以来，大众汽车集团不但帮助中国建立起了完善的汽车零部件工业体系，而且通过联合开发和本土化生产，使得合资企业研发能力实现质的飞跃，本土化制造能力显著提升。

回看40年大众与中国共成长

作为最早进入中国市场的跨国车企之一，大众汽车集团从1978年开始和中国接触，所以2018年也是大众与中国合作40周年。

张绥新清楚地记得，1978年11月，时任中国第一机械工业部部长的周子健抵达狼堡后，中国政府代表团徒步从火车站赶往大众汽车总部。周子健通过翻译向当班的警卫直截了当地说："我是中国的机械工业部部长，想与大众的负责人对话。"

警卫面对身穿中山装的中国政府部长惊讶不已，他拨通了负责销售的大众董事维尔纳·施密特博士的电话，这位董事在惊讶之中接待了来自东方的部长。今天看来，这次会面迈出了中国汽车工业发展历程中具有历史性意义的一步。

1982 年是中国汽车产业发展的关键年份。当年 6 月,邓小平批示"轿车可以合资"。这开启了中国汽车对外开放的新篇章,中国与外国企业新一轮的谈判开始。

张绥新回忆说:"我们代表团去了欧洲、美国、日本,接触了所有重要的汽车生产厂家。中方当时明确提出了三个要求:第一,要有年产三万辆的规模。第二,一定要有技术转让。第三,要有现金投资。大众方面当即答应了这些要求。大众汽车集团之所以这么痛快,是因为当年接任董事长的哈恩博士认为,中国正开启面向市场经济的改革,在各方面的发展将是不可抑制的。"

1984 年 10 月,中德合资轿车项目上海大众正式签约成立。上汽持股 50%,大众汽车集团持股 40%,大众汽车(中国)投资有限公司持股 10%。上海大众于 1985 年正式投入运营。

上海大众的成立成为中国汽车史上一个具有里程碑意义的事件,标志着我国汽车工业进入由计划经济体制向市场经济体制转变的转型期。同时,跨国车企给中国汽车工业带来了资金、技术和全新的经营管理模式,中国汽车工业和市场的第一扇大门,由此正式打开。

大众汽车对于中国汽车工业的巨大贡献,是完成了桑塔纳国产化工作;在这个过程中,中国掌握了现代化的生产技术,建成了完整的研发生产体系,形成了严谨且科学合理的研发流程,培养了高水平的研发人员和产业工人。

在桑塔纳国产化过程中,有几件事让张绥新至今记忆犹新。第一件是国家经贸委汽车工业局成立后,张绥新去汇报工作。一进门就吓了一跳,包括机械工业部部长邵奇惠在内,行业主管领导全部在座,会谈的目的很明确,希望上海大众搞联合开发,并且提出要在五年之内完成轿车车身、底盘的开发工作,这让张绥新感到压力如山大。他坦言:"联合开发工作上海大众一直在做,但以中国当年的汽车工业水平,五年完成车身开发工作还可以，完成底盘开发至少需要十年时间。"

由于当时中国工业水平很低，上海大众成立 5 年，桑塔纳的国产化率才达到 5%，本土化进度缓慢，大众汽车集团总裁因此挨了中国总理的批评。张绥新回忆说："总理批评大众汽车故意刁难。认为一个方向盘搞几十个技术指标没有用处，桑塔纳国产化进程一定要加快。但是，大众汽车态度非常坚决。认为在技术方面绝对没有妥协的余地。时任上海市市长的朱镕基亲赴上海大众调研后当即指示，应该坚持大众汽车的标准，不能搞'瓜菜代'。桑塔纳国产化要 100% 合格，降低 0.1 个百分点我们都不要。"今天看来，朱镕基为桑塔纳零部件国产定下高标准的同时，也为中国汽车产业发展定下高标准的基调。

轿车本土化生产，光有高标准还不够，高素质的研发人员和高水平的产业工人至关重要。张绥新介绍说："在中国本土生产轿车，本地职工不掌握技术，这个是行不通的。当年，大众汽车集团准备上市新一代帕萨特，按照德国总部计划，美国先生产，半年以后上海大众生产。然而，美国新车上市时间一推再推，最后美国市场反而比上海大众晚了半年上市。当时的美国工厂，大众派了 150 位专家帮助他们生产帕萨特，上海大众只有 3—4 个德国人。事后，大众总部派了一个调查组深入上海大众，实地调研之后得出结论：上海大众管理、技术人员业务水平高，企业生产体系完整且非常出色。"

多年来，大众汽车集团为两家合资公司培养了高水平的研发、生产队伍。部分人才流通到各个企业，为中国汽车产业发展做出了重要贡献。上海大众自主研发的朗逸上市之后，张绥新找到邵奇惠，他如释重负地说："邵部长，您当年安排的轿车本土化任务，我们终于完成了。"

回看 40 年，中国汽车产业的飞速发展让张绥新感慨万千，他坦陈："1978 年，中国、德国谁也想象不到，中国能够成为全世界最大的汽车市场，实现 2800 万辆的销量，当时绝没有任何人敢于去往这方面去想，真的！中国的汽车工业之所以能够取得今天的成绩，一方面是因为改革开放 40 年来经济高速发展，老百姓收入显著增加，中国进入了汽车社会。另一方面，中国的汽车市场确实比较特殊，是世界上独一无二的。这个市场上有着国营企业、民营企业、合资企业，有各种不同的体制、不同的品牌、不同档次的车型在市场上竞争，共同发展。可以说这就是'百花齐放、百家争鸣'。这无疑增强了技术、品牌、产品、体系等各个方面的整体提升。合作与竞争使得更多的中国消费者获得了切身利益，得到了更好的产品、更好的服务，享受到了高质量的汽车社会的生活。"

汽车科技：从追随者到超越者

贾卫中

2018 年 10 月 30 日，国际汽车零部件行业百强和国内汽车零部件行业百强（简称"双百强"）发布会在京举行。在国际百强榜单中，除德国、日本、美国零部件企业外，有 18 家中国汽车零部件企业入选。

消息传来，中国汽车工程学会名誉理事长付于武倍感欣慰，他欣喜地说："几年前，国内零部件企业只有戴卡轮毂一家入围国际百强榜单，且排名第 99 位。今年有近 20 家企业入围国际百强，表明中国自主零部件企业的实力在大幅提升。"

在付于武看来，现在，中国汽车已经从观察者、学习者，成长为世界汽车的同行者，甚至某些方面，我们的意识观念要领先国际同行。

搭建联盟　连横破纵

毋庸置疑的是，当下，中国汽车自主研发能力已经显著提高。付于武记得，改革开放初期，我国汽车自主开发能力非常薄弱，整个汽车行业的研发投入不及世界大公司的零头，高端研究试验设备全部依赖进口，而且全行业高端研究实验设备总数不及一个世界规模的零部件企业。进入 21 世纪以来，随着我国汽车市场规模不断扩大，自主开发能力也得到了长足发展。现在，多个大汽车集团建成接近世界先进水平的研发基地，可以开展高水平的产品自主设计。

改革开放 40 年来,汽车成长为中国经济的重要支柱产业,这一战略定位要求汽车技术必须加速发展,以支撑产业的可持续发展。为了实现汽车技术领域的快速追赶,付于武采取了搭建技术联盟,协同创新的新方式。

当前,新一轮科技和产业变革方兴未艾,引发新一代信息技术与制造技术的深度融合。在此过程中,汽车正由百余年前典型的机械产品,逐步演变为机电一体化、智能网联化的高科技产品,呈现出与能源、材料、电子、信息等相关产业紧密相连、协同发展的趋势。国外的汽车大集团在前瞻性技术领域都有很好的技术储备。

近年来,走访了德国、日本、韩国的多家跨国汽车集团研发试验中心之后,付于武对于国外汽车的新技术、新产品有了深刻的认识,他坦陈:"国外汽车企业扎扎实实搞研发的精神让我非常钦佩。在投入方面,丰田汽车在燃料电池和固态电池领域每年投入将近 1000 亿日元,大概相当于我们国家整个行业 2 倍的投入,他没有理由不领先。在产品方面,日产的新能源汽车——聆风,可以做到 42 万辆无事故。并且,国外企业对于智能网联、自动驾驶等领域的技术路线都有深度思考。反观国内,改革开放 40 年来,我国汽车技术的自主研发能力已有明显提升,但是总体来看与国外先进水平相比仍有一定差距。"

为了尽快缩小与发达国家之间的技术差距,付于武着手搭建了多个技术联盟,积极推动协同创新。付于武认为:"中国汽车产业要做强,绝不能孤军奋战,必须要与制造业,甚至超越制造业领域高度融合。为此,中国汽车工程学会搭建了汽车轻量化技术创新联盟、电动汽车技术创新联盟、汽车装备技术创新联盟、车联网产业创新战略联盟,并成立了汽车智能网联创新中心。"付于武的目的很明确,实现跨领域协同作战。

付于武搭建的科技联盟不仅得到了中国品牌的拥护和积极参与,也令国外同行非常羡慕。有日本同行慨叹:"我们的丰田、本田、日产谁也瞧不起谁，互相之间根本不可能共享技术。协同创新只有你们中国人能办成，你们的未来潜力无限。"一些国际知名的跨国公司也表现出加入中国技术联盟的想法，付于武非常支持，他称："我们欢迎国际同行加入，大家一起为推动世界汽车向前发展协同作战。"

科技联盟成立以来，协同创新的优势已经转化成了实实在在的生产力。付于武介绍说："协同创新看似是生产关系，实际上变成了创新的生产力，它可以助推中国汽车产业实现跨越式发展。现在看来，因为联盟的存在，中国汽车技术跟国际先进水平缩短了至少五年。今后，传统车升级＋智能网联、新能源车快速发展，'两个轮子'共同驱动下，15~20 年后，中国汽车真的可能达到国际先进水平。"

展望未来，付于武认为："创新联盟要取得更大的成果，抓住产业转型升级的重大机遇至关重要。"

抓住风口　换道超车

中国汽车产业进入由大变强的机遇关键期，智能网联、新能源汽车成为推动汽车产业转型升级的重要突破口。付于武称之为换道超车，他语重心长地说："中国企业应该抓住风口乘势而上。"

当前，中国在新能源领域取得了全球领先优势，中国新能源汽车不仅销量全球第一，而且率先实现了整车出口。同时，在动力电池、电机等核心零部件领域取得了重大突破。

付于武介绍说："当前处在产业转型、技术换代时代，中国正逐步走向世界前列，这得益于我们的企业家、创新团队先知先觉和创新意识，以及认准方向、刻苦攻关的求真务实精神。在新能源整车方面，比亚迪从电池代工做起，不仅实现了整车生产，而且产品出口到日本、美国、挪威、丹麦等发达国家。动力电池的代表宁德时代，成立只有十年时间，目前三元电池出货量世界第一，而且该公司跟宝马等国际企业形成战略合作关系。上海的精进电机,产品比能量、比功率等技术指标都达到国际先进水平,成为美国新能源汽车的供应商。在新能源领域,不少中国企业对技术、产品未来的发展有非常好的预判,这是很重要的。"

在智能网联领域,中国走出了独特的发展路径。付于武自信地说:"中国的智能网联技术路线与国外不一样。国外属于'单兵作战'——单车装载多个激光雷达、摄像头、传感器来识别道路环境;中国走协同作战的路线,从智慧城市、智慧交通出发,汽车是其中的一部分,这种技术路线安全性更高,更先进。目前,国内已经建立了包括成都、上海嘉定在内的一批示范区。其中,上海嘉定已经超过美国的示范运营区,来参观的美国人对我们丰富的场景设置感到非常惊讶。当然有的场景还不够,今后我们要通过协同创新的理念,快速突破核心技术,让我们中国主机厂都建立 V2V (Vehicle to Vehicle) 技术网联,国外车企你不进入我们的朋友圈,你会很尴尬的。"

付于武提到的"朋友圈",指的是中国正逐渐掌握制定智能网联、新能源汽车技术标准的话语权,这是中国走向汽车强国的标志。

付于武自豪地说:"国际同行认为,中国具有两个特殊优势,一个是消费者的互联网偏好,另一个是通信协议可以达到高度认同。所谓通信协议,就是技术标准。虽然国家把其他产业的标准都下放了,但是汽车的标准仍然牢牢控制在国家手中,说明汽车技术标准非常重要。然而,汽车是多种技术的载体,不可能完全靠国家制定标准,因此需要团体标准来引导产业更好地发展,这两年团体标准发展非常快,成为产业发展的推进器。在新能源、智能网联顶层设计架构中,必须把标准放在非常突出的位置。一旦我们制定技术标准后,来到中国的国外企业必须遵照执行。我们将在中国市场上用标准引领汽车产业发展,这个意义非常重大。"

中国之所以能够在前瞻性技术领域掌握话语权,除了协同创新的体系优势之外,巨大的市场体量发挥着至关重要的作用。改革开放 40 年来，中国形成了全球最大、最活跃的汽车市场，足以吸引和容纳国内外企业放手施展。

付于武认为："全球三分之一的汽车在中国销售，最挑剔的消费者在中国。技术上，中国汽车技术更新最快。我们组建了国际咨询委员会，全球跨国公司的 CTO（首席技术官）每年都坐在一起研讨。大家一致认为，这个会只有在中国开，因为中国市场发展速度最快。宝马的副总裁说，一年至少应该开两次，因为中国市场太有魅力，别的国家没有。产品上，中国消费者要求最高。有些产品在国外卖得非常好，但是来到中国卖不动，究其原因是没有针对中国的社会、文化做适应性的开发。而今，中国消费者对汽车外观、内饰、乘坐舒适性都有独到见解。以别克君威为例，这款车在中国进行了 600 多处改动后才得到中国消费者认可。"

改革开放以来，中国汽车进步飞快，付于武明显感到国际同行的态度发生重大变化，他坦言："以前去到国外汽车大公司，我们主要是参观，听人家讲。现在变成了互相交流。我们谈对于新能源、智能网联的理解认识，他们也谈，然后互相讨论。"换言之，在产业转型升级过程中，通过"换道超车"，中国汽车人已经可以和国际同行平等对话了。

付于武感慨地说："在汽车领域，现在中国与发达国家成为同行的战友，而在改革开放初期，我们好像是局外人，是世界汽车的观察者。"

开阔视野　追随学习

改革开放以来，伴随着社会的发展，中国汽车工业在不断进步中发展成为汽车产业，中国也成为世界第一汽车制造大国。付于武认为："对外开放使我们打开了视野，看见了世界汽车发展的模样，成为世界汽车技术的一部分。"

改革开放初期，走出国门的中国汽车人着实被世界汽车的发展震撼到了。付于武回忆说："我还是非常幸运的，80年代先后到了美国、德国、日本、俄罗斯，在中韩尚未建交的时期参观了韩国现代蔚山工厂。当年，我们到达现代的时候，恰逢该公司1.3L轿车生产线落成，规划产能是30万辆。当时中国轿车刚刚起步，我们很震撼，一条线的生产能力就达到30万辆，这是不可想象的。1984年，我到美国福特看他的车桥生产厂，有500万辆产能，我们参观了生产线，听到种种介绍，觉得很震撼。我到广岛参观马自达，发现原来汽车可以直接开上船出口到海外市场，后来又到德国参观了大众、宝马、戴姆勒—奔驰……对外开放让我们看到了世界汽车的发展，认识到了中国与国际汽车强国之间存在巨大差距。"

当年中国汽车工业是什么情况呢？有业内专家把改革开放初期我国汽车产品结构归纳为："缺重（型车）少轻（型车）、轿车近乎空白。"中国汽车工业协会数据显示，1985年，我国轿车产量不足5000辆，当年轿车进口数量却高达10万辆。进入20世纪90年代，随着我国的汽车工业从计划经济体制向市场经济体制转变。中国汽车工业有了一定的自主开发能力，奠定了发展轿车的基本生产格局和基础。2001年加入世贸组织后，中国汽车工业全球化的浪潮袭来。中国车企开始通过收购国外汽车企业，消化吸收国外技术。2004年，国家发改委发布实施了《汽车产业发展政策》，推动汽车产业结构调整和重组，扩大企业规模效益，提高产业集中度，避免散、乱、低水平重复建设。

谈到中国汽车的发展历程，付于武感叹道："改革开放初期，我们是世界汽车的观察者，好像我们身处'世外'，人家在'圈里'。我们的身份是学习者，我们要学习造车，特别学习家用轿车是怎么生产的；加入世贸组织后，进一步扩大开放，我们成为追随者，踏着人家的脚步，慢慢地对世界汽车技术有了一些理解；而今，我们与世界汽车并肩站在一个起跑线上，变成战友、同行者，甚至某些方面，我们的意识观念要领先国际同行。"

在付于武看来，中国汽车悄无声息地变成了世界的老大，成为全球技术的一部分。2017 年 9 月，付于武受邀再度访问现代汽车，他用三个"不一样了"表达了自己的感受。付于武感慨地说："1988 年、1992 年我先后两次到韩国现代参观学习，当年我们是抱着一种敬仰的心态去的，因为当时韩国汽车确实比我们强太多了。然而，去年完全不一样了。在交流过程中，韩方认真地倾听我们讲中国的故事，讲现代应该怎样面对中国市场搞开发……不一样了，完全不一样了！"

世界在变，中国汽车工业发展速度令人惊叹。付于武自豪地说："今年汽车零部件'双百强'的发布情况着实令人振奋，倒退五年，世界一百强中国汽车企业很少，最差的一年只有戴卡轮毂上榜且排在第 99 位。今年国际百强榜单中有近 20 家中国企业。发动机领域有潍柴、玉柴，变速器领域有陕西法士特，汽车电子领域有宁波均胜，新能源领域有宁德时代……这就看出我们核心零部件的关键技术已经取得了重大进步。虽然与国际零部件巨头的差距依然不小，但是从结构上看，已经有了根本的变化。我们自己身处其中或许感觉不到，但是外国同行对我们的发展速度非常羡慕。"

在新一轮开放发展机遇期，中国汽车产业正走向世界前列。付于武表示："回想 1978 年，中国只有十万辆汽车，当年的汽车工业微不足道，根本没有资格成为一个国家的标志。然而，改革开放 40 年来，汽车已经发展成为中国的标志性产业，汽车工业已经成为我国国民经济最重要的拉动力量之一。习近平总书记博鳌论坛上特别提出汽车行业股比放开、关税下调，表明国家领导人对汽车产业发展高度关注。相信随着进一步扩大对外开放，中国汽车产业将继续为国争光。"

新能源车　在市场竞争中优化前进动能

吴博峰

"2018 年前 8 个月新能源汽车销量再次爆发出惊人的增长势头，累计销量已突破 60 万辆销量大关，同比增幅高达 88%……"在国内汽车行业持续低迷的背景下，每每看到新能源车在短时间内取得迅猛进步与巨大成就，就让人们对汽车产业未来增添了几分信心。

经过多年时间沉淀，新能源车产业逐步走向正轨，可遥想当年产业发展早期阶段，仿佛就在昨日，依然深有感触。

从十城千辆到百万级保有水平

谈及新能源车的发展，就要将思绪拉回到 10 年前。

为推动新能源汽车产业化，我国自 2009 年开始实施"十城千辆"新能源汽车示范推广工程，选取北京、上海、重庆、杭州等 13 个城市作为首批试点城市。

伴随着试点城市的确定，由此拉开了新能源汽车正式拉开了中国新能源汽车发展的序幕。也正是从那一刻起，广大消费者开始了解并认识这个汽车领域的新面孔。

大家忍不住带着一丝好奇、一丝兴奋，又抱着一丝怀疑，睁大眼睛观察着新能源车发展的一举一动。

在竞争激烈的市场里，任何事物发展都不可能一蹴而就，新能源车也是如此。

彼时，新能源产业由于市场刚刚起步，整体新能源车面临技术水平较低、研发储备不足、生产工艺还需完善等实际问题，产品竞争力与已有百年发展史的传统燃油车完全无法相提并论。

因此，当一辆将续航里程低、车型选择少、功能配置不高等诸多缺点集于一身的新能源车摆在你的面前，是否会吸引你的注意？

毫无疑问，市场反应自然不容乐观。

在这样的背景下，如何推广新能源车尽快驶入发展快车道，成为业内人士深思熟虑的重要课题。

一边是亟待发展的产业，另一边则是未被点燃的私人消费热情，面对两难局面，新能源车补贴政策孕育而生。

长期以来，作为支撑产业正常发展"良方"，汽车补贴政策都是与产业发展如影随形的必备产物。与以往不同的是，新能源车补贴力度之大、范围之广，可谓是业内罕见。

在 2009 年发布的《汽车产业调整和振兴规划》中提到："启动国家节能和新能源汽车示范工程，由中央财政安排资金给予补贴。"同年，财政部发布《关于开展节能和新能源汽车示范推广试点工作的通知》，明确对试点城市公共服务领域购置新能源汽车给予补助。

随之，为了助推国内新能源车产业先人一步占领产业制高点，《关于开展私人购买新能源汽车补贴试点的通知》《关于继续开展新能源汽车推广应用工作的通知》《关于进一步做好新能源汽车推广应用工作的通知》等多种新能源汽车补贴政策密集出台。

一时间，补贴政策犹如强有力的"引擎"，推动着产业完成从无到有的过程。

那么，如何才能判定一个新产业在市场中站稳脚跟？

对此，各方一致认为新能源车导入期结束的标志为销量占比突破1%，而达到这一高度无疑是具有里程碑式的发展。

借助政策大力扶持，国内新能源车开始朝着心中那 1% 市场占有率目标加速迈进。2012 年，我国新能源汽车产销量首次突破万辆大关，年均同比增幅均超 50%；2013 年新能源车销量创出历史新高；2014 年新能源正式进入发展"元年"。

随着时间推移，新能源车正一步一个脚印慢慢被市场所接受。

2015 年，国内新能源车占比终于首次突破年新增汽车销量 1%。

俗话说：好事成双。或许是知道跨越 1% 的拐点有多不易，在当年年底，新能源车市场还迎来了另一个惊喜：我国超越美国进而成为全球最大的新能源汽车生产国和第一大市场。

由此可见，前期的付出与回报成为正比。

众所周知，我国已连续多年蝉联全球汽车产销量冠军宝座，而新能源车仅用几年时间就追赶至此，让人欣喜不已。

正如人们所看到不断增长的新能源车市场一样，在国内汽车市场阵营中，新能源车不再扮演着市场"边缘角色"，市场必须重新审视新能源车在市场的地位。

让政策退坡以市场手段竞争

看到蓬勃发展的产业现象，一时间"弯道超车"的声音不绝于耳，不少人盲目认为这会是自主品牌汽车打"翻身仗"的绝佳良机。

不过，对于这种乐观态度，国家新能源汽车创新工程项目专家组组长王秉刚曾多次公开表示，希望国家尽早取消财政补贴政策，因为通过保护发展起来的市场对于产业长远发展没有益处，唯有市场竞争才是王道。

其实，在市场一片红火的情况下，这样的说法多少显得有些不合群，但实际上，包括中国电动汽车百人会秘书长陈清泰、中国汽车工业协会副秘书长叶盛基在内的多位行业专家均持有类似观点。

事实上，专家们的担忧并非空穴来风。

"我们的新能源车傲居全球销量第一。"近年来，这句听上去信心满满的话不断充斥着我们的耳朵。在给人们带来希望的同时，也让人们忘记隐藏在背后的问题。

诚然，新能源汽车规模快速壮大固然可喜，但短板也是我们不能忽视的问题。

对于众多车企而言，如何能在短时间内生产出更多的新能源车？针对这个问题，各方纷纷将自家传统燃油车平台毫无保留地送给新能源车。换句话说，很多自主新能源车是"复制"现有燃油版车型"粘贴"而来。

如此一来，既减少了研发生产的成本，还大大缩减了产品投放的时间，看似是一举两得的"妙招"。

殊不知，这其实是损害新能源车和消费者的方式。

眼下，国内新能源车产业出现了罕见一幕：占据国内新能源车八成市场份额的自主品牌车企，大多采用这种方式。

王秉刚表示，由于电传动和电驱动分别有自己的特性，改变之后的新能源车在车身重量、重心等方面有了很大的变化，这就使得电动车在性能优化上受到限制。

反观合资品牌和进口品牌车企，如特斯拉 ModelS 和全新宝马 i3，由于是全新平台打造，无论是外观还是全面创新的车身结构均让人们眼前一亮。这样外观时尚、设计感超前的新能源车形象在自主品牌难觅踪迹。

退一步而言，如果单是"颜值"方面的差距并没必要如此小题大做。但从长远眼光来看，这种看似"聪明"的方式，实则丧失了自主品牌在新能源汽车的研发创新能力，从而不利于自主品牌形成丰富的产品矩阵。

对于未来更加细化的市场竞争，也将使自主品牌在新能源汽车领域面临竞争力下滑的局面。

补贴政策意在扶持新能源车产业化，但在执行过程中出现了一定偏颇，这显然违背了政策制定的初衷。为了避免车企唯利是图，将补贴政策变味，有关部门决定在补贴政策实施了几年后，采取逐步减少的策略。

2016年，财政部、国家发改委、工信部、科技部等四部委联合发布了《关于2016—2020年新能源汽车推广应用财政支持政策的通知》显示，2017—2018年补助标准在2016年基础上下降20%，2019—2020年补助标准在2016年基础上下降40%，直至2020年年底补贴政策全面退出。

不难推算，在补贴政策退坡的背景下，消费者购买一辆新能源车的成本陡然上升。当补贴诱惑不大，购买价格升高，"裸泳"的新能源车需要凭借硬实力来说话。

无疑，此次新能源汽车补贴政策动态调整在很大程度上倒逼企业必须要提高技术创新能力，推出更具市场竞争力的产品。

"新四化"背后至少还缺个安全化

就在有关部门决定打响补贴退坡第一枪的2017年，以"电动化、网联化、智能化、共享化"之称的"新四化"概念风靡了整个汽车圈。或许谁也没有想到，"新四化"在此后一段时间内成为汽车行业关于未来发展方向的共识。

而作为发明这个概念的先行者，上汽与阿里合作的斑马智能系统让"互联网汽车"概念一炮而红，乘着东风也将荣威和名爵两个自主品牌狠狠地向前推了一把。

自2009年国家启动新能源汽车推广工作以来，以纯电动车为首的新能源车进入快速发展阶段。作为国内汽车市场"宠儿"，纯电动车型以在能耗、排放、性能上得天独厚的优势，受到了政策环境的保护。

与传统汽车相比，纯电动汽车传动结构发生了改变，根据驱动方式不同，部分部件已经简化或者取消，增加了电源系统和驱动电机等新结构。由于以上系统功能的改变，纯电动汽车有望得到全面升华。

"让汽车变得更聪明，进而为用户提供更好的体验。"目前，智能化已经被汽车行业认定为未来汽车产业发展方向之一。

2017年6月，工信部发布《国家车联网产业标准体系建设指南（智能网联汽车2017）》，确立了发展智能网联汽车"以汽车为重点和以智能化为主、兼顾网联化"的总体思路。

在2018年4月份举办的北京车展现场，长安汽车全新CS75，搭载了自动驾驶核心技术APA4.0的量产车型，车辆可实现全程无须驾乘者操作车辆，通过12颗超声波雷达精准探测，大有引领未来的味道。而这所展现的只不过是自主品牌在智能化领域研发成果的冰山一角。

东风乘用车公司发布了"百度DuerOS赋能的AI车机系统——东风风神WindLink 3.0"；奇瑞汽车对外发布智能化品牌奇瑞雄狮CHERYLION战略；就连长期在市场中表现平平的力帆汽车也计划于2019年推出首款智能新能源汽车。

纵观当前新能源车发展，在产品技术成熟度还与合资品牌新能源车存在差距的自主品牌阵营，以"智能化"为利剑打开了一条全新发展之路。

从汽车品牌目前布局侧重点来看，智能化、网联化正成为车市潮流，也是广大潜在新能源车主们关注的焦点。

眼下，如果哪家车企没有高科技"智能化"的布局，都不太好意思说自己是顺应时代潮流的造车企业。

可以预见，随着2019年"双积分"政策和燃油限值标准管理进一步严苛，此前一直沦为看客的合资品牌必将加大"新四化"领域的投入，对于自主品牌来说，由于提早在这一领域进行了研发和市场应用，面对竞争理应更加有底气。

这份坦然的心态，是竞争对手所不具备的。

根据中国汽车工业协会官方统计，目前国内新能源车保有量已突破 200 万辆，且随着市场的发展，这一数字每月仍在不断递增。

当前，我国新能源产业初具比较优势，但绝不能盲目乐观。

其中，电池就是需要产业花大力气解决的"痛点"问题之一。在现实生活中，动力电池性能会随着充电次数增加而衰减，当遇到冬天寒冷天气时，电池衰减现象严重甚至面临着无法行驶问题犹存。

难以想象，一个产业在发展 10 年后，对于堪称新能源汽车"心脏"的电池问题尚在探索中，不免有些说不过去。

无论何时，汽车，终要回到产品和技术本身。

面对种种问题，是该冷静思考如何让新能源汽车产业走向良性发展的时候了。

根据国务院《节能与新能源汽车产业发展规划（2012—2020 年）》，2020 年新能源汽车要达到累计产销量超过 500 万辆的目标。即使按照通知中逐步退坡的财政支持政策补贴标准，2015 年到 2020 年补贴的总规模也将高达 4000 亿元。

令人咂舌的补贴金额，或许可以在短期内培育出一个新兴的消费市场，但这并不意味着能够培养出一个新能源车技术强国。

此外，一个年销百万辆的市场，至今未有车型参加新车碰撞测试，而这是用来评估车辆耐撞性等车辆安全水平的"考试"，这种现象在传统燃油车领域是根本无法想象的事情。

在国外，E-NCAP 2014 年起就对特斯拉和宝马 I3 进行碰撞测试。美国道路安全协会（IIHS）2017 年也公布了四款主流新能源车型的碰撞测试成绩。

新能源车想要通过实力赢得市场，就得靠成绩说话，这句话永远也不会过时。

PDI 检测　帮你买一辆更放心的车

吴博峰

2018 年 9 月 19 日，原本是一个再平常不过的日子，却因为一件案件判决而载入史册。当天，历经三年、轰动全国的劳斯莱斯案随着北京市第三中级人民法院宣判认定销售商构成欺诈，判决锦麟盛泰公司三倍赔偿消费者贾女士购车款 1300 余万元，被称为史上最贵"退一赔三"案也因车主大获全胜而尘埃落定。

当然，这一年底的一个判例可能更加引人注目。2018 年 11 月 22 日，最高院作出终审判决：撤销贵州省高级人民法院（2016）黔民初 166 号民事判决，由贵州新贵兴公司赔偿杨代宝 110000 元，杨代宝承担一、二审案件受理费、诉讼保全费 311765.8 元。而案件焦点在于汽车经销商新车售前检测（Pre Delivery Inspection，PDI）程序如不告知消费者是否属于欺诈行为。

近年来，因汽车销售公司隐瞒信息引发的纠纷不断，且有越来越多的势头。以上的种种都指向一个长期被忽略的问题——新车售前检测证明（PDI）检测。

PDI 能否提供一辆完美无瑕的车

北京贾女士发现，其在 2014 年 1 月从锦麟盛泰汽车销售有限公司花 520 万元买了一辆购买的劳斯莱斯—古斯特 EWB 型汽车，存在公里数被人为调整的痕迹，经销商在未告知其本人有关情况的前提下，将该车当作新车销售给了她。也就是说，贾女士花费 500 多万元购买的劳斯莱斯，有可能是一辆二手车。

为什么会发生这种问题？

对于很多消费者而言，究竟什么是 PDI？说起这个特殊名词，即便是已经有着丰富驾驶经验和较高车龄的司机而言可能都会感到陌生，能够准确说出 PDI 检测内涵的更是少之又少。

不难看出，市场上对于 PDI 检测认知程度还不高。然而，就是这项鲜有人知的检测项目，在很大程度上保证消费者获得一辆完美无瑕的新车。

PDI，即新车售前检测，是 Pre-Delivery Inspection 的英文缩写，这也是汽车销售前的最后一道工序。PDI 是在车辆生产过程中厂家质量控制检验的基础上，从客户角度，通过检查、维修作业来解决质量问题，确认无问题后再出库。

虽然新车在出厂前会有相关检测措施，但因新车生产出来后有仓储和运输的环节，为了确保交付后消费者生命财产安全，经销商需在新车交付前对车辆进行检测。在汽车消费发达市场，这也是汽车经销商的通常做法，也是汽车业独特的服务，其目的是"为消费者提供一辆合格的车"。

PDI 检查项目范围很广，涉及产品各个环节。在内部检测方面，包括内饰件装配是否松动、缝隙是否正常、安全带、防盗系统等功能是否运作正常、发动机舱检查、车辆仪表是否正确显示、制动是否有异响等几十项功能在内。

由于 PDI 所具有的保障作用，各大厂家要求经销商在新车销售之前要有较为系统的检测保证产品符合规定，而这种措施在很大程度上防止了问题车的流出。

值得注意的是，虽然 PDI 检测被各大车企所广泛认可，不少厂家也对车辆到店后和交付客户前的检测制定了相关流程和制度，但在实践中，仍有少数 4S 店并没有认真做相关检测，而是直接在工作单上画钩，导致这一必要环节流于形式的同时，更可能会给消费者带来财产权益的侵害。

面对着品质"把关人"如此有分量的关键环节，PDI 关乎消费者的评价、市场的口碑，重要意义不言而喻。另一方面，大部分消费者对于 PDI 检测环节的步骤了解甚少。

客观地说，这种普遍存在的尴尬现状也是 PDI 检测缺乏标准的具体表现。

如今，随着越来越多的消费者对于生活品质的追求不断提高，汽车已经成为很多消费者生活中不可或缺的重要产品。

在刚刚过去的 2018 年，中国消费者协会发布的年主题是"品质消费 美好生活"。中国消费者协会指出，这个年主题就是要倡导经营者以品质消费为指引，倾听消费者声音，重视消费者诉求，不断提升产品和服务品质，满足消费者对品质消费的需求；完善消费维权共治格局，促使经营者不断提升产品和服务品质，让消费者在便捷安全放心的消费环境中逐步提高幸福感和获得感，逐步实现对美好生活的向往。

对于汽车而言，汽车是由上万个零部件构成的复杂产品，存在着一定"可变数"的范围。做好相关售前检测服务，为广大消费者提供质量可靠的产品，正是用实际行动对"品质消费 美好生活"年度消费维权年主题的最好回应。

PDI 告诉你怎样才算检测合格的车

一直以来，检查外观、内饰、发动机等环节已成为消费者购车时的常规动作。

在广大消费者心中，只要车辆没有肉眼可以找到的问题外，这辆车就可以被打上"合格"的标签。

但，按照正常环节操作而言，以上环节完成绝非等同于提车环节的结束。

众所周知，因为新车从生产厂到达经销商处经历长途运输路途和长时间停放，电池、油液、轮胎等关键因素的性能可能会有所下降。为了保护电池等关键部件，不少车辆在运输过程中会打开"运输模式"，在运输模式下，很多功能并不运作，很多系统没有被激活，强行使用会导致功能不全且会损害车辆，给车辆及驾驶员安全造成影响。

为了能让用户正常使用，就需要通过PDI重新激活系统。为向顾客提供新车安全性和原厂性能，PDI检查必不可少。

与我们仅用肉眼去观察车辆基本状况不同，PDI检测会借助很多专业仪器对车辆进行全面"体检"，以保障交付到消费者手中的新车属于合格商品。往往越是价格更高的车辆，其电子自动化程度越精密，PDI项目检查也就随之增多。

由于目前国内尚没有乘用车新车售前检查的相关法律规定和标准，汽车行业也没有统一的乘用车新车售前检查行业标准，设计乘用车售前检查的相关法律纠纷案件日益增多。而市场监管空白是形成这一问题产生的关键。

对此，司法机关就乘用车售前检查是否有行业标准和行业惯例、乘用车新车PDI与一般检查、维修的差别等专业问题多次向中国汽车流通协会征询行业意见。

消费者和经销商纠纷频发的主要原因其实很简单：有"一堵墙"始终夹在两者之间，导致了车辆状况的不透明，进而引发维权案例的发生。

作为终端销售的主要一环，目前国家对于经销商售前检查的时间和内容尚无明确规定，行业内一些标准并非强制执行，汽车市场检测环节鱼龙混杂；部分经销商企业的检测标准也难以保障消费者权益。纠纷的源头还在于 PDI 检测的不规范。究竟该如何规范，进而维护行业健康发展？

不得不说，标准滞后是影响我国汽车消费市场健康发展的因素之一。

针对这一由来已久的"老大难"问题，中国汽车流通协会于 2017年 3 月出台了《乘用车新车售前检查服务指引（试行）》（以下简称服务指引），旨在规范乘用车新车 PDI 的修补、校正、更换等行为，确保乘用车新车产品质量。随着售前检查标准发布，未来消费者购买新车将有更加明确的指南。

服务指引的出台，意味着中国汽车终端销售行业有望迎来标准化时代。该服务标准主要围绕新车售前检查服务的内容、操作要求、质损判定标准、告知信息类别等问题进行了阐述。

其中，明确"新车销售交付客户时，应向客户提供检查正常的售前车辆检查表"这一信息告知原则，并在告知信息类别中列举了"动力、传动系统总成或主要构成部分""底盘、悬挂系统总成或总成主要构成部分"等十余项类别。

原先，由于国家标准和行业标准的长期缺失，导致我国各品牌乘用车新车 PDI 在内容、流程、信息告知等方面不尽相同，经销商是否有权利进行修复都是主要的争议点。

正因如此，《指引》明确了乘用车新车 PDI 项目、流程；规范乘用车新车 PDI 的修补、校正、更换等行为，确保乘用车新车产品质量；清晰告知乘用车新车 PDI 相关信息，保护消费者和经营者合法权益。

《指引》显示，内容主要包括物流方将乘用车新车运抵经销商处的验收检查、乘用车新车到经销商处后的检查、乘用车新车存储管理检查和乘用车新车交付消费者前检查四个部分。其中，针对每个部分的售前管理，都有相应的要求。

车辆售前检查的信息应具有可追溯性，为纠正、预防措施提供依据，必须准确、清楚、及时。对于运输瑕疵项，应在收车检查时查出并在车辆交接单上记录，承运人与接车人双方签字确认。乘用车新车交付消费者时，应向消费者提供乘用车新车 PDI 检查表。乘用车新车交付消费者时，存在指定修复问题的，经销商应主动向消费者告知。

随着《指引》正式推出，无疑会加快推动 PDI 流程和规范在国内落地。虽然每个品牌都有自己的标准体系，但有一条需要明确，自家标准不能低于协会官方标准。

PDI 尚需更完善检测与告知体系

PDI 检测对于消费者而言意义重大，规范了市场的同时，也保护了消费者的合法权益。如果没有一个"模板"作为参考，消费者无法准确获取车辆的相关信息，保护自身利益也无从谈起。而《指引》对消费者知情权范围进行了行业界定，日后能更好地满足消费者购车需求。

那么，常规看，PDI 检测又是如何进行的？

通常而言，一辆车开进检测工位后，车辆被立即升起，这样检测工人会完整将车辆的全方位信息进行查验，毫无死角的"地毯式"检测使"考试"结果更加客观。而后，每辆新车都经过专业的检测人员和设备后才能完成整个 PDI 检测环节，花费时间不会少于 30 分钟。据悉，检测项目包括从外观到内饰，从正常洗车的标准服务到关键零配件，全方面展示了整车在各个环节的表现。

不同于其他岗位工人，PDI 检测的特殊性决定大部分汽车厂家必须要有专人专岗、人员必须由厂家经过培训合格后才能做 PDI 检测工作。车辆到店经过 PDI 检测后，会第一时间把车辆档案封存到保修部门，最终提到厂家分管部门。整个记录通过网络可以实时查到，每辆车都有登记。

从规则上看，在检查过程中，比如在物流过程中出现问题，需要做外观维修一定会告知消费者，所有属于 PDI 检测内出现的所有非正常现象，即便车辆在调试过程中出现小的报警，也应向消费者说明。

对于 PDI 检测而言，全流程的检测会产生很多文档记录，包括外观、内饰有没有无损、灯光喇叭有没有问题，怎么维修的，更换维修还是修复维修，以保证车辆在交付时不存在任何瑕疵。同时，针对有关可修复调整问题进行合规处理，并通过有效方式让消费者完全了解这辆车检测与处理的有关信息。

但正是在告知这一环节上，引发了诸多的投诉与诉讼。

纵观近两年全国各地法院受理消费者关于买到新车后，发现车辆之前做过修复，因而引发了起诉经销商欺诈，要求"退一赔三"的案件。

那么，怎样才算有效的告知，告知到什么程度才算合理？

以前述贵州涉 PDI 案为例，其在有关网络渠道公布了维修信息，但在销售环节却没有主动告知消费者。这算不算欺诈？该不该一赔三？

当然，关于这些问题，最高院的终审判决已经给出了答案。如何从具体案例出发，做出更好的理解与认知。

最高院做出终审判决后，中国汽车流通协会副秘书长刘文姬在接受《中国消费者报》记者采访时曾表示，PDI 程序是汽车厂家授权经销商向用户交付车辆前对车辆进行最后检测，使得所交付车辆达到生产厂家新车出厂标准，经过 PDI 作业程序后交付的车辆如无特殊问题，经销商在销售时无须向消费者做特别说明和提醒。

有人说，本次经销商背后对车辆做了更换窗帘和漆面轻微损害处理，理应构成欺诈。但值得注意的是，新贵兴公司将两处操作都如实记录并上传到消费者可以通过一定途径公开查询的网络，这在一定程度上进行了披露。

二审判决书提及，由于受损漆面比较轻微，通过抛光打蜡处理即可，此类轻微瑕疵经销商处理属于新车交付前合理的整理行为，不告知不构成对消费者知情权的侵犯；其次，由于窗帘更换没有给杨先生人身健康和安全构成潜在威胁以及实质损害，虽然在告知上侵犯了车主杨先生知情权，但不构成欺诈。

"我认为案件判决后市场上有不同的声音可以理解，毕竟站在不同利益角度有不同看法。"中国消费者协会律师团成员蒋苏华在接受《中国消费者报》记者独家采访时曾这样表示："可以确定的是，这体现出最高法院的司法转变。在运输过程中车辆出现轻微问题，原先有很多维权案例，消费者遇到类似问题后往往不太清楚该如何处理。不少消费者只能抱着试一试的态度走司法程序，而本案对于经销商和消费者双方都有较强的指导意义。"

无独有偶，中国汽车流通协会专家委员会武峰表示，因为该案是全国范围内首例由最高人民法院审结的社会消费领域"欺诈"纠纷案件，该案判决将对今后汽车领域乃至整个社会消费领域"欺诈"案件法律适用、裁判尺度具有重要案例指导意义。

不可否认，PDI 的出现，对于消费者购买一辆合规车辆甚至是无瑕疵车辆提供了基本保障与前提。但不可否认的是，对于 PDI 操作规范与正确认知而言，不论是生产者还是经营者抑或消费者，都还需要一段路要走。更重要的一点是，对于 PDI 本身，还需要在检测与告知体系完善上，提升标准。

经理人指数　二手车市场晴雨表

吴博峰

在二手车行业快速发展的大背景下，中国汽车流通协会在 2015 年底提出构建"二手车经理人指数（UCMI）"。从 2016 年 1 月开始开展对二手车经理人进行调查，经过半年的测试与修正，于 2016 年 8 月 1 日首度发布。该指数采用扩展指数的编制方法，以 50% 作为二手车市场表现强弱的分界点（荣枯线）。高于 50%，表示二手车市场需求扩张，景气度高；低于 50%，表示二手车市场需求疲软，景气度低。二手车经理人指数越高，表示当月二手车市场景气度越好。

市场向好催生经理人指数

2018 年以来，随着新车市场增速骤然放缓，国内车市"负增长"声音不绝于耳。当市场增长由盛转衰，往往所有细分市场都会受到牵连。

这则不成文的规律，好像不曾出现过什么意外。

不过，有一个市场却与此不同，逆势中，反而凭借自身强有力的表现逐渐从幕后走向了舞台中心。它，就是在悄无声息成长的二手车市场。

与新车市场表现形成鲜明对比的是，此前长期处于发展停滞状态的二手车市场正在迸发出巨大市场潜力。

根据中国汽车流通协会官方数据显示，2018年前8个月，全国二手车市场在2017年高速增长的基础上继续保持快速发展势头，二手车累计交易829.66万辆，累计同比销量增长高达13.12%。累计交易金额突破5578亿元，同比增长5%以上。

13.12%同比销量增长是什么概念？要知道，于同期公布的国内新车增长率仅为1.49%，约为二手车市场增长的九分之一。按照当前速度来测算，2018年度二手车市场销量势必会再次刷新有史以来最高销量数据，继续缩小与新车市场年销量差距。

客观看，在新车市场表现尚佳时，二手车行业市场地位无法与新车市场相提并论，甚至新车市场完全"看不起"在2016年才刚刚突破年销千万辆大关的二手车行业。

不过，时过境迁，随着市场风云变幻，目前二手车市场发展势头大有盖过新车市场之势。

在二手车行业快速发展的大背景下，中国汽车流通协会在2015年底提出构建"二手车经理人指数（UCMI）"。从2016年1月开始开展对二手车经理人进行调查，经过半年的测试与修正，于2016年8月1日首度发布。希望通过收集二手车市场信息和经理人对市场情况的描述，对二手车市场走势进行预测，辅助相关部门和企业进行决策，从而推动我国二手车行业持续健康发展。

二手车经理人指数采用扩展指数的编制方法，以50%作为二手车市场表现强弱的分界点（荣枯线）。高于50%，表示二手车市场需求扩张，景气度高；低于50%，表示二手车市场需求疲软，景气度低。二手车经理人指数越高，表示当月二手车市场景气度越好。

在指标设置及选择上，二手车经理人指数覆盖了市场状况的先行指标、一致性指标和滞后指标。二手车经理人指数调查采取面对面访问、电话调查和网络调查相结合的方式，每月20日启动调查，于次月初发布分析结果。调查对象主要为二手车经营企业经理人，样本覆盖二手车经纪公司经理人、二手车连锁门店经理人、汽车经销商集团自营二手车门店经理人、二手车电商线下门店经理人及厂家授权 4S 店二手车部门经理人。

看一看哪边风雨哪边晴

中国二手车经理人指数于每月月初发布，截至 2018 年 10 月，已经发布了共三十九期，从前三十八期二手车经理人指数可以看出，整体数据走势，与已发布的全国二手车市场交易统计数据走势基本一致，从而也印证了二手车经理人指数的准确性。

正因如此，二手车经理人指数有着"国内二手车行业晴雨表"的美誉。从某种意义上而言，如果市场想了解未来一段时间内二手车市场走势，观察二手车经理人指数的变化就能了解个八九不离十。

事实上，在千变万化的汽车市场里能够做到未卜先知，本就是一件困难事，更何况是处于刚刚起步阶段的二手车行业。

众所周知，为彻底打通二手车市场的流通渠道，促进二手车交易，繁荣二手车市场，2016 年 3 月 25 日，国务院出台 13 号文《关于促进二手车便利交易的若干意见》，为二手车行业"松绑"。

国务院 13 号文规定，除了国家明确的大气污染防治重点区域（京津冀：北京、天津、河北，长三角：上海、江苏、浙江，珠三角：广州、深圳、珠海、佛山、江门、肇庆、惠州、东莞、中山等 9 个城市）有特殊要求的除外，各地不得对"符合国家在用机动车排放和安全标准"的二手车实施限迁，已经实施限制二手车迁入政策的地方，要在规定时间内予以取消。

2018 年 10 月，国务院办公厅发布《完善促进消费体制机制实施方案（2018—2020 年）》，该《方案》第九条指出：全面取消二手车限迁政策，便利二手车交易。

可以预见，取消二手车限迁政策是针对汽车产销微增长，刺激汽车行业消费流通的重要手段。

随着"国八条"的有力执行，国内地区二手车"限迁"的枷锁已被彻底打开，而这直接刺激了市场向好的发展变化。

数据显示，在 2017 年初还仅为 42.7% 的二手车经理人指数一举上升至 2018 年 9 月份的 50.8%，处在荣枯线之上，市场交易相对活跃。

其实，二手车经理人指数像人们生活中离不开的天气预报，提前知晓未来市场究竟是晴天还是阴雨。

作为二手车市场先行指标，二手车经理人指数是为分析国内二手车行业宏观发展景气状况，进而预测是否市场存在风险。由于销量数据通常难以从经销商整体角度揭示危机的具体影响和发生时机。因此，二手车市场有必要综合各主要指标更加有效地预判市场运行状况，及早做好预防危机的规避或延缓危机发生的速度。

近年来，二手车行业发展迅猛，现已成为国内汽车市场表现最为活跃的板块，但各大经销商缺乏发展经验和预判，已成为制约二手车公司，尤其是中小企业发展的主要桎梏。

就目前而言，我国二手车行业发展水平相对较好，二手车对我国汽车长远发展产生的影响比较明显。中国汽车流通协会多次呼吁：在车市步入"微增长"阶段时，二手车交易是拉动新车销量的最大"法宝"。如果没有良好的二手车市场发展，就没有新车市场。

由于发展时间尚短，国内很多中小二手车企业依然以"夫妻店"的个体形式生存，这种规模公司资金量基础较差，经营的方式也没有技术含量可言，导致不少二手车经销商发展运营情况不佳，最终没有足够抵抗市场风险的能力。基于这种背景，二手车经理人指数孕育而生。

308

从真实问题反馈到传递准确声音

随着数据化时代到来，此前二手车市场未曾有过，而今被收集起来的数据，正在给整个行业发展注入新动力。

事实上，了解二手车市场的人都知道，市场经营者面临的所有风险中，市场不确定性是极度令人担心的风险之一，例如假期的存在，地方风俗的改变、农耕时节的到来等客观潜在因素，都会使市场出现波动，各类经营主体风险预警必须增强，并需要主动加大对市场风险监控，但对众多个体从业者而言实现起来并不容易，如果不借助于大数据帮助，是很难实现这些数据中背后暗含的问题。因此，需要二手车行业加大风险预警，通过二手车经理人指数实现对于行业发展意义重大，对促进国内整体二手车发展也有着积极的促进作用。

为了使数据更为精准，二手车经理人指数针对市场总需求、销量变化、收购价格和销售价格、库存量和库存周转时间、经营状况等多个维度综合得出单月二手车经理人指数成绩。

以 2018 年 9 月中国汽车流通协会调研结果显示，9 月份二手车市场总需求相比 8 月份微增，认为市场总需求"增加"的经销商比例为36.1%；"减少"的比例为 26.8 个百分点。9 月份是市场的传统旺季，也进入年轻人的婚嫁旺季，买车需求相对增加。

如果是市场旺季，市场经营者一般会增加收购量，尽早有所规划；反观如果处于市场淡季，经营者会减少收购量，控制库存水平。

除此之外，根据二手车经理人的实时反馈，二手车经理人指数还可将各方反映的共性问题予以汇集，并呼吁行业主管部门加快对二手车市场的重视程度。

例如，2018 年二手车经理人指数多次呼吁，当前市场环境差、竞争压力大及利润偏低，依然是二手车车商目前面临的最重要问题，他们目前最迫切希望的是政府部门可以加快修订《二手车流通管理办法》，加快建立临时产权制度，以及加快改革二手车增值税征收方式。

众所周知，现行二手车交易增值税征收方式为全额征收，二手车经营企业需要缴纳一辆二手车交易全额 2% 的增值税。如此方式，二手车经营企业普遍认为经营压力偏大。

也正因为有这样的背景，二手车经营企业开始以成立经纪公司的方式规避缴纳增值税。按照相关政策规定，个人之间的二手车交易，交易金额未超过车辆原值，可以免征增值税。二手车经营企业通过经纪人模式，将车辆从卖家手中过户到公司员工名下，卖出时将该车辆再过户到买车人名下，以此逃避税收。

事实上，由于临时产权制度的缺位，通过个人交易逃避税收，只是二手车经营企业的无奈做法。按照车辆归属的相关规定，车辆售出后必须归入某人名下，而对于像北京这样的限购城市来说，如果二手车经营企业的每辆二手车都需要相应的牌照指标的话，对于未能及时出手的二手车来说，指标的占用将造成车源周转难题。

所以，二手车经理人指数不仅有着"预报"的功能，还为市场"回馈"真实声音提供平台，双向层面对二手车市场发展提供帮助。

除此之外，从中国汽车流通协会已发布的二手车经理人指数可以看出，中国二手车经理人指数的季节特征明显。

2018 年，从 1 月份到 7 月份，二手车经理人指数均处于荣枯线以下，二手车市场交易不太活跃。1 月份和 2 月份，是受春节因素的影响，二手车市场交易低迷；而今年 3 月份因市场环境变化，市场并没有像往年一样得到回暖；4 至 7 月份，被二手车经理人普遍认为是二手车市场的淡季。进入 2018 年 8、9 月份，二手车市场才开始有回暖信号，二手车经理人指数处于荣枯线以上，但是今年的旺季，二手车市场活跃度远没有达到车商们的期待。受调查的二手车经理人认为，整体大环境的影响可能还会持续，所以预计 10 月份市场需求和销量与 9 月份基本持平。

二手车经理人对二手车市场状况、销量、经营状况的判断基本符合市场规律，其中市场需求与销量、经营状况的相关性最好，说明市场需求越大，销量和经营状况越好。

从数据上反映出，集客量与销量的相关性最好，集客量越多，销量越高。但是在6月份，集客量的变化与销量变化并不一致，这是因为在北京国际车车展期间，出来看车人数增多，有部分消费者也会比较新车和二手车之间的性价比，带着观望的心态走进二手车店内，线下客流量微增，但集客转换率很低（指的是集客量转化为销量的比例低），并没有带动销量增加。所以，相比5月份，6月份的客流量减少，但是销量并没有下降。

二手车车商的库存压力主要取决于销量高低，市场需求好会带动销量增加，库存量减少，车商的库存压力就小。所以，二手车车商最好是理性地预估实际市场需求，合理控制库存量，以防库存压力过大，导致经营风险。

在我国二手车市场快速发展的过程中，中国二手车市场在市场体制、交易环境、交易模式与国外市场存在着较为明显的差距。针对现实存在的问题，通过加强管理和市场自我调节，中国二手车市场的未来一定会有更大的进步。

缺陷产品召回　让消费不再有缺憾

李　建

"很遗憾这个长假没能出去和大家穿山越水，因为我家虎子要看病。"10月2日，网友@杨曦在微信群里如此向驴友们请假。

杨曦所说的"虎子看病"，与9月29日国家市场监督管理总局发布的一则公告有关：因售后升级所装软件可能影响刹车辅助系统，部分路虎新揽胜运动版车将被召回。

需要"回家看病"的车辆并非只有"虎子"。9月29日的公告涉及多家厂商和品牌，总计346万辆车。

相对于缺陷汽车产品召回制度实施15年来6160万辆的召回总量，346万并不是一个特别突出的数字，但恰好超出这一制度实施前五年召回数量的总和（306.6万）。

15年，与数字同样加速快跑的，是产品召回领域和范围的不断扩展、企业履行法定义务主动性和自觉性的不断增强、消费者对缺陷产品召回关注度的持续提升。

破冰：召回制度与消保维权的第一次握手

缺陷产品召回制度拥有50多年历史。和世界上最早确立这一制度的美国（1966年，美国《国家交通及机动车安全法》中首提"汽车召回"）一样，中国召回制度的诞生，也是从与汽车有关的故事开始的。

2001 年 2 月 18 日，日本三菱汽车公司就召回旧款帕杰罗一事在中国媒体上刊出整版广告，这是中国国内第一例汽车召回广告。

广告的背后，其实是车祸与险情频频预警，是消费者合法权益与外国缺陷产品的数度博弈交锋。

2000 年 9 月 15 日，宁夏司机黄国庆驾驶的一辆日本三菱帕杰罗越野车突发刹车失灵，险酿重大交通事故。几天后，这辆车被黄国庆送到宁夏出入境检验检疫局机电处检验。结论是：三菱帕杰罗越野车存在严重设计缺陷，其后制动油管在使用中被感载阀磨损，将导致制动失效。

这年岁末，除黄国庆遭遇的这次险情外，宁夏、云南等地又相继发生多起三菱帕杰罗 V31、V33 越野车在正常行驶中制动突然失效的事故。仅云南省，就有近 300 辆三菱帕杰罗 V31、V33 越野车存在上述问题。

这一涉及人身安全的重大质量问题，引起监管部门高度关注。

2001 年 2 月 9 日，国家出入境检验检疫局发布紧急公告，决定自即日起吊销帕杰罗（PAJERO）V31、V33 越野车进口商品安全质量许可证书并禁止其进口，所有上述车辆应尽快去三菱特约维修站检修并更换后制动油管，未经检修并更换的暂停使用。

三天后，三菱汽车公司迫于舆论压力，在北京宣布决定召回检修上述型号越野车，并通过中消协向中国消费者致歉。

三菱公司的这次召回，被称为我国市场上汽车企业因质量问题被迫召回产品的第一案，它不仅打破了部分国人对"洋货"的迷信，也让人们开始认真"打量"发达国家已实施多年的产品召回制度。

2002 年 10 月通过的《上海市消费者保护条例》，作为一部地方性法规，第一次把"召回"二字写入消费者权益保护的法治篇章，成为"召回"理念与消费者权益保护的"第一次握手"。

两年后的 2004 年"3·15"，原国家质量监督检验检疫总局、国家改革发展委员会、商务部和海关总署共同制定的《缺陷汽车产品召回管理规定》正式颁布，自 2004 年 10 月 1 日起正式施行。

以缺陷汽车产品为切入点的召回制度，尽管还只是法律位阶相对较低的部门规章，但却是"召回"从理念到文本、从文本到实践的破冰，标志着我国产品质量监管立法立规的又一次"大跨域"正蓄势待发。

布网：让召回制度阳光照亮市场

主动干预质量缺陷，有效"兜底"消费安全，与国际通行的产品安全监管制度接轨，中国在缺陷产品召回制度设计发展上的态度，一直积极而稳健。

涓滴细流汇成壮阔大海，日行跬步可至千里之遥。朝着对消费者安全保障日益完善的目标出发，从汽车开始"试点"的召回制度，在倾听消费诉求与实践摸索中不断扩大范围。

2007 年 8 月 27 日，国家质检总局公布并正式实施《儿童玩具召回管理规定》。

2007 年 8 月 31 日，国家质检总局公布并正式实施《食品召回管理规定》。

2007 年 12 月 10 日，国家食品药品监督管理局发布并实施《药品召回管理办法》。

紧锣密鼓的制度布网背后，是缺陷产品召回在多个消费领域取得"零"的突破，缺陷产品召回与质量监管全链条体系的不断完善，是越来越多的伤害被防患于未然，是越来越多的产品缺陷被技术改进，是产品质量安全水平的不断提升。

以《儿童玩具召回管理规定》为例，2008 年至今，我国共实施缺陷儿童用品召回 838 次，占消费品召回总次数的 61.6%；涉及数量达到 241.11 万件。召回类别涵盖了儿童玩具、儿童家具、儿童服装、儿童文具、儿童鞋类、儿童用塑料制品、儿童用纸制品和其他儿童用品等八大类产品。

2016 年 1 月 1 日，囊括了电子电器、儿童用品等生活消费品的《缺陷消费品召回管理办法》正式施行，作为我国消费品召回管理制度的一个重要里程碑，《管理办法》的实施，促使缺陷消费品召回数量呈现出爆发式、"几何量级"增长。

数据显示：2016 年，我国召回缺陷消费品 618.4 万件，较 2015 年增长 823%。2017 年，共实施消费品召回 491 次，召回数量增长至 2700 余万件。召回的产品类别从儿童用品、电子电器扩展到家具、文教体育用品、家用日用品、日用纺织品、服装等 11 类消费品。

一个值得欣喜的现象是，消费品召回领域突破了《管理办法》随附目录的管理范围。这昭示着召回制度已经获得越来越多企业和消费者的认知与认可，中国企业大胆、自觉走上法制轨道的步子开始迈得自信又坚定。

如何从制度设计层面实现"召回"覆盖范围更广、法律层级更高、威慑作用更强？与召回范围不断扩大同步，呼唤召回制度迭代"升级"的声音也越来越响亮。

2013 年 1 月 1 日，由国务院公布的《缺陷汽车产品召回管理条例》开始施行。相对 2004 年发布的《缺陷汽车产品召回管理规定》，《条例》不仅将部门规章上升为行政法规，还设定了更加严格的法律责任。

2015 年 3 月 11 日，国家食品药品监督管理总局公布总局第 12 号令《食品召回管理办法》，自 2015 年 9 月 1 日起施行。相对于 2007 年的《食品召回管理规定》，新办法扩大了召回主体范围、加强了被召回食品后续监管，强调了食品企业地方政府召回责任，实现了食品召回规定与《食品安全法》的协调一致。

2017 年 12 月 29 日，国家质检总局相关负责人通报我国 2018 年缺陷产品召回监管重点工作时表示，将重点推进消费品召回法律规范体系建设，推动《缺陷消费品召回管理办法》规范性文件升格为部门规章，逐步将涉及人身、财产安全的消费品全部纳入召回范围，完善缺陷产品召回制度体系。

在摸索中勉力前进，在前进中有序发展。盘点中国国缺陷产品召回制度设计与建设的历程，无论是披荆斩棘、矢志砺剑的果敢，还是深思熟虑、待机守时的审慎，都让人由衷敬佩。

交锋：行政监管强力助推"召回"普及

缺陷产品的出现，有设计研发的先天不足，也有批量生产中"人、机、料、环、法"因素的疏漏。既为消费安全兜底，又可以帮助企业有效规避重大质量问题发生后的"责任风险"，以"发现、补救"为核心的"召回"制度设计，本身充满善意。

然而，是坦然面对缺陷，勇于承担责任，还是因为"成本、形象"等因素考量而遮遮掩掩、忌惮躲藏，企业对于"召回"制度的认识与尊重，并没有在一个起跑线上。

让"召回"的这一抹阳光照亮市场，需要行政监管执法为刃的强力助推。

2004年9月，国家质检总局缺陷产品管理中心成立，它是预警缺陷风险的"监测哨"，也是缺陷调查、认定的"智囊团"。截至目前，北京、上海、广东、重庆等21个省级质监部门相继建立了专门的召回技术机构，"总局统一管理，地方分级负责，相关部门协调配合"的召回行政监管机制已初步形成。"召回"制度在中国，已然走上快车道。

这是一次有关"缺陷"与"标准"的"普法性"较量：

2016年6月28日，因存在易倾倒风险隐患且已致多名儿童丧命，瑞典宜家家居（IKEA）宣布在美国和加拿大召回约3560万件家具。然而，尽管同款家具在中国有售，宜家却以"符合中国标准"为由，迟迟不愿实施召回。

开展信息跟踪，启动缺陷调查，紧急约谈宜家，国家质检总局的一系列举措，环环相扣、步步生威，宜家不得不开始检讨自己对中国市场错误的区别对待。7月12日，宜家向中国国家质检向总局备案召回计划，决定对1999年至2016年期间销售166万余件马尔姆系列抽屉柜实施召回。

这不是某些国际品牌第一次向中国市场和消费者抛出他们的"区别对待"与傲慢，然而，"决定某件产品是否应该被召回的，从来都不是标准，而是缺陷"。监管部门依法有据的担当与作为、从未缺席，中国市场监管部门捍卫本国消费者合法权益的"国家意志"，一直掷地有声。

这是一次典型的"非标符合性"（产品符合相关国家标准要求）召回：

2017年9月15日，国家质检总局官网发布召回信息：因使用瞬间玻璃水具与水的温差超过60℃时，可能会导致产品破裂，存在烫伤安全隐患，弓箭玻璃器皿（中国）有限公司将召回部分玻璃水具套件。

事实上，对于淬火玻璃产品，无论是国家标准还是国际标准，耐温差最高限制就是60℃，也就是说，如果仅从标准而言，弓箭的产品"没毛病"。但缺陷产品管理中心深入调查发现，因为安全警告标识贴在包装盒底部，大部分消费者可能无法发现该安全警告标识。

一个极低的伤害概率与一份对消费安全高度负责精神的"对话"，最终促成了我国消费品召回历史上规模最大的一次召回，6年零6个月所生产的玻璃水具套件，仅在中国大陆地区就涉及1527万多件。

一件普通的玻璃杯、一个不起眼警告标识、一次无反顾地召回，向世界市场宣示了中国缺陷产品调查与召回制度的严谨、科学、公正。

这是一次从常态监管中发现问题，及时展开的产品召回与执法排查的高效联动：

2017年，国家质检总局在目录外进出口商品监督抽查工作中，抽查发现日本狮王超软护理牙刷等五款牙刷存在刷毛磨毛不合格问题，我国内地受影响的产品数量共计 23.6 万支。通过约谈相关责任主体，质检总局要求对缺陷产品采取召回措施，并在国内对相关品牌进口牙刷进行全面的质量排查，确保市场流通领域无该批次缺陷进口牙刷，以保障消费者权益。

这是 2017 年度质检总局开展的全国范围内数量最大的一次缺陷进口消费品召回案例，它标志着召回制度已从最初"干预"市场的"特别举措"，开始成为政府的一种常态监管方式。

数据是最有力的证明，2017 年是我国全面实施缺陷消费品召回制度的第二个年头，截至 2017 年 12 月 28 日，我国 2017 年共实施消费品召回 491 次，召回缺陷消费品 2702.6 万件。召回总数量中，超过 90% 是在质检总局和地方质检部门缺陷调查工作的影响下实施的。

事实证明，动用一切监管方式，为消费构筑安全"防线"，行政监管力量已成为召回制度从初创走向成熟普及的重要推动力。

监管严，市场安；质量强，民生幸。15 年，透过召回制度给中国市场带来的变化，人们可以清楚地看到：全球质量治理体系中的"中国方案"、中国力量已愈发自信和坚定。

售后服务 如何让满意度更满意

吴博峰

"买车容易养车难",是很多车主在实际用车过程中发出的心声。

目前,国内汽车市场保有量突破 2 亿辆大关。随着这一数字继续攀升,广大车主们对汽车维修、保养等后市场服务需求进一步增加。

除了一直被市场诟病的高收费外,服务网点少、距离远等客观因素更是令广大车主在面临车辆售后服务时头疼不已。

眼下,随着国内新车销售市场向三、四线城市甚至更偏远地区转移,这些地区车辆呈爆发式增长态势的同时,车辆售后服务难题正日渐凸显。

汽车售后服务重要性与日俱增

1—10 月国内汽车销量为 2287.09 万辆,同比下降 0.06%……

2018 年 11 月 9 日,中国汽车工业协会在 11 月份例会上公布的最新产销数据引发了人们广泛议论。

或许,在未来相当长的时间里,当月销量的结果会被人们反复提及。究竟,是怎样的一则消息会有如此大的影响力?

原来,当年 10 月产销数据出台后,人们发现,这是国内车市近 28 年以来首次出现"负增长"局面。

没错,上一次国内车市整体销量下滑,还要追溯到 1990 年。

彼时，国内汽车市场尚处于初级发展阶段，汽车消费还未在广大消费者心中普及开来，甚至国内连一个严格意义上的 4S 店都没有。经过多年发展，国内汽车市场已连续 9 年稳居全球第一大汽车市场位置。

看到这样的结果，似乎所有人都意识到：2018 年的冬天对于所有汽车从业者而言会格外寒冷。当市场发展趋势发生了明显变化，汽车市场多年的宁静气氛被瞬间打破。

近年来，国内汽车市场爆发出强大购买力，汽车已不再是少数人士身份和财富的象征，而是逐渐走入寻常百姓家。在这样的大背景下，各大经销商乘着汽车市场热销的东风普遍迎来了持续多年的"好日子"。

在此期间，如雨后春笋般成长的经销商门店凭借快速增长的新车销量，赚得盆满钵满自然也在情理之中。

不过，随着中国汽车市场步入"新常态"，国内汽车市场迎来了"微增长"的发展新阶段。随着国内车市增幅的逐渐放缓，未来国内汽车市场发展重心将步入"后"时代。

当前，国内汽车后市场在迈过万亿大关以后持续高速增长，成为仅次于美国的全球第二大汽车后市场。

售后服务市场规模越是壮大，就越是需要在市场定型之前解决好自身发展问题，通过优质的售后服务来满足消费者日益提高的需求。

进入 2018 年，随着市场销量低迷，各大 4S 店运营压力与日俱增，卖车进入微利时代，4S 店售后客户流失严重，提升 4S 售后客户保有量迫在眉睫。

而具有良好售后服务口碑的商家不仅可以用优质售后服务树立行业发展"标杆"，还可以通过售后服务增强客户黏性，从而留住客源。

可以说，售后服务满意度关乎经销商能否在激烈的市场竞争中继续生存，汽车后市场的重要性不言而喻。

"互联网＋"时代下的汽车售后服务满意度

随着汽车销量的逐年上升，汽车后市场规模也在进一步扩大。按照当前发展速度预测，今年后市场规模有望突破万亿大关。

此前，在传统模式之下，汽车经销商盈利模式对新车销售依赖非常大，也就是业内通常所说的"售前市场"。经过 20 余年发展，国内车市发展的重心已向售后市场倾斜。各大经销商在售后市场的表现，直接决定着其发展。

汽车行业用户满意度研究自 2000 年起步，2005 年各厂商独立开展研究，到 2008 年行业联合调研被广泛接受，目前发展已经非常固化。

利用传统方式调研，企业需要漫长的时间才能得到用户反馈，严重影响着售后服务市场质量的提升。未来，如何适应时代发展进行创新，是广大经销商必须要去思考的问题。

在国内的经销商集团中，成立于 2003 年的庞大集团常年位居销售榜单前列，共有 700 多家经销商门店。其中，200 余家为商用车，500 余家为乘用车。

正是品牌多、布局广的特点，让该集团经销商管理人员有些应接不暇，有些门店甚至十多年没有人进行过走访。随着国内车市向三、四线城市转移，未来经销商门店数量无疑会继续上升。毫无疑问，这会使原本就有些捉襟见肘的管控问题进一步加码。

为了解决国内汽车售后服务满意度固化问题，由中国汽车流通协会组织研发建设的中国汽车售后服务质量监测大数据平台（CADA 云数聚）于 2014 年启动，2017 年 5 月正式上线，以精准的用户服务评价为标准，实时采集汽车服务门店（含 4S 店）的服务质量，向媒体及广大用户发布测评结果。

与传统方式依靠人力巡店不同，汽车企业和经销商门店通过平台可实现实时监控和分析，此举解决了传统调研模式不能解决的实时监控、实时测评的难题。

维修等待时间成售后满意度提升关键

面对着巨大发展机遇，如何更好地为消费者提供售后服务，成为决定汽车售后市场健康发展的关键因素。

目前，有哪些因素会阻碍国内汽车售后市场发展步伐？将来会对市场有哪些影响？又该如何去解决问题？对于从业者心中的这些疑惑，此前由于缺少客观调查只能停留在模糊认识的层面，这也导致了售后服务市场在消费者心目中的形象很难有大的改变。

在汽车售后服务满意度评价中，消费者对维修保养过程中维修时间关注度始终居高不下，但满意度得分却处于行业较低水平。

调查数据显示，提前告知维修保养时长、服务顾问预计的维修保养等待时长和按约定时间交车表现尤为抢眼，预约优惠则以超出平均值的成绩紧随其后。

然而，根据数据平台出具的维修时间环节分析结果显示：从以往监测范围总体看，用户对维修时间的满意度最低，且维修时间得分低于总体水平。

《2017中国汽车售后服务满意度》结果显示，维修时间环节最终满意度表现为81.3分。在维修时间项目里，三项指标拖了行业发展后腿。

这些失分项目确实也是受消费者诟病所在，市场表现一直不佳，成为维修领域里的"痛点"问题。

进入接待区等待时间过长是广大消费者最不满意的指标，仅为51.9分。相比之下，虽然完工后交车等待与付款结算环节等待表现与平均分的差距并不大，但仍未达到广大消费者心中的优质服务要求，得分分别为72.4分和77.1分。

近年来，厂商开始意识到售后服务的重要性，纷纷推出自己的服务品牌，如上海通用的"别克关怀"、长安的"知音伙伴"、广汽本田的"感动服务"等，应该说，国内汽车售后服务市场也在此带动下有所进步。

在这种背景下，应该引发经销商对"消费者关爱"的思考，究竟什么样的服务才是消费者最想要的？

如今，一些汽车售后服务企业在单纯追求"人性化"，大做表面文章，而忽视用户真正需求，这样的做法并不是消费者所乐见的。

眼下，对于以上三个维修领域的"重灾区"，经销商应该尽快拿出解决办法，才能切实提高维修时间满意度。

除此之外，为了解消费者的真实想法，本次调查还增加了用户能接受的延时交车时长的项目。

事实上，为不断吸引客源到店，近年来不少4S店都升级了店内设施，包括提升用餐标准、休息区增加按摩椅和儿童休息区，尽可能丰富车主在等待时间里的选择。

但调查表明消费者对于交车"迟到"的包容度并不高。数据表明，近1/3的车主只能接受低于10分钟内的等待，也是整体车主最为集中的诉求，其余选项得分均低于这一比例。

而用户能接受延时交车时长在10～20分钟占比为21.5%，20～30分钟为24.2%，30分钟以上22.1%。稍显意外的是，车主能够接受延时的比例并未因等待时长的增长而减少，这或许与4S店诸多关怀服务有着直接关系。

从调查设置的等待时间来看，以每10分钟划分为不同人群，间隔之短，其实足以说明问题。也许有人不解："不就是多等一会儿吗，何必这么斤斤计较？"

值得注意的是，经销商可不要小看"让车主多等一会儿"的后果，这可能导致其为此要付出代价。

从图表数据可以看出，在维修保养等待阶段，有 28% 的用户在超出承诺 0.5 小时后，会直接选择下次更换门店，体现出消费者对于迟滞原因的"零容忍"。除此之外，有 22.5% 的车主在超时 1 小时后会选择下次更换门店。

这意味着，有超过一半的车主在 4S 店售后保养超时 1 小时以后会放弃坚守，从而选择另寻服务对象。

随着生活节奏不断加快，消费者对于 4S 店缩小整个服务流程时间方面的追求尤为迫切，用户在店中等待本身就"度秒如年"，如果超时，其结果不言而喻。

而来自消费者的新变化也开始得到经销商的关注。

2018 年以来，宝马部分 4S 店开展机油预约快修保养活动。据悉，当车主成功预约机油保养项目后，按照车主实际到店时间计算，1 小时之内准时交车（不包含洗车时间），如未在规定时间内交车，机油保养免单。

自主产品满意度缘何微超越豪华品牌

2017 年以来，随着自主品牌向上势头日趋明显，汽车世界逐渐形成一种共识：自主品牌集体向上，豪华品牌逐渐细化，而合资品牌的日子过得有些艰难。

众所周知，在行业竞争不断加剧的背景下，诸多豪华品牌旗下车型价格已下探至 20 万元以下区间，这样的产品投放，给合资品牌守住原有市场份额带来不小压力。

经过多年不懈努力，自主品牌方面，虽然在短期内还很难凭借吉利领克、WEY 等为数不多的品牌，真正改变行业发展格局，但随着长安CS95、传祺 GS8、吉利博瑞等众多突破自主品牌天花板的中高端之作问世，让业内看到了自主品牌车企崛起的信心。

作为未来汽车产业竞争的重点之一，汽车后市场的竞争已经悄然展开。自主品牌在这个庞大的市场上表现如何，同样对于自身发展起到至关重要的作用。

调查结果显示，合资品牌满意度得分始终较低，难以达到总体平均水平。而自主品牌以较高得分位居首位，豪华品牌则屈居第二名。

那么，究竟是何原因使得自主品牌不仅超越了合资品牌，而且超过了业内领袖级别的豪华品牌的呢？

在国内汽车市场中，合资品牌凭借着众多在市场内口碑不错的明星车型，给人一种"躺着赚钱"的感觉。据中国汽车工业协会数据显示，合资品牌乘用车市场份额常年突破50%，成为市场里当仁不让的"王者"。

数据显示，合资品牌在各环节得分上全面落后，尤其在维修时间和服务顾问方面，满意度得分与自主品牌、豪华品牌差距明显。

经过多年市场发展，合资品牌对售后服务人员考核和检查标准日趋成熟，作为用户选择渠道的重要指标，售后服务质量理应受到各品牌4S店的重视。

仔细观察，不难发现合资品牌得分与豪华品牌价格下探有关。

随着汽车市场的竞争日益加剧，各汽车品牌之间的竞争也愈演愈烈。不仅同级别车之间互比价格，就连一向高高在上的豪华车也加入进来，放下此前的高姿态抢占中低端市场。

近两年，豪车入门级车型价格不断下探，宝马1系三厢版、沃尔沃S40、奥迪A3等车型，价格下探幅度十分明显。而豪华品牌汽车价格的不断下探，无疑加大了汽车层级之间的竞争。

在新车销售环节利润大幅减少的情况下，售后服务就成为经销商越来越依仗的盈利点。豪华品牌通过对零配件价格、工时费价格、服务项目以及服务时间等方面不断升级，近两年来豪华品牌经销商大多表现出极大的诚意，在有效提升消费者售后服务满意度的同时，在汽车行业也逐渐树立起了售后服务"标杆"。

作为主机厂的"门脸"，由于品牌定位不同，每家经销商的建设成本、规模和服务要求也都存在差异。以豪华品牌为例，其4S店在建设时，往往不会选用大多数品牌仅一层楼的标准，而是选用三层甚至更多的楼层。

相比之下，花费同等价位的合资品牌车主对于自身品牌期望自然也在升高，但是实际情况却与期望值差距较大，所以导致了整体满意度得分较低。

如果说合资品牌得分最低出乎不少人的意料，那么自主品牌超越豪华品牌的售后满意度得分显然更是让人看不懂。

在国内汽车市场里，售后服务水平不高是自主品牌被市场诟病的软肋。

面对着新的发展形势，汽车经销商必须利用好售后这块"大蛋糕"，才能健康成长。相比其他品牌，自主品牌在售后服务方面的短板在于缺乏相关标准、服务意识有待增强等方面，以更完善、更优质的服务抢占售后利润高地。

对自主品牌厂商而言，提高售后满意度并不仅是简单的一句话。

根据中国汽车流通协会数据显示，自主品牌服务设施与豪华品牌不相上下，一举超过了90分门槛。

客观而言，自主品牌4S店无论是在店面面积，还是在装修的豪华程度方面，都无法与合资品牌4S店相抗衡，更不要说和豪华品牌经销商竞争。

与店内服务顾问的软实力相比，缩小这种硬实力的差距困难重重。它涉及主机厂商在全国布局的利益博弈，以及经营理念的改善创新，还要考虑到自身外部环境的因素。

满意度标准提升，必然意味着成本提升。而4S店与厂家满意度标准也不一致。厂家通过售前和利益环节，主导了当前的满意度标准。

短期来看，面对厂家、市场以及相关政策的压力，自主品牌经销商要提高售后满意度，依然任重而道远。

据悉，自主品牌普遍得分较高的原因并不是因为实际情况真的让车主满意，而是因为车主对自主品牌期望值本就不高。自主品牌车辆售价虽然有上升势头，但整体价格依然在较低水平，车主也不期望得到像合资品牌、豪华品牌提供的那种服务。

由此可见，车主期望值低，所以造成了整体满意度较高的情况出现，这也在一定程度上说明，自主品牌经销商在售后服务方面具有非常大的提升空间。

后　记

84年前的一个夏夜，赣东北苏维埃政权和中国工农红军第十军团的创建人方志敏，在南昌国民党驻赣绥靖公署军法处看守所的囚室里写下了他对新中国的梦想：

我相信，到那时，到处都是活跃的创造，到处都是日新月异的进步，欢歌将代替了悲叹，笑脸将代替了哭脸，富裕将代替了贫穷，康健将代替了疾病，智慧将代替了愚昧，友爱将代替了仇恨，生之快乐将代替了死之忧伤，明媚的花园将代替了暗淡的荒地！

在临刑前的囚室里，方志敏充满激情地预言：中国一旦"得到了自由与解放"，中国人民的"创造力，将会无限地发挥出来。到那时，中国的面貌将会被我们改造一新"。

数日后，1935年8月6日凌晨，方志敏被秘密杀害。

但是方志敏的梦想没有幻灭。1949年10月1日，五星红旗在天安门广场徐徐升起，中华人民共和国成立了，方志敏的梦想开始成为现实。

70年来，新中国取得了举世瞩目的成就，中国从一个积贫积弱的国家一跃成为当今世界第二大经济体，综合国力历史性跨越，民族独立、国家富强、百姓安居乐业。2012年1月29日，习近平总书记在参观《复兴之路》展览讲话时提出了"中国梦"。他说:"每个人都有理想和追求,都有自己的梦想。现在,大家都在讨论中国梦,我以为,实现中华民族伟大复兴,就是中华民族近代以来最伟大的梦想。这个梦想,凝聚了几代中国人的夙愿,体现了中华民族和中国人民的整体利益,是每一个中华儿女的共同期盼。"(《十八大以来重要文献选编》上,中央文献出版社 2014 年版,第 84 页)

在中华人民共和国成立 70 周年前夕,几个来自北京的老记者蓝河、管学军、施乾元一行来到了当年方志敏创办赣东北苏维埃政权的地方,当他们看到方志敏烈士临刑前对新中国的梦想,他们觉得有必要编辑一本书记录下今天中华民族的筑梦与腾飞,记录下今天中国各行业发展的最新成就,告慰先烈并激励我们在实现中华民族伟大复兴的征程中奋勇前行。一个偶然的机会,汉腾汽车有限公司董事长顾汤华先生知道了蓝河们的计划,表示要全力支持。

汉腾汽车有限公司就诞生在当年方志敏烈士战斗过的地方——江西上饶。汉腾汽车有限公司成立于 2013 年 11 月,是一家全新的以传统动力汽车、新能源汽车、关键汽车零部件的研发、生产、销售为核心业务的民营整车制造企业。汉腾汽车高层告诉蓝河们:中国梦已成为汉腾汽车激励、开拓、进取的一面旗帜,中国梦、汽车梦、汉腾梦交织在一起。

在"汉腾"的企业文化中,"汉"的寓意中国历史上最强盛的时代——汉唐盛世,"自信、强大、包容、进取",以汉为名,寓意中华民族的伟大复兴!"腾"的寓意骏马奔腾,势不可挡!象征中国汽车品牌的崛起。

红色 DNA 深植于汉腾汽车品牌精神之中——在 2019 年上海国际车展上,汉腾汽车以"智·领新世界"为参展主题,同时汉腾汽车首款概念轿车 RED01 全球首发亮相,采用全新的红·动设计语言。汉腾"红·动 DNA"代表了汉腾未来新车型的设计趋势:"红"所代表的是信仰、传承、奋斗;而"动"则代表着年轻、动力、时尚。

汉腾人在用自己的汗水和奋斗实现中国梦、汽车梦和汉腾梦——他们瞄准国际汽车产业的先进标准，全球采购、高度整合，建设先进标准的汽车生产线和研发中心，降低能源资源消耗成本，绿色化、智能化在行业内达到领先水平。他们的生产基地包括冲压、焊装、涂装、总装四大车间，投入国际领先的全进口机器人生产设备数百台，主要生产工序自动化率达到 90% 以上。

他们致力于"以全球品质的标准，造国人喜爱的好车"，以"高起点入门，协同化创新，全球化整合，互动式发展"作为企业战略，从战略层面确保汉腾汽车的后发优势。从传统动力到新能源汽车，从整车到核心零部件，从智能化到自动驾驶，资源有限的情况下，完成了产业战略布局，成为中国汽车品牌的重要生力军。

但是顾汤华先生却表示不要把汉腾汽车写进《筑梦·腾飞——庆祝中华人民共和国成立七十周年》一书，他表示，他们只是想在这本书的编辑出版中做一个默默的支持者。为此，《筑梦·腾飞——庆祝中华人民共和国成立七十周年》编委会谨对顾汤华先生和汉腾汽车有限公司给予的大力支持表示衷心感谢！

《筑梦·腾飞》编委会

2019 年 7 月